Für Z.

# $\mathcal{I}$nhalt

CHRISTIAN EISERT

» $\mathcal{M}$ an reise
vorzugsweise
mit der eigenen
Bettdecke «

Meine Deutschland-Reise
mit dem allerersten britischen
Reiseführer im Gepäck

POLYGLOTT

# Regensburg – Augsburg

# Augsburg – Lindau

# Lindau/Friedrichshafen – Stuttgart

# Stuttgart – Nürnberg

# Nürnberg – Dresden

# Dresden – Berlin

## Berlin – Hamburg

## Hamburg – Bad Doberan

## Die Insel Rügen

Originalzitate aus John Murrays Handbüchern für britische
Reisende in Deutschland sind im Folgenden in Rot gedruckt.
Mit * gekennzeichnete Routen wurden vom Autor entgegen
der von Murray angegebenen Richtung gefahren.

# Vorwort

Es empfiehlt sich für alle Touristen, stets mit der eigenen Bettdecke zu verreisen. Ebenso wenig verzichten sollten Reisende auf einen kleinen Heizlüfter im Gepäck. Und die Notwendigkeit, in Folie eingeschweißte Wurstwaren mitzuführen, liegt wohl auf der Hand.

So würde John Murray (1808–1892), der Erfinder des modernen Reiseführers, wohl heute seine britischen Landsleute auf den Besuch solch exotischer Reiseziele wie Bayern oder Baden-Württemberg vorbereiten. Ein kluger Mann.

Einen Nachdruck der Originalausgaben seiner »Reise-Handbücher« schenkte mir mein guter alter Freund Olaf zu Weihnachten mit der Frage: »'N Vorfahre von dir?« Wie er darauf kommt? Keine Ahnung.

Zugegeben, Nordkorea durchquerte ich vor einigen Jahren trotz ausschließlicher Übernachtung in Hotels mit eigenem Schlafsack. Bei Hunger im Ausland ziehe ich Filialen amerikanischer Fast-Food-Ketten einheimischen Garküchen vor. Was nebenbei dazu führte, dass ich nunmehr in der Lage bin, den Unterschied zwischen einem Pekinger und einem in Casablanca erworbenen Big Mac zu schmecken. Auch weiß ich inzwischen, spanische Sommer lassen eingeschweißte Minisalamis tranig werden, während Kanada die Einfuhr europäischen Schweinefleisches gar nicht erst zulässt.

Fernreisen sind etwas Feines. Ich wünschte nur, sie würden weniger Auslandsaufenthalte erfordern. Oder zumindest weniger Abweichung vom Gewohnten bei Ernährung, Raumtemperatur und Bettenausstattung. So gesehen war Olafs Idee, mir den ersten Deutschland-Reiseführer der Welt zu schenken, keine schlechte. Denn mit dem fremden Blick

des Briten Murray auf mein Geburtsland konnte ich eine Auslandsreise im Inland unternehmen. Ich würde Altbekanntes neu betrachten und viel Neues kennenlernen – ich sage nur Bad Sülze, Schrobenhausen, Oberlungwitz! Ich würde Abenteuerchen erleben. Kleine Herausforderungen ohne Lebensgefahr. Lebensgefahr strengt ja nur an.

Beruhigend war es zu wissen, wie die Landesküche schmeckt. Laut Murray fürchterlich!

Und nicht zuletzt ermöglichten die bald 200 Jahre alten Werke eine Zeitreise. Ist das nicht wunderbar?

Ein Vorteil von Reisen in der ersten Hälfte des 19. Jahrhunderts bestand in der Unmöglichkeit, Anschlusszüge zu verpassen oder gar wegen Streik des Bodenpersonals nicht abheben zu können. Zug und Flug steckten noch in ihren Anfängen. Reisende waren auf Kutschen angewiesen, die zudem den Vorzug besaßen, weder zu explodieren noch abzustürzen. Sie wurden allenfalls von Räubern überfallen, was die Bekanntschaft mit Menschen ermöglichte, die außerhalb der eigenen Filterblase lebten.

Aus all diesen Gründen entschied ich, meine Inlandsauslandszeitreise ebenfalls per Kutsche zu unternehmen. Allerdings nicht von zwei oder vier, sondern von 140 Pferdestärken bewegt. Und doch der schaukligen Kastenförmigkeit der von Murray empfohlenen »Eilwagen« sehr nahekommend: Ich reiste mit einem Wohnmobil. Von Ost nach West, über Südost nach Südwest, in den Mittleren Osten und schließlich ans Kap. Und das alles in Deutschland!

Was klug klingt, erwies sich im Nachhinein als gar nicht so wohlüberlegt, denn es handelte sich um meine erste Reise mit einem Wohnmobil. Ich hätte das vorher üben sollen.

# BERLIN – DANZIG

## SCHEITERN, SCHWITZEN, GUMMIBÄRCHEN

**Droht ein Reiseplan zu scheitern, lässt sich das leicht erkennen. Beispielsweise daran, dass man seinen Namen nennt und das Gegenüber erwidert: »So, jetzt is' dit Problem da.«**

Möglicherweise trug ich Mitschuld an dem unglücklichen Start meiner Deutschlandreise, denn mein Reiseplan beinhaltete zunächst 13 historische Routen. Zwölf oder 14 wären wohl weniger unheilprovozierend gewesen.

Das Ende einer jeden Reiseroute bildete den Anfang der folgenden. Was zusammenzustellen einige Tage in Anspruch genommen hatte. Alle gemeinsam formten sich zu einer krakeligen Acht. Die steht – krakelig oder nicht – in der christlichen und jüdischen Zahlensymbolik für Neuanfang oder Übergang. Mit jedem achten Tag beginnt eine neue Woche. Eine neue Reise. Und so sollte an diesem Montag meine Reise beginnen: Mit Route 77 aus John Murrays Handbuch für Norddeutschland.[1]

Murray zufolge verkehrte zwischen der preußischen Residenzstadt Berlin und der westpreußischen Küstenstadt Danzig zweimal die Woche eine Kutschenverbindung, die die Strecke in 65 Stunden bewältigte. Dabei wurden an festen Stationen regelmäßig Pferde und Kutscher ausgewechselt. *Die Fahrzeit beträgt durchschnittlich 5 ½ Meilen die Stunde.*[2] Englische Meilen wohlgemerkt, ergibt knapp 9 km/h. Fanden die Briten nicht sehr flott, so dass Murray anmerkt[3], die in Preußen *Schnellpost* genannten, nach Fahrplan verkehrenden Pferdewagen hießen zwar wortwörtlich übersetzt *quick-posts*, jedoch würden die Engländer die *Schnellpost* lautmalerisch zu *snail-post* verballhornen.

Mein Reisetempo übertraf an diesem Montagmorgen das einer Schnecke um ein Vielfaches. Dafür fuhr ich nicht ganz bis Danzig. Mein Ziel hieß Hoppegarten. Ein Ort vor der ersten Murray'schen Wegmarke

Vogelsdorf, 1600 Meter hinter der Berliner Stadtgrenze. Dort wartete meine Kutsche auf mich.

Weil in den 1830er-Jahren keine S-Bahnen fuhren und heute keine Schnellpostwagen mehr, hatte ich mich für einen Kompromiss entschieden und mich in den Sattel eines kleinen grauen und bisweilen störrischen Transportmittels geschwungen. Mit fast einem Meter neunzig, davon mehr als die Hälfte Bein, sah ich auf meinem Eselchen recht albern aus. Aber ich liebte es, auch, weil sich mein Drahtesel zusammenklappen ließ. Dann passte er in jede Kutsche.

Meine Reise von Berlin-Mitte Richtung Osten folgte neben Murrays Empfehlungen einem 2000 Jahre alten Heer- und Handelsweg. In Gänze verlief er zwischen dem heutigen Belgien und Russland. Von Aachen über Düsseldorf, Dortmund, Magdeburg, Berlin bis Küstrin-Kietz quert er Deutschland noch immer. Als Bundesstraße 1.

Während ich durch die abgasgeschwängerten Straßenschluchten Berlins strampelte, malte ich mir mein Leben in den bevorstehenden Wochen aus. Ich würde schlafen, wo es schön war, kochen, wo es mir gefiel. Und sogar duschen, wann immer ich Lust danach verspürte.

Was ich nicht ahnte: Nur eine dieser Wunschvorstellungen würde wahr werden.

Dabei bestanden für alle drei beste Voraussetzungen: Bett, Küche und Bad hatte ich an Bord. Was fehlte, wartete in Taschen und Kisten darauf, verstaut zu werden. Das wollte ich am Nachmittag erledigen und morgen früh würde ich frisch, fröhlich und ausgeruht losfahren. Nicht der Sonne entgegen, sondern von ihr geschoben. Gen Westen.

Vorfreude auf Freiheit erfasste mich. Und beinahe ein abbiegender Transporter.

»Warte nur«, schimpfte ich in Gedanken, »bald bin ich so groß wie du!«

Berlin-Mitte hatte ich längst verlassen, Friedrichshain und Lichtenberg gleich darauf, nun war ich im Begriff, den Stadtteil Mahlsdorf und damit Berlin hinter mir zu lassen. Zu Murrays Zeiten wäre Berlin seit der Hälfte von Friedrichshain zu Ende gewesen.

Von der Gegend zwischen der preußischen Metropole – Murray gibt eine Einwohnerzahl von 256 000 an – und den Städten an der Oder hielt der Brite wenig, wäre es doch *ein Landstrich, der bis Frankfurt sandig, öde und dünn bevölkert ist. Die Gasthäuser sind meistens schlecht.*[4]

Daran hat sich wenig geändert. Kurz vor der Stadtgrenze reihen sich Filialen von Burger King, City Döner und McDonald's aneinander. Jedoch sei *die Straße gut in Schuss*[4]. Was in diesem Abschnitt stimmt.

Da die B1 in den letzten fünf Jahrzehnten nach und nach verbreitert wurde, spendeten die ursprünglichen Alleebäume keinen Schatten mehr und ich war auf meinem Eselchen kilometerlang der gleißenden Sommersonne ausgesetzt.

Schweißgebadet erreichte ich den Hof des Reisewagen-Vermieters. Weiße Wohnmobile glänzten um die Wette. Keines entsprach den Internet-Abbildungen meines gebuchten Modells, das der sogenannten Activity-Klasse angehörte: »Kompakt und wendig – für Pärchen und junge Familien«.

In der schummrigen autohausähnlichen Anmeldungshalle entbot ich dem Mann hinter dem Empfangstresen einen »Guten Morgen« und sagte meinen Namen. Und er sagte: »So, jetzt is' dit Problem da«.

Das Problem ist schnell erklärt: Mein Reisewagen war nicht nur nicht reisebereit. Er war gar nicht vorhanden. Nur ich. Einen Tag zu früh. Dunkel erinnerte ich mich an Terminschwierigkeiten bei der Buchung.

Der Vermieter meinte, er hätte sich schon gewundert, warum ich Montag kommen wolle, als ich ihm einige Tage zuvor telefonisch mein Erscheinen ankündigte.

»Sie hätten ja was sagen können«, erlaubte ich mir anzumerken.

»Na, so hattense schon mal die Chance, den Weg zu üben.«

Positiv denken, so wichtig!

Mein Wohnmobil sollte morgen eintreffen und mir um 14 Uhr übergeben werden. Ungünstig.

»Wenn wir pünktlich um zwei mit der Übergabe beginnen …«

»Wenn!«, unterbrach mich eine Frau, die bisher im Hintergrund am Computer herumgetippt hatte. Sie hatte zwei dünne geflochtene Zöpfe, die sie etwa zehn Jahre jünger machten, so dass sie aussah wie Anfang dreißig.

»Naja, ich gehe mal vom Besten aus«, sagte ich, weil ich auch positiv denken wollte. »Also, wenn … wäre ich hier kurz vor drei weg, dann muss ich zu meiner Wohnung und das Gepäck einladen. Das heißt, vor halb fünf komme ich nicht los. Ich muss aber spätestens halb sieben in Magdeburg sein. Sonst lässt man mich nicht mehr auf meinen Übernachtungsplatz.«

»Und?«, fragte die Zopffrau, deren Chef dieselbe Frage mimisch darstellte, indem er die Augenbrauen hob.

»A10, A2, 2 Stunden«, sagte er.

»Höchstens!«, ergänzte sie.

»Ich darf keine Autobahn fahren!«

Sie wechselten einen Blick. Manche dürfen nur Automatik fahren, andere nicht ohne Sehhilfe, vielleicht gab es ja Menschen mit Autobahnbenutzungsverbot. Man verlangte nach meinem Führerschein.

Zu ihrer Überraschung fanden sie keine behördliche Einschränkung bezüglich deutscher Schnellverkehrsstraßen.

Ich erklärte, warum meine Fahrt nach Magdeburg mindestens vier Stunden dauern würde. »Ich reise nach Empfehlungen aus dem 19. Jahrhundert. Und da gab es noch keine Autobahnen.«

Sie bemühten sich, ihre Gesichter unter Kontrolle zu halten.

»Gibt's denn gar keine Möglichkeit, früher zu starten?«

»Nee, wenn der morgen früh rinkommt, denn müssen wa' den putzen und denn is' eine Stunde Pause. Müssen wa' einhalten vom Gesetzgeber her.« Sie warf einen ihrer Zöpfe über die Schulter und guckte mich an, als warte sie auf etwas.

Ich erinnerte mich eines Eintrags im Handbuch für Norddeutschland. Dort steht unter *Schmiergeld (grease-money): Beim Halt an einer Poststation wird der Reisende oft gefragt: »Wollen Sie schmieren lassen?«*[5]

Diese Frage steht auf Deutsch im englischen Text. Und in Englisch wird erklärt, es handele sich um das Nachfetten der Räder. Was ein wenig ungenau ist. Geschmiert wurden an jeder Poststation die Achsen, damit die Räder sich nicht festfraßen. *Egal ob es gemacht wird oder nicht … die Gebühr wird erhoben.*[6] So hat diese Sitte angefangen.

Man kann Schmiergeld – inzwischen sorgt es für den leichteren Lauf von Geschäftsverbindungen – als Betriebsausgabe geltend machen, allerdings darf es keine rechtswidrigen Handlungen als Gegenleistung zur Folge haben[I] und muss vom Empfänger als sonstige Einkünfte versteuert werden[II].

Mein dickes Portemonnaie in der Hand, beugte ich mich leutselig über den Tresen: »Ich bin sicher, wir finden eine Möglichkeit, den Vorgang zu beschleunigen …«

Die Vorlaute blickte zum Vorgesetzten. Der nickte.

»Naja, ohne Pause könnten se den um elwe abholen.« Sie warf den anderen Zopf über die andere Schulter. »Krieg ick aber 'ne Tüte Gummibärchen für!«

Das ließ sich machen. Zumal es sich nicht um Schmiergeld handelte, sondern um ein Schmiergeschenk.[III]

Distanz: 33 km

# BERLIN – KÖLN I

### GEPÄCK, GEFÄHRT, GARTENZWERGE

**»Auszug oder Urlaub?«, fragte mein Nachbar, als ich**
**am folgenden Tag vor dem Haus meine Kutsche belud.**
**Die Frage war aus zwei Gründen berechtigt.**

Zum einen, weil mein Gepäck neben Taschen und Kisten einen Sonnenschirm, einen Campingtisch, eine Schreibtischlampe, einen 3-in-1-Tintenstrahldrucker und einen Router für mobiles Highspeed-Internet umfasste. Zum anderen wegen des Aussehens meines Gefährtes. Zunächst zum Gepäck. Oder genauer: der Garderobe für eine Deutschland-Reise.

*Die Schuhe sollten doppelt besohlt sein, mit Eisenabsätzen und Nägeln, wie sie in England beim Schießen getragen werden. Das Gewicht eines Schuhs dieser Art steht der wirksame Schutz der Füße vor spitzen und losen Steinen gegenüber, die Quetschungen verursachen können sowie Müdigkeit und Schmerzen. Sie sollten groß genug sein, um keinen Teil des Fußes einzuklemmen. Der erfahrene Fußgänger beginnt nie eine Reise mit neuen Schuhen, sondern mit einem Paar, das bereits der Fußform angepasst ist.*[7]

Zwar war ich kein Fußreisender, doch beabsichtigte ich an die 100 Orte und Örtchen, laute wie stille, aufzusuchen, weshalb ich Schuhwerk, bereits der Fußform angepasst, für alle Witterungen, Weguntergründe und Anlässe mitführte.

*Baumwollstrümpfe schneiden die Füße auf einem langen Spaziergang in Stücke; an ihrer Stelle sollten ausnahmslos dicke Kammgarnsocken getragen werden.*[8]

Entgegen dieser Empfehlung hatte ich vier Paar Baumwollsocken neu gekauft, dazu kamen mehrere Paar Sneakersöcklinge und zwei Paar Wollkniestrümpfe, damit ich es des Nachts oder an kühlen Tagen untenrum warm hatte.

*Es ist ratsam in Stoffhosen zu reisen, nicht in Leinen, die keinen Schutz bieten gegen Regen oder Temperaturschwankungen in Bergregionen.*[8]

Keine meiner Hosen bestand aus Leinen. Es handelte sich vielmehr um baumwollene, zum Teil mit Elasthan. Drei lange und zwei kurze. Dazu kamen eine Schlafhose (Baumwolle) und eine Trekkinghose aus Polyamid, die in eine kurze verwandelbar war, weil man die Hälfte ihrer Beine abnehmen konnte.

*Ein Gehrock ist besser als eine Jagdjacke, die zwar für abgelegene Orte ausreicht, aber in fremden Städten unangenehm auffällt.*[8]

Ich würde in einige fremde Städte kommen. Magdeburg zum Beispiel. Da wollte ich nun wirklich nicht unangenehm auffallen. Also verzichtete ich auf eine Jagdjacke. Was leichtfiel, weil ich gar keine besitze. Nicht mal ein Jagdgewehr. Auch ein Gehrock fehlte meinem Hausstand. Dafür nannte ich andere Jacken mein Eigen und folgte der Schuhstrategie: je eine passend zu Witterung, Gegend und Anlass.

Dass Murray nichts über T-Shirts und Hoodies schreibt, ist nachvollziehbar. Eine Empfehlung für Leibwäsche hätte er wenigstens geben können. Ich packte nach Gutdünken ein. Und auch eine Badehose.

Aber wem vertraute ich mich da in punkto Hosen, Schuhen und Reiserouten eigentlich an?

Oder anders gefragt: Wer iss'n John Murray?

Dafür beginnen wir mit seinem Großvater. Der hieß mit Vornamen John und suchte 1768 nach einer Verdienstmöglichkeit. Obwohl er sich in geschäftlichen Dingen für einen *totalen Dummkopf*[9] hielt, lieh er sich von seiner Frau 700 Pfund und gründete in der Londoner Fleet Street eine Verlagsbuchhandlung. Dank Druck und Verkauf der Werke des dichtenden Lords George Gordon Byron brummte der Laden und Großvater Murray expandierte. Räumlich wie geschäftlich. Er produzierte weitere Erfolge. Darunter Englands erstes Kochbuch für den Massenmarkt. Sein Sohn, er taufte ihn John, führte die Geschäfte fort. 1808 wurde dieser Sohn Vater eines Sohnes, den er überraschenderweise John nannte.

Damit sind wir bei unserem John angelangt. Der studierte ab 1827 an der Universität von Edinburgh, wo er neben Chemie und Mathematik Kurse in Mineralogie und Geologie sowie Französisch und Deutsch belegte. Und Reitstunden nahm. Wovon er später profitierte. Oft legte er größere Reisestrecken im Sattel zurück. Fahrrad fuhr er nicht. Das erste Fahrrad, wie wir es heute kennen, wurde 1892 vorgestellt, im Jahr seines Todes.

Quicklebendig und jung, verkehrte unser John in Edinburghs Intellektuellenkreisen und lernte unter anderem den schottischen Schriftsteller Sir Walter Scott kennen, dessen abenteuerliche Historienromane, allen voran »Ivanhoe«, Bestseller der europäischen Literatur waren.

Porträt von John Murray, 1904

1828 erlebte Murray in den Sommerferien sein erstes Reiseabenteuer. In Schottland. In den nächsten Sommerferien reiste er bereits ins Ausland. Eine Tradition, die er bis ins hohe Alter beibehielt, schreibt John Murrays Sohn – er hieß übrigens John – in seinen Erinnerungen an den Vater.[10]

Wie und warum John III. die Welt der Reiseliteratur revolutionierte, davon schreibt er 1887 höchstselbst in »Murray's Magazine«[11]: *Da ich seit meiner frühen Jugend von einer leidenschaftlichen Reiselust besessen war, kam mein sehr nachsichtiger Vater meiner Bitte [reisen zu dürfen] nach, unter der Bedingung, dass ich die Sprache des Landes beherrschte, in das ich reiste. So betrat ich 1829, nachdem ich mein Deutsch aufgefrischt hatte, zum ersten Mal den Kontinent in Rotterdam. … So etwas wie einen Reiseführer für Deutschland, Frankreich oder Spanien gab es damals noch nicht.*[12]

Zwar existierten Reisebeschreibungen für Italien, die Schweiz und Belgien, jedoch fehlte ihnen, Murray zufolge, jede Systematik.[13]

*Ich machte mich auf den Weg nach Nordeuropa, ohne mit irgendeinem Führer versehen zu sein, mit Ausnahme einiger handschriftlicher Notizen über Städte und Gasthäuser in Holland … Es beschämte mich, dass ich bei der Ankunft in Hamburg auf freundliche Hilfe angewiesen war. Dies war es, was mich den Wert praktischer Informationen vor Ort erkennen ließ und ich machte mich daran, alle Informationen zu sammeln, die ein englischer Tourist wahrscheinlich benötigen oder nützlich finden würde. So reiste ich mit dem Notizbuch in der Hand umher. Ob auf der Straße, im Eilwagen oder in der Gemäldegalerie, ich notierte alles, was sich ereignete. Diese Notizbücher (von denen ich viele Dutzend besitze) wurden bei meiner Rückkehr ausgewertet, in Routen geordnet zusammen mit anderen Informationen, die ich über Geschichte, Architektur, Geologie und andere für die Bedürfnisse eines Reisenden geeignete Themen sammeln konnte; und schließlich übergab ich sie meinem Vater. Er ... hielt meine Arbeit für veröffentlichungswürdig und gab ihr den Namen »Handbuch«.*[14]

Neu für die damalige Zeit war der umfangreiche Prüfungs- und Überarbeitungsprozess des »Handbook for Travellers«.

*Nachdem ich meine Routen erstellt und grob typisiert hatte, fuhr ich fort, sie zu testen, indem ich sie an reisende Freunde auslieh, damit sie an Ort und Stelle überprüft oder kritisiert werden konnten. Ich begann erst nach mehreren aufeinanderfolgenden Reisen und Aufenthalten in Kontinentalstädten mit der Veröffentlichung, nachdem ich nicht nur ausgetretene Pfade durchquert, sondern auch verschiedene Gegenden erkundet hatte, in die meine Landsleute noch nicht vorgedrungen waren.*[15]

1836 erschien der erste Band der Reihe, das »Handbuch für Norddeutschland«. Zwei Jahre später das für Süddeutschland. Der Nord-Band beinhaltete zudem einen umfangreichen Routenteil für Belgien und die Niederlande, der Süd-Band bestand zu zwei Dritteln aus Reiserouten durchs Gebiet des Kaisertums Österreich inklusive seiner Herrschaftsgebiete in Ungarn, Böhmen, Mähren und Galizien, also Teilen des heutigen Tschechiens, Polens und der Ukraine. Die Norddeutschland-Ausgabe hatte einen roten Umschlag. Die süddeutsche erschien in der ersten Auflage zur besseren Unterscheidbarkeit in grünem Einband. Ab der zweiten dann auch in Rot.[16] Was zum Markenzeichen der bald »Red Books« genannten Reihe wurde. Erstmalig setzte man auf das Prinzip des Sehenswerten. Also: Wo muss man was gesehen haben und warum. Das später von Murray erfundene Bewertungssystem mit Sternen half bei der Einordnung. Bis 1901 erschienen Handbücher für fast jedes Land Europas. Hinzu kamen ausgewählte außereuropäische Ziele.

Für Sternstunden sorgte der John-Murray-Verlag nicht nur mit seinen Reise-Handbüchern. 1859 brachte John Murray ein Buch heraus, das ebenfalls Neuland beschritt: Charles Darwins »Die Entstehung der Arten«.

An diesem Dienstag um halb zwei wurde nun ich mit Starten des Motors meines vollgepackten Wohnmobils zu einer anderen Art Mensch: zum Camper.

Wir Camper, wir halten zusammen. Helfen uns, unterstützen uns … und grüßen uns. Das hatte ich bereits auf der Fahrt von Hoppegarten nach Berlin-Mitte entdeckt. Während ich über die auf Berliner Stadtgebiet gar nicht mehr so gut in Schuss befindliche B1 geholpert war, hoben entgegenkommende Camperlenker eine Hand zum Gruß. Ab dem dritten hatte ich verstanden, zu welcher Kaste ich nun gehörte. Und grüßte lässig zurück.

Es ist nicht so, dass ich keine Camping-Kenntnisse besäße. In meinen Kindertagen machte ich mehrmals Familienurlaub in einem Wohnwagen. Der den ganzen Sommer an derselben Stelle stand.

Ein Wohnmobil ist kein solch unselbstständiges Anhängsel. Ein Wohnmobil ist etwas Erhabenes. Ein rollendes Königreich. Von meinem Thron herab schaute ich auf all die Kleinst-, Klein-, Kompakt-, Mittelklasse- und Oberklassewagen. Ja, selbst auf SUV. Denn ich fuhr CUV. Ein Crossover Utility Vehicle.

Utility bedeutet Nutzen oder Nützlichkeit. Treffend, weil Basis meines Wohnmobils ein Nutzfahrzeug war: ein Fiat Ducato-Kastenwagen. Fahrerhaus und Laderaum gehen nahtlos ineinander über.

Ursprünglich und hauptsächlich dienen die zwischen fünf und achteinhalb Meter langen Vehikel Handwerkern, Lieferanten oder Menschen, die umziehen, als Transportfahrzeug.

Doch nicht nur Maurerkellen, Möhren und Möbel lassen sich darin kommod unterbringen. Auch Urlaubswillige. Sofern am und im Kasten ein wenig geschraubt wird. Das tun Karmann, Malibu, Hymer, Adria, Pössl und viele andere Vertreter der Freizeitindustrie und sorgen für das Crossover. Wer selbst einen Kastenwagen umbauen will, findet dafür inzwischen umfangreiche Bausätze im Fachhandel oder gestaltet selbst nach Lust, Laune und Fingerfertigkeit. Zum Wohnmobil werden die Lieferwagen durch Einbau von Dachluken, bis zu sieben zusätzlichen ausstellbaren Fenstern, einem Küchenblock vor der seitlichen Schiebetür, einem Doppelbett im Heck sowie einer Nasszelle mit Chemieklo gegenüber der Küche und einer Sitzgruppe, die sich aus einer festen Bank, unterm Fenster einzuhängendem Tisch und den drehbaren Fahrer- und Beifahrersesseln bauen lässt. Dazu kommen Wassertanks, Lichtinstallation, Heizung, Staufächer und im Laufe der Zeit Krümel an schwer erreichbaren Stellen.

Bei den fertig konfektionierten CUV bilden neben dem Fiat Ducato häufig Peugeot Boxer oder Citroën Jumper die Basis. Spielt keine Rolle. Technik und Chassis sind aufgrund von Konzernverwandtschaften weitgehend identisch. Dem Sprinter von Mercedes und dem Crafter von VW, bis 2017 ebenfalls baugleich unterm Blech, begegnet man seltener in Camperform.

Egal welche Form ihr Wohnmobil hatte, ich grüßte alle Camper, die mir begegneten. Wie ich es gelernt hatte durch einmal Handheben. Denen in CUV winkte ich enthusiastisch mit wedelnder Hand, weil wir zur selben Camper-Kategorie gehörten. Was mehrere Handwerker irritierte. Von vorn bleibt ein Kastenwagen doch ein Kastenwagen.

Meiner war außen nicht wohnmobilweiß, sondern grau. Wie ein Esel. Zu meinem kleinen, der zusammengeklappt im Gepäckabteil unterm Doppelbett lag, hatte ich einen großen bekommen. Das Muttertier.

Sechs dynamisch geformte, auf alle Karosserieteile gepappte schwarze Aufkleber verliehen meinem grauen Kastenesel das nötige Outdoor-Freedom-Fun-Outfit.

Mit dem Passieren des Brandenburger Tors hatte ich das Berlin des John Murray verlassen und befand mich auf dem Weg nach Charlottenburg, *ein kleines Dorf an der Spree, hauptsächlich geprägt von Villen*

*und Tavernen, eine Sommerresidenz der Reichen und im Sommer Erho-
lungsgebiet der bescheideneren Klassen von Berlin[17].*

Abgesehen von ein paar einstöckigen Häusern aus dem 17. Jahrhundert Haubach-/Ecke Wilmersdorfer Straße, hatten vor Stuck triefende
Vier- und Fünfstöcker des ausgehenden 19. und mehr oder weniger
formschöne Bauten des 20. Jahrhunderts das dörfliche Charlottenburg
verdrängt. Geblieben war das Selbstverständnis der Charlottenburger.
Wer in diesem Berliner Stadtteil wohnt, gehört meist zu den Betuchte-
ren oder hält sich dafür. In vielen Straßen reiht sich eine moderne Ta-
verne an die nächste und am Lietzensee sucht auch der bescheidenere
Berliner Erholung.

Ich suchte den Weg nach Potsdam. Über die Autobahn A115 ist er
leicht zu finden. Eine Strecke, die natürlich ausschied.

»Plopp«, machte mein Telefon, was den Eingang einer Nachricht
bedeutete.

»Na, wo steckt mein Hasenmann gerade?«, las ich nicht, da ich ja am
Steuer saß.

Die vertrauliche Anrede offenbart, die Absenderin steht mir recht
nahe. Manchmal ruft sie mich sogar »Hasi«, was insofern erstaunlich
intim ist, als dass sie kulturkreisbedingt ihre Großeltern siezt.

Weil ich am Steuer saß, antwortete ich nicht, dass ich auf der Bundesstraße 5 fuhr, eine Fernstraße, die seit Beginn des 19. Jahrhunderts
die Gebiete an der dänischen Grenze im Nordwesten mit denen an der
Oder im Osten verbindet. Auf ihr reiste – das lässt sich leicht aus der
Reihung der Orte in den Routen-Beschreibungen erkennen – schon
der selige John. Und da ich auf seinen Spuren wandelte, würde ich in
den kommenden Wochen ausschließlich auf Landstraßen unterwegs
sein.

Was für die östlichen Berliner Ausfallstraßen galt, traf ebenso auf die im Westen zu: Die Gasthäuser am Wegesrand boten keine Haute Cuisine. Ich kehrte kurz vor der Stadtgrenze im Rasthaus Zum Goldenen M ein.

Den McDrive zu nutzen traute ich mich nicht, dafür erschien mir mein Reisemobil zu hoch. Seine exakte Höhe herauszufinden, indem ich ein Vordach rammte, hielt ich für kontraproduktiv. So holte ich mir drinnen ein Menü to go und speiste bei offener Schiebetür auf dem Boden meiner Behausung sitzend, die Füße auf dem Parkplatzasphalt. Davon nur wenige Zentimeter entfernt schob sich eine Schlange aus Autos vorbei, die samt Insassen am Fahrzeugschalter anstanden.

»Ihr fahrt gleich wieder in euer Wohnungsgefängnis«, rief ich den Insassen in Gedanken zu. »Ich fahre in die Freiheit!«

Ich schrieb der Hasenfrau eilends ein paar Zeilen, dann musste ich weiter. Spätestens 18 Uhr 30, wenn die Schranke an meinem Übernachtungsplatz schloss, endete meine Freiheit.

»In sechzig Metern rechts abfahren«, wies mich eine Stimme auf den Abzweig hin, der dreißig Meter hinter mir lag. Auf einer vierspurigen Bundesstraße mit Mittelstreifen wendet es sich schlecht. So fuhr ich weiter westwärts, statt mich gen Süden nach Potsdam zu orientieren.

Ich nahm es als Wink des Schicksals, denn um diese Tageszeit würde Potzdam zur Staufalle werden. Jawohl, *Potzdam*. Das steht bei Murray. Die dort befindliche Sommerresidenz Sanssouci von Preußenkönig Friedrich II. und seiner Nachfolger schreibt er *Sans Souci*, was im Sinne französischer Rechtschreibung korrekt ist und übersetzt »ohne Sorge« bedeutet. Ich befand mich im gegenteiligen Zustand, da ich mich, kaum unterwegs, schon verfahren hatte.

Dadurch entging mir *das preußische Versailles. Man kann es als Stadt der Paläste bezeichnen, nicht nur wegen der vier königlichen Residenzen darin und drum herum, sondern weil selbst die Privathäuser bekannte Bauwerke nachahmen, allerdings mit Wohnungen für mehrere Familien darin. Die Ödnis der Straßen steht oft im eigenartigen Kontrast zur Pracht ihrer Architektur*[18].

Infolge meines schlafmützigen Navigationsgerätes stand meine Fahrstrecke in eigenartigem Kontrast zu Route 58, die eigentlich nicht die Strecke Berlin–Köln, sondern Köln–Berlin beschreibt. Für einen fortlaufenden Reiseweg reiste ich einige Routen verkehrt herum. Jetzt war ich unfreiwillig richtig herum unterwegs, allerdings auf Route 61, Berlin–Hamburg. Dorthin führte der Weg über Nauen. Das zu beschauen, klang wenig lohnenswert: *Der größte Teil wurde 1830 bei einem Feuer zerstört.*[19] Wenngleich ich vermute, die größten Schäden wurden inzwischen beseitigt.

Es galt, auf die ursprünglich geplante Route zurückzufinden, die südlicher verlaufende B1, um über Großkreutz, Brandenburg, Genthin und Burg nach Magdeburg zu gelangen.

Ich war noch nie in Magdeburg!

Bei der nächsten Gelegenheit schwenkte ich nach Süden und geriet ins brandenburgische Nebenstrecken-Nirvana.

Frau Navi irritierte das. Während ich auf einer frisch asphaltierten Straße fuhr, zeigt sie mich auf ihrem Display in Form eines blauen Pfeils an, der über glattes Grün glitt.

Irgendwann entsprach die Strecke auf Frau Navis Anzeige wieder dem Weg vor der Windschutzscheibe. Natürlich abzüglich der bis zu hundert Meter, die ihre Angaben von meiner tatsächlichen Position abwichen.

Puristen mögen einwenden, moderne Orientierungshilfen wie ein Navigationsgerät widersprächen dem Gedanken, möglichst authentisch historische Routen abzureisen. Müsste ich nicht mit papierenen Karten reisen? Historischen gar?

Ich hatte die neuesten an Bord. Zwölf Stück, die die Bundesrepublik im Maßstab 1:300000 abbildeten. Die Routen hatte ich mit Bleistift eingezeichnet.

Karten zu nutzen wäre dennoch viel weniger authentisch gewesen, als sich kundiger Führung anzuvertrauen.

*Ein Führer ist, obwohl es sich um einen teuren Luxus handelt, ein Luxus, der die Leichtigkeit und das Vergnügen des Reisens sehr fördert und nur wenige, die es sich leisten können, werden auf den Vorteil seiner*

*Dienste verzichten. Er bewahrt seinen Herrn vor Ermüdung des Körpers und Ratlosigkeit des Geistes, löst Schwierigkeiten mit langen Abrechnungen und fremden Währungen ... [und] schlichtet Streitigkeiten mit Gastwirten, Postmeistern und dergleichen. Ein Reiseführer ist, sofern klug und erfahren ... eine sehr nützliche Person.*[20]

Okay, Murray meint echte Menschen. Streitigkeiten mit Postmeistern und Schwierigkeiten mit fremden Währungen würde ich auf meiner Reise wohl keine bekommen. Ratlosigkeit meines Geistes konnte Frau Navi durchaus lindern, denn drückte man die richtigen Touchscreenfelder, gab sie schriftlich Hinweise auf Sehenswürdigkeiten, kannte die Adressen von in der Nähe befindlichen Gasthäusern und wusste, wo ich Futter, sprich Diesel, für meine 140 Pferdchen bekam. Dass sie ein bisschen Schwierigkeiten mit der Orientierung hatte ... Herrje, sind Menschen fehlerfrei?

*Die Fehler vieler Führer, die Reisenden ihre Dienste anbieten, sind zahlreich und ernst: obwohl sie ... bezahlt werden, leben sie auf Kosten des Reisenden, das heißt, sie zahlen nichts in den Gasthäusern. Wäre das alles, wäre es unwichtig. Tatsache ist, dass sie regelmäßig ihre Schützlinge bestimmten Gastwirten zuführen, die sie kennen. Dafür verlangen sie eine Provision im Verhältnis zur Anzahl und Aufenthaltsdauer der Reisenden. Diese wird dem Reisenden wiederum [vom Wirt] ... in Rechnung gestellt.*[21]

Frau Navi kostete mich vor allem Zeit. Einerseits. Andererseits lernte ich – hatte sie mal wieder einen Abzweig zu spät angesagt – wie man ein Wohnmobil schnellstmöglich in drei Zügen wendet. Außerdem war die Gegend schön, durch die wir irrten.

Auf den Feldern wogten grüne Ähren, rot leuchtete der Klatschmohn darin und die Kornblumen blau. Üppig belaubte Bäume standen am Straßenrand Spalier und die von skelettgleichen Masten gespannten Überlandleitungen säumten wie vergessene Girlanden den Horizont.

Verkehr herrschte kaum. Und wenn, löste er Herzrasen aus. Zum ersten Mal in meiner ein Vierteljahrhundert andauernden Fahrzeugführerkarriere steuerte ich ein Wohnmobil. Es verführt zum Bummeln. Weil man auf einem dicken Sessel thront. Weil es hinter einem in den

Brandenburg: Land

Kisten, Stau- und Geschirrfächern unentwegt klappert und rappelt und
weil vorbeibrausende Fahrzeuge den Wohnkasten wanken lassen.

   Auf den schmalen Alleen genügten mir 70 Kilometer die Stunde, 80
fühlten sich schnell an, 60 sicher.

   Die auf dem Nachhauseweg befindlichen Eigenheimbewohner der
umliegenden Dörfer sahen das anders. Besonders, wenn 100 Kilometer
pro Stunde gestattet waren. Die meisten klemmten sich dicht hinter
mich, sodass ich sie trotz meiner extragroßen Außenspiegel nicht sah.
Ein Innenspiegel fehlte meinem Gefährt (was mich nicht davon abhielt,
bis zum Ende der Reise regelmäßig an die gewohnte Stelle zu schauen).

   Gerne schoss die Landbevölkerung unvermittelt und ohne Rücksicht
auf kommende Kurven und Überholverbote hinter mir hervor und
vorbei. Oder tat dasselbe bei LKW auf der Gegenfahrbahn, so dass wir
– für meinen Geschmack viel zu lange – aufeinander zu rasten.

   Gelegentlich geriet ich auf Straßen, denen ob ihrer geringen Breite die Markierung in der Mitte fehlte und leider auch Schilder, die
40-Tonnern verbot, diese Straßen zu benutzen.

Als der erste auf mich zuhielt, steuerte ich soweit wie möglich an die rechte Seite und hielt an.

Ein Hupen hinter mir ließ mich die Augen wieder öffnen.

Dabei fuhr ich die zweitschmalste Wohnmobilausführung, breitenmäßig unter mir kamen nur Campingbusse wie der berühmte Bulli von VW, alle anderen Camper waren breiter als mein Kastenwagen.

Um meinen Puls zu entschleunigen, pausierte ich in einer Feldzufahrt, fotografierte Mohnblumen und maß aus Spaß in Ein-Meter-Schritten die Straßenbreite. Von der einen bis zur anderen Seite benötigte ich fünf Schritte. Die Breite meines Gefährtes betrug zwei Meter fünf. LKW dürfen höchstens fünfzig Zentimeter breiter sein. Kühllastern gestattete die StVO wegen ihres Dämmmaterials fünf weitere Zentimeter. Schlechtestenfalls blieben 35 Zentimeter zwischen mir und den Entgegenkommenden. Sofern beide am Rand der Fahrbahn fuhren, reichte das.

Darauf vertrauend hielt ich bei den nächsten Lastzügen nicht mehr an, sondern stattdessen den kleineren rechten Außenspiegel im Blick, der, unter dem Großen montiert, den Straßenrand zeigte. Allmählich bekam ich den Bogen raus und zirkelte millimetergenau auf der Außenmarkierung entlang.

Retzow, Möthlow, Marzahne hießen Dörfer, durch die mich Frau Navi führte. In letzterem buhlte eine Filmtierschule mit angeschlossenem Tierpark um Besucher. Die Gans aus dem DDR-Fernsehfilm »Die Weihnachtsgans Auguste« von 1988 war hier geschlüpft und trainiert worden. Die Kühe und Pferde in Tarantinos »Inglourious Basterds« stammten aus Marzahne. Und Rennschwein Rudi Rüssel.

Das ursprünglich anvisierte Murray'sche *Gross Kreutz*, heute Großkreutz, verpassten mein Gefährt, Frau Navi und ich. Dafür kamen wir endlich zurück auf Route 58 und erreichten Brandenburg an der Havel. *Diese Stadt mit 13 000 Einwohnern wurde an den Grenzen der Havel errichtet, das »Burg« genannte Viertel mit dem Dom befindet sich auf einer Insel im Fluss. ... Die Kirche St. Katharina, gebaut 1410, enthält ein altes Taufbecken und mehrere eigentümliche Denkmäler. Den Dom, noch älter (1318), verzieren alte Statuen und Gemälde im Stil von Cranach, in*

*seinen Gewölben sind drei Mark-
grafen begraben. ... [Der Dom]
wurde vor kurzem äußerlich
durch Schinkel restauriert und
neu geweiht.*[22]

Brandenburg: Stadt

Der damals oberste preußische Baubeamte Karl Friedrich
Schinkel werkelte von 1833 bis
1836 am Dom. Er rettete, was
zusammenzustürzen drohte,
verblendete den oberen Teil des
Westgiebels in neugotischem
Stil und fügte Zinnenkränze
auf dem Stumpf des Südturms
hinzu.

Weder den Dom, noch St. Katharina, nicht »the Gerichtshaus«, noch
die angeblich beachtenswerten Stadttore, ja nicht einmal den 18 Fuß
hohen Roland auf dem Markt sah ich.

Eine Umleitung führte mich stattdessen an Brandenburgs beeindruckenden Stahlwerken entlang. Riesenhafte Hallen aus rotem Ziegel, in
denen es krachte und knirschte.

Auch ein paar der heute 72 000 Einwohner der Stadt erblickte ich.
Vor 40 Jahren waren es noch 20 000 mehr gewesen. Nach jahrelangem
Niedergang boomt Brandenburg an der Havel wieder. Großstadtmü-
de Berliner ziehen her, die Tesla Manufacturing Brandenburg SE hat
sich hier niedergelassen. Ich blieb nicht. Neunzig Kilometer hatte ich in
zweieinhalb Stunden geschafft. Knapp 100 lagen noch vor mir. Es war
16 Uhr. In 150 Minuten schloss die Schranke.

Die nächste Murray'sche Wegmarke Genthin lag bereits in Sachsen-Anhalt. Murray empfiehlt hier das Hotel »Goldener Stern«. Gibt's
immer noch. Heißt jetzt: »Stadt Genthin«. Außerdem wusste Murray
zu berichten, dass an Genthin ein Kanal vorbeiführt, der Elbe und Havel verbindet, stimmt nach wie vor. Ich wusste über Genthin schon als
DDR-Kind: Genthin ist die Waschmittel-Stadt.

1921 errichtete die Düsseldorfer Firma Henkel hier ihr erstes Zweigwerk, damals die modernste Waschmittelproduktion Deutschlands. Unter dem Namen der bekanntesten Henkel-Marke wurde das Werk ab 1949 in der neu gegründeten DDR weitergeführt: Als VEB Persil-Werk Genthin. Trotzig behauptete der nun deutsche demokratische Waschmittelhersteller in der Werbung: »Persil bleibt Persil«, bis das die westdeutschen Markeninhaber verboten. Die nun schlicht als VEB Waschmittelwerk Genthin firmierende Produktionsstätte sorgte weiterhin für die Sauberkeit sozialistischer Wäsche, ab 1968 mit einer SPEzial-Entwicklung, kurz SPEE. 1990 kam Henkel zurück, machte SPEE im Gesamtland bekannt und verließ 2009 die Stadt. Waschmittel wurde in Genthin weiterhin produziert, durch eine zur Hansa Group gehörenden Firma, bis 2015 die Muttergesellschaft insolvent ging.

Drei Örtchen später fuhr ich beinahe durch Burg. *Eine geschäftige und blühende Stadt mit 11 000 Einwohnern, ein Siebtel davon arbeitet in Tuchmanufakturen, die von ausgewanderten französischen Protestanten gegründet wurden.*[24] (Diesen Satz bitte merken! Wir kommen später darauf zurück.) Die Zeiten der Tuchmacher sind in Burg längst vorbei. Das heute bekannteste Produkt der Stadt gehörte zu meiner Bordverpflegung: Knäckebrot. Weil die B1 südlich um Burg herumführt, sah ich von der Stadt nur zwei Doppelkirchtürme, die in den Himmel piekten.

Gleich darauf war es halb sechs und ich dort, wo ich noch nie war: in Magdeburg. Ein lebensgroßer Tyrannosaurus Rex begrüßte mich. Er sollte an der Kreuzung Jerichower-/Herrenkrugstraße Menschen in die Ausstellung »Dinosaurier – Im Reich der Urzeit« locken, einer Sammlung grüngrau angemalter Plastikskulpturen.

Das durch die Windschutzscheibe herauszufinden, hatte ich ausreichend Zeit. In Gesellschaft zahlloser Magdeburger, deren Übernachtungsplatz nicht bald von einer Schranke verschlossen wurde, stand ich in brütender Hitze auf der B1 herum.

Zum Zeitvertreib studierte ich an den Laternenpfählen die Plakate der Magdeburger Gartenpartei. Unter einer apricotfarbenen Rose, dem Parteisymbol, verkündete man die programmatische Ausrichtung: »Für eine dunkelgrüne Politik«. Derweil sprang die nächste Ampel auf Rot. Deutlich schneller als ich kam die Uhr voran. Sie zeigte 17:42.

Um 17:52 hatte sich die Situation deutlich verbessert. Statt in praller Sonne stand ich im Schatten. In einem Tunnel nämlich und sah nun gar nichts mehr von Magdeburg. Das blieb im Wesentlichen so, da ich ab 18:12 über die stadtseits von Lärmschutzwänden gesäumte B71 und B189 nordwärts raste.

18:24 erreichte ich den Orteingang Jersleben.

18:29 passierte ich die Schranke des Erholungscenters Jersleber See. Und erfuhr, dass der Platzwart jeden Abend bis sieben Dienst schiebt. »Hättense ja anrufen können!«

Stimmt.

Ich war schon in Einkaufscentern, Erlebniscentern, ja sogar beinahe mal im Centerparc gewesen. Aber noch nie in einem Erholungscenter. Das Erholungscenter Jersleber See erinnerte mich an die Ferienhaussiedlung Ryonggang im Westen Nordkoreas. Hier wie dort verhindert eine Umfriedung unkontrolliertes Eindringen. Hier wie dort bewachen – damit sich die Insassen ungestört erholen können – Sicherheitskräfte das Areal. Was die Anlagen unterschied: Der Schutzzaun in Jersleben erreichte mit knapp zwei Metern nur die Hälfte der Schutzmauer in Ryonggang, die Jerslebener Sicherheitskräfte waren über-, die Ryongganger untergewichtig und in Jersleben trug man keine Gewehre.

Außerdem kam in Ryonggang Wasser aus heißen Quellen direkt

Bei Magdeburg: Camping-Romantik

ins Hotelzimmer, in Jersleben musste man selbst zum Wasser gehen. Eine ehemalige Kiesgrube, deren Inhalt in den Jahren 1928–37 half, die Dämme des in unmittelbarer Nähe vorbeifließenden Mittellandkanals aufzuschütten, bot Schwimmern, Seglern und Anglern die Gelegenheit zu tun, was ihre Bezeichnung vermuten lässt.

Strandbad und Campingplatz nahmen etwa die Hälfte des Seeufers ein und Dauercamper mehrheitlich den Campingplatz. Mich schickte der Platzwart zur Wiese für Kurzcamper. Dabei bin ich fast Eins neunzig.

Vorsichtig parkte ich rückwärts ein. Gar nicht sehr schwer, eine Rückfahrkamera half mir, nichts umzufahren. Aus dem Gepäckraum unterm Heckbett holte ich den von Freunden geliehenen Campingklapptisch hervor, den mitgemieteten Campingstuhl und – aus eigenem Besitz – ein Klapphöckerchen für die Beine. Ich setzte mich. War angekommen. Hatte Hunger. Musste auspacken. Sollte baden gehen. Oder duschen oder beides. Stattdessen starrte ich vor mich hin.

Was hinter mir lag, fühlte sich falsch an. Zwar war ich durch jeden von Murray beschriebenen Ort gekommen, ausgenommen *Potzdam,* wofür es gute Gründe gab, und Großkreutz, was vermutlich kein Verlust war. Wirklich gesehen hatte ich wenig. Reisen wir nicht deswegen? Um zu sehen? Oder hatte ich doch alles richtig gemacht, weil ich angekommen war? Geht es ums Ankommen? In Magdeburg zum Beispiel? Wo ich gar nicht ankam. Nur durchfuhr.

Immerhin etwas von Magdeburg hatte ich gesehen: einen Dinosaurier und die Plakate der Gartenpartei.

»Hunger!«, knurrte mein Magen und beendete fürs Erste tiefgründige Grübeleien.

Wollte ich essen, musste ich den Inhalt der dazu gebuchten Küchenkiste auf drei Schubladen verteilen. Besteck, Ess- und Kochgeschirr bekam ich darin geradeso unter.

Im Licht der Abendsonne deckte ich meinen Campingtisch und kredenzte käsebelegtes Pumpernickel, Weintrauben und den übrig gebliebenen Salat aus dem Rasthaus Zum Goldenen M. Da gibt's ja auch Gesundes.

Gepacktes gab's zuhauf in meinem Camper.

Für Kleidung standen zwei mal drei Klappfächer über dem Bett und eines über der Sitzbank zur Verfügung. Für Hemden war zwischen Küchenblock und Bett ein Handlang breiter und – je nach Vergleichsperson – brust- oder bauchnabelhoher Schrank vorgesehen, dessen Tiefe zu gering für normale Bügel war. Ich drehte die Bügel in die Diagonale und drückte die Schranktür kräftig zu. Siehe da, es passte, da die Tür die Bügel in die richtige Länge brach.

Alle Jacken und Schuhe stopfte ich ins Dachfach über dem Fahrersitz, Sonnenschutz- und Mückenmittel legte ich griffbereit. Und die beiden Murray-Bände auf den Beifahrersitz.

Rätselhaft blieb, wo ein zweiter Mitreisender seine Sachen unterbringen sollte. Davon abgesehen, dass mein Sechs-Meter-Reisemobil mit Schlafplätzen für sieben geordert werden konnte, obwohl während der Fahrt nur vier Personen darin sitzen durften. Mysteriös, dieses Campen. Auch bettbezüglich.

*Eine der ersten Beschwerden eines Engländers bei der Ankunft in Deutschland wird gegen die Betten gerichtet sein. Es ist daher wichtig, ihn vorher auf das volle Ausmaß des Elends hinzuweisen, dem er dabei aus-gesetzt sein wird*[23], warnt Murray unter der Überschrift *Deutsche Betten.* Nun ist mir als Deutscher nicht nur die deutsche Art zu nächtigen geläufig, ich ziehe sie sogar der englischen vor. Unzählige Nächte hatte ich frierend unter dünnen britischen Laken und den darüber liegenden Wolldecken gelegen, deren Aufgabe anscheinend nicht war zu wärmen, sondern zu kratzen. Ich mag Steppdecken. Zwei eigene führte ich mit. Um keinesfalls zu frieren. Und weil ich im Laufe der Reise mit Übernachtungsbesuch rechnete.

Auf der Website des Vermieters veranschaulichte eine »Nachtmodus« genannte Zeichnung des Wohnmobilinneren, wie auf der an vier Gurten hängenden Liegefläche zu schlafen sei: quer zur Fahrtrichtung. Kaum lag ich unter meiner eigenen Bettdecke wie vorgeschrieben, zog mich etwas Richtung Hecktüren. Ich versuchte mich durch Anwinkeln eines Knies abzustützen. Es rumste. Die Liegefläche stieß gegen die Führungsschienen der Gurte, an denen sie hing. Rumsend ruckelte ich mich in eine andere Position. Wieder zerrte eine unsichtbare Kraft an meinem Körper. Die Schwerkraft. Meine Behausung stand schief. Deshalb also die Keile in der Zubehörkiste im Laderaum. Mit den Hinterrädern hätte ich darauf fahren müssen, bis ich waagerecht stand. Zu spät.

Vorsichtig, damit ich die Nachbarn nicht wachrumste, stopfte ich mir mein Kopfkissen zur Stabilisierung zurecht.

Da gab die Wand hinter meinem Kopf nach.

Ich tastete umher. Fühlte Falten. Und Glätte, wo Falten hätten sein müssen. Die Leseleuchte setzte das Unheil in grelles LED-Licht. Mein Kissen hatte die Jalousien vorm Seitenfenster eingebeult. Ich zupfte und klopfte sie in ihre Ziehharmonikaform zurück. Sorgte für Sicherheitsabstand zwischen Fenster und Kissen. Schaltete das Licht aus. Ließ den Kopf sinken. Streckte die Beine.

Die fußwärtige Wand gab nach.

Licht an.

Das Malheur gegenüber war noch größer. Meine Füße hatten der Jalousie ein vollständiges Lifting verpasst. Faltenlos wölbte sie sich nach außen. Ich reparierte den Schaden und legte mich längs. Rechts.

Auf der Küchenseite war die Liegefläche auf einer Breite von einem halben Meter zehn Zentimeter länger. Um ja nicht in die Jalousie des Heckfensters zu geraten, rückte ich so weit wie möglich nach unten. Flatsch!

Eine H-Milch-Packung war vom Kleiderschränkchen auf die Abdeckung der Spüle geklatscht. Ich zog die Füße an. Zusammengekauert und bewegungslos würde ich einfach warten, bis es hell wurde.

Allmählich sammelte sich Blut in meinem Kopf. Hinten stand ich ja tiefer.

Ohne Rücksicht aufs Rumsen bettete ich mich diagonal. Der Kopf in der Ecke von linker Seitenwand und Badwand, die Füße in der Ecke zwischen Hecktür und rechter Seitenwand. So ging's. Das Blut floss wieder ab.

Stille umfing mich. Und Frieden.

Bis der Kühlschrank losbrummte.

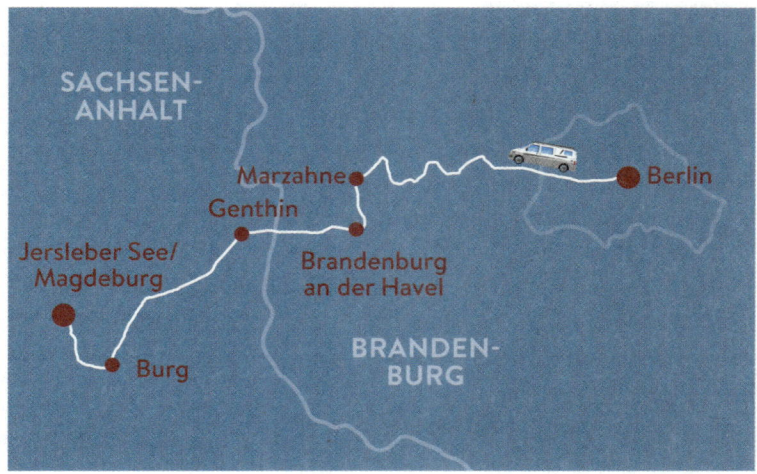

Distanz: 207 km

# BERLIN – KÖLN II

## OSTEN, WESTEN, KUSCHELBESTIEN

**Sieben Uhr Abfahrt, über Magdeburg, Eichenbarleben, Erxleben, Helmstedt, Königslutter, Braunschweig, Immendorf, Lutter am Barenberg, Seesen, Bad Gandersheim, Mühlenbeck, Eschershausen, Holzminden, Höxter, Brakel, Driburg bis zu einer laut Murray** *sehr alten und düsteren*[24] **Stadt.**

Dieser Plan für den Tag fiel mir sofort ein, als ich gegen acht erwachte. Schwitzend. Die Sonne begann den Blechkasten aufzuheizen. Ansonsten hatte ich erstaunlich gut geschlafen, besonders, nachdem ich den Kühlschrank auf die niedrigste Kühlstufe gestellt hatte, was seine Schweigezeit deutlich verlängerte.

Ich zog mich aus und an, öffnete verschiedene Fenster und die große Seitentür. Schwülwarme Luft strömte herein. Ich schaltete kurz die Zündung an, das Ducato-Display zeigte um acht eine Außentemperatur von 22 Grad. Das ließ Schlimmes für den Tag befürchten. Ich setzte Kaffeewasser auf. Schüttete Haferflocken in eine Schüssel. Den Tisch hatte ich gestern Abend, ohne ihn zusammenzuklappen, unters Bett und übers gefaltete Fahrrad gezwängt. An mein Wohnmobil gelehnt mümmelte ich Müsli in der Morgensonne.

Gestern stand der Tag ganz im Zeichen des Ankommens. Des Ankommenmüssens. Für den ersten Tag war es gut gewesen zu wissen, wo er enden würde. Es war gut gewesen, einen sicheren Platz zum Schlafen zu haben.

Wenn ich es dabei beließ, dass Magdeburg mir abgesehen von Erkenntnissen über Parteienlandschaft und Ausstellungswesen bis auf Weiteres fremd bleiben würde, konnte ich die verlorene Zeit hereinholen.

Nur, war das nötig? Wieso hetzte ich?

Reiste ich nicht um des Unterwegssein willen?

Gut, ein paar Wegmarken galt es zu einem bestimmten Zeitpunkt

zu erreichen. Am kommenden Wochenen-
de sollte ich idealerweise im Taunus sein, weil ich dort
arbeiten wollte. Kurz vor Ende der Reisezeit war ich in Dresden verabredet. Ansonsten … bestimmten das Was zwei Reisehandbücher aus
dem 19. Jahrhundert, das Wann bestimmte ich.

Heute musste ich nicht, heute Abend wollte ich in der von Murray
beschriebenen engen und düsteren Stadt sein. Ob ich sie erreichte,
würde sich zeigen. Wo ich schlafen würde auch. Nein, das wusste ich.
In meinem Hängebett. Unter meiner eigenen Bettdecke. Nur wo, blieb
offen.

Reisen heißt nicht allein, einen Ort zu erreichen. Ihn zu besichtigen.
Ihn abzuhaken. Reisen heißt in gleichem Maß, fremde Kulturen, frem-
de Menschen kennenzulernen. Schon bei seiner ersten Erkundung des
Kontinents 1829 ließ sich der junge Murray voller Neugier darauf ein.

*Als ich in Weimar ankam, hatte ich die Ehre und das Vergnügen, dass
mir ein Treffen mit Goethe, dem großen Dichter und Philosophen, er-
möglicht wurde, um mit dem rüstigen alten Mann ein persönliches Gespräch zu führen. Er empfing mich in seinem Atelier, das mit Abgüssen
der Elgin-Marbels[IV] und anderen Werken griechischer Kunst dekoriert
war. Unter seinem braunen Morgenrock schimmerte das strahlende Weiß
eines sauberen Hemdes hervor; eine unter deutschen Philosophen nicht
übliche Eleganz.*[25]

Ich schlenderte hinüber in den Dauercamper-Bereich.

Kniehohe Jägerzäune grenzten die Parzellen voneinander ab. Wohnwagen und Vorzelt ergänzte vielfach ein grüner Wellblechschuppen, der die unzähligen Gartengeräte beherbergte, die die Pflege von 80 Quadratmetern Campinggrund anscheinend erfordern. Um ihre Sitzgruppen formschön einzurahmen und jeden Quadratzentimeter Rasenfläche zu nutzen, hatten manche eine weiße Pergola errichtet oder kleine Pavillons gezimmert.

Als ich bei Parzelle 121 ankam (möglichweise war es auch eine andere), hatte ich die Ehre und das Vergnügen, jemanden zu treffen, dessen Anwesen mit Gipsskulpturen und anderen Werken deutschen Kunstgewerbes dekoriert war.

Offenbar starrte ich sie zu lange an, denn aus dem Vorzelt zwängte sich ein rüstiger alter Mann, der über seiner gebräunten Haut ein strahlend weißes Unterhemd trug, eine unter hiesigen Dauercampern nicht übliche Eleganz. Die meisten Männer über 70 patrouillierten in kurzen Turnhosen und mit freiem Oberkörper über den Platz.

»Kann ich helfen?«, murrte er und kratzte seinen Bauch.

»Ich bewundere Ihre Gartenzwerge«, sagte ich, weil ein Kompliment Leben retten kann.

Er sah auf die bärtigen Männlein herab. »Die sind von meiner Frau. Ich mag die eigentlich nicht.« Er rückte einen gerade. »Aber ich mag meine Frau.« Er verschwand wieder hinterm Fliegenvorhang.

Da ich in den nächsten Wochen Stunde um Stunde hinterm Steuer sitzen würde, sollte ich jede Gelegenheit zur körperlichen Ertüchtigung ergreifen. Badehosenbekleidet spazierte ich zum Strand, der eine

Hangneigung aufwies, die man am Meer Steilküste genannt hätte. Rutschend erreichte ich den See und schwamm darin herum. Anschließend zog ich mich zum dritten Mal an diesem Morgen um und begann die Wanderung zum Sanitärgebäude. Den Zustand der Duschkabinen kannte ich schon vom Vorabend. Hier wurden Fungiphile froh. Fungiphobe weniger. Fungizide hätten viel bewirken können.

Bis mein Mobil reisefertig war, brauchte ich eine Weile, auch, um die an einer der Hecktüren angebrachte Fahrradbefestigungsapparatur zu verstehen und mein Drahteselchen dort zu verzurren. Erst halb zwölf kam ich los. Und nicht weit. Heute würde es keinen Termindruck geben. Kein Müssen. Heute gab es nur Wollen. Wissen wollen und sehen wollen. In Dahlenwarsleben fing ich damit an. Dort steht eine dicke Kirche. Sie heißt St. Lamberti. Wenn es 12 Uhr ist, schlägt die Kirchenglocke zwölfmal.

Zugegeben, Dahlenwarsleben erweiterte mein Wissen nicht wesentlich. Aber man soll sich nicht überfordern. Überforderung frustriert. Nach fünf motivierenden Minuten Dahlenwarsleben stieg ich in mein Wohnmobil ein und nach weiteren fünf Minuten wieder aus. In Hohenwarsleben. Wichtiger Unterschied: Der erste Ort gehört zur Gemeinde Niedere, der zweite zur Gemeinde Hohe Börde.

In Hohenwarsleben besichtigte ich anstelle einer Kirche ALDI und EDEKA. Mein Proviant bestand im Wesentlichen aus von zu Hause Mitgebrachtem. Ich kaufte ausreichend Getränke und Lebensmittel für morgens, abends und das eine oder andere Mittagsmenü. Das heutige erwarb ich an einem Grillwagen. Einen halben Broiler[V] und Kartoffelsalat. »Is' selbstjemacht, ohne Schemie«, behauptete die Verkäuferin, in einem Dialekt, der, schreibt man ihn, Berlinerisch aussieht, aber eher sächsisch klingt. Womöglich hätte dem Kartoffelsalat der eine oder andere Konservierungsstoff gutgetan. Jedenfalls scheiterte kurz nach seinem Verzehr mein Plan, heute nicht müssen zu müssen.

Mangels anderer nutzte ich meine Toilette. Zum ersten Mal seit ich losgefahren war. Sie nahm die rechte Seite meines der Beschreibung zufolge »Kompaktbad« heißenden Hygieneraumes ein.

Die Längsachse des Sitzschüsselovals war nicht in die Mitte des Räumchens ausgerichtet, sondern fast im rechten Winkel zur unmittelbar anschließenden Seitenwand. Bei geschlossener Tür war ich gezwungen, quer auf dem Oval Platz zu nehmen. Wegen des im Vergleich zu handelsüblichen Heimklosetts deutlich geringeren Schüsseldurchmessers und der männlichen Anatomie verursachte Quersitzen Quetschungen. Durch Öffnen der Kompaktbadtür und Unterbringung der Beine im Küchenbereich gelang es mir, annähernd längs auf dem Schüsseloval und damit schmerzfrei zu sitzen. Bonus: Ich konnte durchs große Seitenfenster hinausgucken. Das Ehepaar, das zu dem Wagen neben mir zurückkehrte, guckte in die Gegenrichtung.

Ich grüßte freundlich und wartete mit den nach Geschäftsabschluss erforderlichen Handgriffen, bis sie ihren Einkauf verstaut hatten und losfuhren.

Frau Navis Aufgabe bestand heute zunächst darin, mich auf die B1 zurückzuleiten. Das gelang ihr gut, wenngleich sie gelegentlich durch Ansagen irritierte wie: »Fahren Sie im Kreisverkehr geradeaus«.

Kurz nach Hohenwarsleben erreichte ich wieder die B1 und damit Murrays Route 58. Erste Wegmarke: Eichenbarleben. *Dort gibt es ein höchst anheimelndes Hotel.*[26] Dergleichen kann ich nach Durchfahrt nicht bestätigen, alternativ besteht die Möglichkeit der Einkehr in die »Fleischerei Ingeborg Frost«.

Die Börde ist das *fruchtbarste Getreideland in Deutschland. Wenngleich es eine offene und unscheinbare Landschaft ist, die kaum Hecken oder Bäume aufweist*[29].

Aus der Luft betrachtet gleicht die Börde einem Patchwork-Tuch. Viereck an Viereck. Nirgends wächst Wald. Der Löss-Boden zwischen Elbe, Saale, Ohre und Bode ist zu kostbar, um ihn an Bäume zu verschwenden. 1934 wurde der Acker eines sogenannten Reichsspitzenhofes in Eickendorf, in der südlichen Börde, zur deutschlandweiten Referenz für Ackerqualität und bekam die Bodenwertzahl 100.[27] Nirgends war die Erde fruchtbarer. Nach Deutschlands Teilung brauchte der Westteil einen eigenen Referenzwert für die Ertragsfähigkeit landwirtschaftlicher Flächen – er beeinflusst die Höhe von Abgaben und

Zuschüssen – und fand sie in der Hildesheimer Börde. Inzwischen nimmt Eickendorf wieder den besten Bodenwert des Landes für sich in Anspruch.[28]

Zwei Stunden waren wir nun unterwegs. Frau Navi, mein Gefährt und ich. Felder bis zum Horizont in sanften Wellen. Als wäre das Patchwork-Tuch, eben aufgeschüttelt, im Senken erstarrt. Großsantersleben, Schackensleben, Rottmersleben, Nordgermersleben, Tundersleben ...

Was die Orte, die wir durchfuhren, offensichtlich verbindet, hat nichts mit dem Gegenteil von Tod zu tun, sondern mit dem mittelhochdeutschen *lev/löw*. Seine Bedeutung blieb im englischen *leave* erhalten. Zurücklassen. Hinterlassen. Überlassen. Weshalb der erste Teil der Ortsbezeichnung oft auf einen Namen zurückgeht. Ein hinter- oder überlassener Hof war nicht selten Keimzelle für Dörfer und Städte.

*Erzleben, in Preußen*[29], mehr Worte hatte Murray nicht übrig für den Ort, den er falsch hörte oder notierte. Urkundlich erwähnt erstmals im Jahr 958 als Inarraxluuu. Worin sich luvu, ebenfalls aus der *lev/löw*-Sprachfamilie, verbirgt und der Name des Ortsgründers Arrax, auf Neuhochdeutsch Erich. Vor mir lag also Erichs Hinterlassenschaft. Wie alle anderen -leben zuvor, wollte ich Erxleben durchfahrend anschauen. Es standen genug andere Orte auf dem Tagesplan, denen sich Murray ausführlich widmete. Insbesondere die düstere Stadt am Ende der Etappe.

Recyclinghof, Star-Tankstelle, Edeka Hoffmann ...

»Ui!«, trat ich hefig in die Bremsen. Mein ungewaschenes Geschirr in der Spüle scheppterte. Ich ließ den Blick über die Rückspiegel huschen, blinkte und erwischte geradeso die Einfahrt in eine Nebenstraße. Was war denn das hier mitten in Erxleben?

Leberwurst. Grobe Bauernleberwurst. Breitgeschmiert. Daran erinnerten in Farbe und Struktur die Fassaden von ... ja, was?

Kirche? Burg? Schloss? Kriegsfilmkulisse?

Keine Kulisse. Aber ein Schloss auch nicht. Sondern zwei. Stammsitz derer von Alvensleben. Niederdeutscher Adel.

An einem adlergekrönten Obelisken vorbei schlenderte ich über eine Wiese auf einen unbefestigten Platz. Rechts ragte ein aus Feldsteinen gemauerter Turm auf, an den sich das kaum halb so hohe Kirchenschiff klammerte. Geradeaus und links umgaben mich die drei Stockwerke hohen Leberwurstfassaden. Ehemalige Wohngebäude, Stallungen, Scheunen. Rote Ziegeldächer darauf. Einige neu, die meisten nicht. Stattdessen Löcher darin, zur Hälfe eingestürzt. Nur die Kirche war frisch renoviert. Der fenster- und schmucklose Turm passte stilistisch nicht dazu. Kein Wunder. Er wurde rund 300 Jahre früher als Hausmannsturm gebaut. Hausmänner (oder Türmer) dienten in diesem Ausguck dem Wohl von Burgen, Dörfern und Städten. Moment einmal! Darüber schrieb jemand. Unter dem Stichwort *Feuerwache.*

*Der höchste Turm oder Kirchturm einer deutschen Stadt ist normalerweise besetzt von Wächtern, die Tag und Nacht Ausschau halten, um Feuer zu entdecken und Alarm zu schlagen, sobald es irgendwo ausbricht. … Aufgrund der allgemeinen Verwendung von Holz als Baustoff sind Brände [in Deutschland] häufiger und zerstörerischer als in England; wo jedoch eine solche Einrichtung überaus wünschenswert wäre.*[30]

Schon vom Vorgänger, dem Turm der nicht mehr existierenden Burg Erxleben, hielt man hier Ausschau nach Feuer und Feinden. Mir drohte Unheil allenfalls vom geriatrischen Gemäuer.

Das stetig im Blick und sprungbereit, falls mich ein Stück Schloss zu erschlagen trachtete, wagte ich mich in einen bröckelnden Durchgang. Im Hof dahinter Schuttcontainer, gelbe Absperrbänder und eine sechsköpfige Kommission. Die bestand aus Herren in Hemden und Damen in Blusen, die sich um eine Grube gruppiert hatten. Einer der Hemdherren beendete gerade eine Rede und alle guckten in die Grube. Ob darin Spenden- und Fördergelder verschwanden?

Die von Alvenslebens verschwanden 1945 aus Erxleben, nach fast 800 Jahren, die sie dort lebten. Zunächst war es die rote Erblinie. Nachdem die 1554 ausstarb, übernahmen schwarzer und weißer Familienzweig die Schlossanlage. Jeder bekam die Hälfte. Die einen bauten um (Schloss II), die anderen wegen Baufälligkeit ihres Schlosses 1782 ein neues: das Barockschloss (Schloss I). Hier residiert heute eine regionale Verwaltung. Ihre Parzellen teilten schwarze und weiße Alvenslebens nicht durch ein Jägerzäunchen, sondern mittels Mauer. Statt grüner Wellblechschuppen standen beiden ausreichend Nebengebäude für ihr rasenmähendes Vieh, Futter und Getreide zur Verfügung. Anstelle von Gartenzwergen hütete man einen Goldreif (Schloss II) und einen gotischen Kelch (Schloss I). Beide Familienreliquien gehören seit 1945 zum Halberstädter Domschatz. Und was anderswo das gemeinsam genutzte Sanitärgebäude war, war in Erxleben die Schlosskirche. Die errichteten beide Familienzweige ab 1662 zusammen. Einen Turm brauchte man nicht, der stand ja schon da. 1945 machten Sowjetsoldaten das Kirchengestühl zu Feuerholz, auch in den Schlössern wüteten sie. Da waren die Alvenslebens schon geflohen. Bis 1984 diente Schloss II, das alte, noch als Schule, dann verfiel es.

Ich verfiel in Laufschritt, denn in zweieinhalb Stunden hatte ich erst 35 Kilometer geschafft. Zweihundert lagen noch vor mir. Ich startete den Diesel und treckerte weiter. Dank dünner Motorraumdämmung wusste jeder, welchen Kraftstoff ich tankte. Ich mochte den Motor trotzdem. Er hing gut am Gas, schalten brauchte ich nicht, da Automatik,

Erxleben: Schloss 1

Erxleben: Schloss 2 – mit Leberwurstfassade

und wenn dem Motor an langen Steigungen die Puste ausging, schaltete ich einen Gang zurück, indem ich kurz das Gaspedal durchtrat.

Zu den großen Herausforderungen der deutschen Sprache gehört für viele Ausländer die Aussprache von Ä, Ö und Ü. Die Hasenfrau beispielsweise brauchte fast zwei Jahre, um schön »schön« zu sagen. Ä, Ö und Ü in ausländischen Büchern sind mangels Lettern oftmals eine noch größere Herausforderung. Für Mörräi war es keine. Er schenkte Helmstedt ein ä, wo gar keines hingehört: *Helmstädt … Der Weg dahin ist abscheulich, fast völlig vernachlässigt.*[31]

Das ist vorbei. Auf diesem Abschnitt der B1 hörte ich nicht das leiseste Geschirrgeschepper aus der Spüle.

Helmstedt verbinden viele dennoch mit Abscheulichkeiten.

Was die Alvenslebens 1554 im Kleinen veranstalteten, geschah zwischen Helmstedt und Marienborn rund 400 Jahre später im Großen: Das Land, zu dem beide gehörten, wurde durch eine Mauer geteilt. Die, anders als in Berlin, eigentlich ein doppelreihiger Zaun war, 870 Kilometer lang.

Einer der streng bewachten Durchlässe darin: die Grenzübergangsstelle Helmstedt-Marienborn.

Die A2, ehemalige Transitstrecke nach Westberlin, führt heute direkt an den martialischen Kontrollanlagen vorbei.

Für 70 Millionen Ost-Mark baute die DDR die Abfertigungshallen extragroß, um Reisende einzuschüchtern. Muss funktioniert haben, der westdeutsche Zweig meiner Familie erzählt bis heute mit Schaudern von den Grenzkontrollen.

Auf der B1, die hier parallel nördlich der A2 verläuft, sah ich nichts von Grenzanlagen. Nur ein großes braunes Schild. Darauf eine Kartendarstellung, die den darunter stehenden Satz illustrierte:»Hier waren Deutschland und Europa bis zum 18. November 1989, 8.30 Uhr geteilt.«

Durch die Grenzübergangsstelle strömten schon am 10. November '89 Tausende gen Westen und ein paar in die Gegenrichtung. Bis die alte Fernstraßenverbindung nördlich davon wieder hergestellt war, dauerte es ein paar Tage.

Sommerwind rauschte durch Blättergrün. Und ein Auto über den Asphalt. Wäre das Schild nicht. Man wüsste nicht.

Die Grenzübergangsstelle Helmstedt-Marienborn überwältigt mit ihren Überdachungen, Fahrspuren, Kontrollhäuschen und Passtransportbändern mit ihrer Masse an historischem Material. Dort ist noch, was gewesen war.

Das Nichts an der B1 zeigt, was jetzt ist.

Und … was vor dem Gewesenen war. Sommerwind, Blättergrün, Autos. Bis Stacheldraht und Wachtürme kamen, Schäferhunde, Selbstschussanlagen und Landminen. 1,3 Millionen auf 870 Kilometern.

Vergangen, die Zeit der Grenzen. Fast. Aus Westen Kommende werden durch ein kleines Schild gegenüber dem großen braunen darauf hingewiesen, dass hier der Landkreis Börde beginnt.

Weder auf Englisch noch als deutsches Zitat findet man bei Murray das Wort»Ortsumgehung«. In Helmstedt kennt man dessen praktische Nutzung seit wenigen Jahren. Was mich zwang, die B1 zu verlassen, sonst wäre ich an der Stadt vorbeigebraust. Für Schusslige, die vergessen haben, in welchem Land sie sich befinden, flatterten in der Helmstedter Kleingartenanlage Harbker Straße an hohen Masten mehrere schwarz-rot-goldene Erinnerungshilfen.

Zur Einkehr in Helmstedt empfiehlt Murray den *Erbprinz von Braunschweig*. Ob der noch existierte?

Frohen Mutes brummte ich ins Stadtinnere, wo mich in der Straße Magdeburger Tor das dort stehende Tor glauben ließ, es wäre selbiges. Ich Tor!

Zwar gab's dort mal einen Stadtausgang Richtung Magdeburg, was jetzt in Dunkelgelb parallel zu Straße steht, heißt aber Türkentor. Dabei geht es in dieser Richtung gar nicht in die Türkei, sondern zur Tischlerei Demuth. Das Tor wurde 1716 anlässlich des Sieges der Kaiserlich-österreichischen Armee über die des Osmanischen Reiches erbaut und diente als Portal des Klosters St. Ludgeri, das dem Kaiser in weltlichen Dingen unterstand.

Ob mein Geschirr in der Spüle die folgende Kopfsteinpflasterstraße überstand, konnte ich nicht kontrollieren. Da ich Ausschau hielt nach dem *Erbprinz von Braunschweig*. Der war, wie sich am Markt herausstellte, inzwischen kastriert worden. Das Gasthaus heißt jetzt schlicht *Erbprinz*. Übernachten ist nicht mehr möglich. Dafür lassen sich Bilder anschauen, denn der *Erbprinz* beherbergt zugleich eine Galerie. Aus Murrays Zeiten blieben das säulengesäumte Eingangsportal und der Dachreiter erhalten. (Kein Jockey, ein Türmchen!) Beide schmückten ursprünglich die Universitätskirche. Über 200 Jahre besaß Helmstedt eine bedeutende Universität. Bis die 1810 einer Verwaltungsreform zum Opfer fiel und die Kirche zum Gasthaus umgewidmet wurde. 1890 brannte es ab. Portal und Dachreiter konnten wiederverwendet werden.

Wie es sich unter den ausladenden beigen *Erbprinz*-Sonnenschirmen saß und aß, konnte ich mangels wohnmobiltauglicher Parklücken nicht herausfinden.

Abseits der herausgeputzten Häuser am Markt weckte Helmstedt bei mir Kindheitserinnerungen. An DDR-Kreisstädte Ende der Achtzigerjahre. Blätternder Putz, brettervernagelte Fenster, Kunstblumen in Schaufenstern leer stehender Geschäfte. Den Wegfall der Zonenrandförderung hat die Stadt nicht gut kompensiert.

Unterliegt der Namensforscher Jürgen Udolph keinem Irrtum, bedeutet Helmstedt »Stätte am Hang«[32]. Glaubte ich sofort, denn plötzlich ging die Straße überraschend steil bergab und mein Motor brüllte und bremste zugleich. Die Automatik hatte heruntergeschaltet, was die Drehzahl hochjagte und den Begrenzer aktivierte. Um meinen Lieblingsdiesel nicht zu überlasten, half ich per Fuß beim Bremsen.

Zu Murrays Zeiten verlangsamten spezielle Häuser das Vorankommen. Eines davon steht seit über 200 Jahren an der Kreuzung Magdeburger Tor/Tangermühlenweg. Ein Paradies für Verliebte. Die hier viel Geld lassen können. Zu Murrays Zeiten mussten das in dem kleinen gelben Haus mit den vier braunen Säulen Reisende tun.

Wer heutzutage am Föderalismus der Bundesrepublik verzweifelt und mehr Einigkeit zwischen den 16 deutschen Bundesländern wünscht, wäre damals therapiebedürftig geworden.

Etwa 300 souveräne Staaten bildeten nach dem Westfälischen Frieden 1648, der den Dreißigjährigen Krieg beendete, das Heilige Römische Reich Deutscher Nation. Die 80 kleinsten dieser Länder zusammengenommen, hätten nicht mal zwei Drittel der Fläche des heutigen Berlins bedeckt. Besonders auf dem Gebiet des heutigen Thüringens tummelten sich Klein- und Kleinststaaten. Um Staat und Hofstaat zu finanzieren, nutzten die Landesherren zwei Haupteinnahmequellen: die waffenfähigen Männer ihres Landes an andere Armeen zu verleihen und Wege- und Warenzölle zu erheben. Weswegen bis ins 19. Jahrhundert kaum ein Herzog, Fürst oder König den Zusammenschluss der Länder zu einer Zollunion wollte. Anders Händler, die zum Beispiel auf der Strecke Köln–Königsberg achtzig Mal Zoll entrichten mussten. Murrays Handbuch vermeldet diesbezüglich Positives: *Bis vor wenigen Jahren ... war der Reisende den Unbequemlichkeiten von Zöllen an der Grenze jedes noch so unbedeutenden Staates ausgesetzt .... Zur Förderung des Handels hat sich neuerdings ein Verein unter der Führung Preußens gebildet.*[33]

In Folge des Wiener Kongresses 1814/15, der nach der Niederlage Napoleons die Grenzen Europas neu ordnete, ordnete Preußen sein Wirtschafts- und Finanzsystem inklusive Zollwesen neu. Ab 1818 wurden Zölle nur noch an den Außengrenzen Preußens erhoben. Nach diesem Vorbild schlossen sich einige deutsche Staaten am 1. Janu-

ar 1834 zu jenem Verein zusammen, dessen Vorzüge Murray preist:
den Deutschen Zollverein. *Die Staaten sind Preußen, Bayern, Sachsen,
Württemberg, Baden, Hessen-Darmstadt, Kassel, Nassau, Frankfurt am
Main und andere kleinere Fürstentümer. Diejenigen, die sich bis heute
weigern dem Handelsbund beizutreten, sind Hannover, Braunschweig,
Mecklenburg, Holstein und die Hansestädte.*[37]

Helmstedt gehörte Ende der 1830er-Jahre zum störrischen Herzog-
tum Braunschweig und lag direkt an der Grenze zur preußischen Provinz Sachsen und damit zur Deutschen Zollunion. Weshalb Murray
zu Helmstedt anmerkt: *Auf dieser Etappe stößt man auf das preußische
Zollhaus.*[34] Bis 1840 mussten Reisende in dem kleinen gelben Haus
auch die Nutzungsgebühr für die Staatsstraße Helmstedt-Magdeburg
entrichten.

Heute kann, wer möchte, hier den Wegezoll auf der Straße in die Ehe
entrichten. Im Alten Zollhaus befindet sich ein Brautmodengeschäft.
Hätte ich dort für eine Zukunft zu zweit einkaufen wollen, stand ich am
falschen Tag vor der Tür. Mittwochs ist zu.

Seit zwei Tagen fuhr ich ab Mittag gen Westen. Demzufolge knallte
die Sonne vier Stunden durchs linke Seitenfenster – das, an dem ich saß
– dann kam sie den Rest des Tages von vorn. Die Klimaanlage kühlte
bestmöglich, Schatten spendete sie keinen.

Mein linker Arm, am meisten der Sonne ausgesetzt, glühte, die Wangen spannten und am Hals brannte die Haut.

Ich lenkte bereits seit einer Weile abwechselnd einhändig. Den
nicht lenkenden Arm schob ich zwischen Rückenlehne und meinen Rücken, das verlieh mir von vorn das Aussehen eines bekannten
Glücksspielautomaten.

Nicht die einzige Mühsal. Die charmante Idee, meine gesamte Reise
murraykonform auf Landstraßen zu absolvieren, hatte ein paar Schwächen. Beschleunigte ich nach Verlassen einer Ortschaft auf 80 oder 90
gar, kam bald ein Abzweig, um den herum 70 galt, dann waren wieder
100 erlaubt, bis eine scharfe Kurve 60 zu fahren verlangte, das folgende
100er-Stück Gas zu geben, lohnte kaum, denn der nächste Ort lag in
Sichtweite. Dort forderten 30er-Zonen zusätzlich Aufmerksamkeit, besonders, wenn sie nur zu bestimmten Tageszeiten galten. Wie in einem

Helmstedt: Altes Zollhaus an der alten Fernstraße

Realität gewordenen Nintendo-Spiel musste ich ständig auf neue Herausforderungen reagieren. Inzwischen war ich auf Level zwei, in dem LKW für weitere Komplikationen sorgten, da sie, wenn überhaupt, die Tempowechsel verzögert mitmachten. Darüberhinaus verdeckten ihre Aufbauten Ge- und Verbote am Straßenrand, so dass ich oft nicht wusste, was gerade galt. Ungünstig, denn anders als in Computerspielen gab's Punkte bei Fehlern. Ich mag keine Computerspiele. Mich strengt schon digitales Solitaire an.

Mit puckerndem Kopfschmerzschädel fuhr ich in Königslutter vorschriftswidrig auf den ausschließlich für PKW vorbehaltenen Parkplatz des Kaiserdoms.

*Die Kirche, ehemals im Besitz der Benediktiner, enthält Denkmäler von Kaiser Lothar und seiner Kaiserin, und von Heinrich dem Stolzen, alles Vorfahren der Familie Braunschweig. Sie wurde im byzantinischen Stil erbaut und hat einen schönen Kreuzgang, ist aber sehr baufällig.*[39]

Ich war hinfällig. Die Schwüle machte das Atmen schwer und ließ alle, die die kleine Anhöhe zum Dom erklommen, hörbar schnaufen.

Im Schatten der alten Linden am Dom war es genauso heiß wie in der Sonne. Die dickste war angeblich 1135 von König Lothar III. aus

Anlass der Grundsteinlegung für den Dom gepflanzt worden und heißt deshalb Kaiserlinde.

Im kühlen Kaiserdom, einem wuchtigen romanischen Bau mit drei spitzhaubigen Türmen, hätte ich auf- und durchatmen können. Stattdessen verschlimmerten sich meine Symptome. Zum Schädelpuckern gesellte sich Tinnitus. Ich wollte schon umdrehen, da bemerkte ich, ich war nicht der Einzige, dessen Zeigefinger im Ohr herumrüttelte.

Das Fiepen wurde fieser.

Sehr ausdauernd prüfte der Organist die nächstkleinere Orgelpfeife. Auch optisch geht der Dom an die Grenzen des Erträglichen.

Der von Murray bemängelten Baufälligkeit des Doms rückte Ende des 19. Jahrhunderts Prinz Albrecht von Preußen zu Leibe. Zur Instandsetzung gehörte, die ursprünglich farbenfrohe Ausmalung des Innenraums wiederherzustellen. Die Hofmaler von Prinz Albrecht schufen eine Neuinterpretation bunter romanischer Bildmotive.

Um 1970 drohte der Dom erneut auseinanderzufallen, man trieb Sicherungsanker ins Gemäuer und übertünchte Teile der Albrecht-Malereien. Dies und das Eindringen sauren Regens zwang in den 1990er-Jahren dazu, wieder zu sichern und zu malern. Die heute vornehmlich in Gelb, Blau und Rot gestalteten Ornamente an Wänden und Decken sind Nachbildungen der Nachbildungen des 19. Jahrhunderts.

Der Fries »Hasen fesseln Jäger« an der Außenseite der Apsis ist original, sollte aber keinesfalls Kindern unter zwölf zugemutet werden, sonst bekommen sie Albträume von kotzenden Langohrtigern.

*Im Jahr 1834 war die Straße von Braunschweig nach Magdeburg in sehr schlechtem Zustand, der größte Teil davon nicht makadamisiert.*[39] Was den zweiten Teil des Satzes betrifft, dazu später. Was Braunschweig betrifft, ist der zweite Teil des Ortsnamens Motto. Vom Murray'schen

*Brunswick* bleibt vor allem Schweigen. Das liegt am Zweiten Weltkrieg, in dem neunzig Prozent der Innenstadt, und damit das meiste, was Murray besuchte, zerbombt wurde. Ein Schicksal, das viele deutsche Mittel- und Großstädte verbindet. Der Unterschied besteht in ihrem Umgang damit. Durch diese vormals *sehr alte Stadt an der Ocker*[39] kam ich flott durch, Braunschweig wurde nach dem Krieg »autogerecht« wieder aufgebaut. Neben den breiten Straßen hinterließ der Hauptbahnhof Eindruck. Ein Schuhkarton mit Vordach und italienischem Vorbild. Er ist eine verkleinerte Kopie der Stazione Termini, dem Hauptbahnhof von Rom.

Vielleicht trifft »ist inspiriert von« die Sache besser als Kopie. Oder »entstand in Anlehnung an …« Solche Phänomene finden wir zuhauf. Bei Bahnhöfen, in der Musik, in der Mode, bei Reisebüchern.

Im September 1887, fünf Jahre vor seinem Tod, erzürnte John Murray ein Artikel in der *Pall Mall Gazette*. Darin pries ein Journalist die Reisehandbücher des deutschen Verlegers Karl Baedeker.

*Der Verfasser dieses Artikels scheint Herrn Baedeker das Verdienst zuzuschreiben, diese Buchkategorie erfunden zu haben. Er ignoriert völlig die Existenz von Murray und seinen »Handbooks for Travellers« und unterlässt jede Erwähnung derselben.[35] […] Die Behauptung, diese Art von Literatur hervorgebracht und sie auf das »Niveau einer schönen Kunst« gebracht zu haben, die der Verfasser der Pall Mall den Herren Baedeker zuschreibt, würde von ihnen sicher zurückgewiesen werden, da sie zu Beginn ihrer Buchreihe immer wieder ihre Verpflichtungen gegenüber Murray anerkannten. Sie gaben nicht nur zu, dass sie seine Führer zur strukturellen Vorlage für ihre eigenen gemacht hatten, sondern dass sie in einigen Fällen direkt aus seinem Werk übersetzten.[36]*

Schon der Titel des 1842 bei Karl Baedeker in Coblenz[VI] erschiene-
nen Reiseführers erinnert an die Vorlage: *Handbuch für Reisende durch
Deutschland und den Oesterreichischen Kaiserstaat – Nach eigener Anschauung und den besten Hülfsquellen*[37].

Wer Baedeker *hür* vor allem half, schreibt er im ersten Satz: *Die
Brauchbarkeit der dem Buchhändler Murray zu London herausgegebenen
Reisehandbücher (Handbook for Travellers in Northern and Southern
Germany) ist eine von den Engländern, dem unter allen vorzugsweise
reisenden Volke, anerkannte Thatsache, dass man kaum einen derselben
ohne das sogenannte »rothe Buch« umherwandern sieht. Sie führte den
Herausgeber des vorliegenden Handbuchs früher schon auf die Idee, zwei
in Deutschland, trotz der Nachbarschaft, wenig gekannte Länder nach
jenen Murray'schen Handbüchern für Reisende zu beschreiben.*[38]

Bei den wenig gekannten Ländern handelte es sich um Belgien und
Holland, wie eine Fußnote erklärt. Und weiter schreibt Baedeker: *Beim
Fortschreiten der Arbeit zeigte sich immer mehr und mehr, dass nur der
Rahmen des englischen Vorbildes beibehalten werden konnte. Die Volks-
und Länder-Anschauung des Engländers ist eine von der des Deutschen
durchaus verschieden. Vieles diesem Bekannte musste dem Engländer
weitläuftig [sic] erzählt werden, Geschichtliche Andeutungen, diesem
werthlos, dem Deutschen dagegen anregend, mussten für diesen einge-
fügt werden. Endlich pflegt der Engländer auch wohl anders zu reisen als
der Deutsche.*[46]

Und schon war Murray wegargumentiert. 1859 starb Baedeker. In
den Ausgaben nach 1860 fehlte der Hinweis auf das britische Vorbild.
Hatten die beiden Reiseführer-Pioniere anfangs gegenseitig die Werke
im Land des anderen vertrieben, wurden sie Konkurrenten. Baedeker
hatte die von Murray eingeführte Sterne-Bewertung und das einheit-
lich rote Erscheinungsbild der Reiseführer übernommen und wurde
damit bekannter als sein Erfinder. Auch andere kopierten, zum Teil
wortwörtlich, Murrays Handbücher. In den *Law Journal Reports* von
1853[39] füllen der Bericht über einen von Murray angestrengten Pla-
giatsprozess unzählige Seiten.

Es klingt ein wenig verzweifelt, wenn John Murray am Ende seines
Lebens schreibt: *Daher fühle ich mich verpflichtet, mir das Verdienst
nicht nehmen zu lassen, das mir als Autor, Erfinder und Urheber einer*

*Kategorie von Werken zukommt, die nach der unumstößlichen Aussage
von Reisenden mehr als ein halbes Jahrhundert, für sie von größtem Nutzen und Komfort waren.*[40] Die Rollen in dieser deutsch-britischen Auseinandersetzung scheinen klar verteilt. Wie in den noch folgenden Weltkriegen waren die Deutschen die Bösen. Die Briten Opfer.

Typisch.

Blöd nur, dass es da einen Leopold Freiherr von Zedlitz-Neukirch gibt. Der zahlenverliebte Rittmeister aus preußischem Adel gab allerlei von seinen Reiseerfahrungen geprägte Datensammlungen heraus. 1831 erschienen bei *Duncker und Humblot, Berlin* in einem Band der »Wegweiser durch den Preussischen Staat, in die angrenzenden Länder und die Hauptstädte Europa's – Ein geographisch-statistisches Taschenbuch für Geschäftsmänner und Reisende« und das »Reisetaschenbuch für Berlin und die Preussischen Staaten mit besonderer Berücksichtigung der Preussischen Bäder«.

Auf die Einleitung folgen alphabetisch geordnet kurze Abhandlungen über beispielsweise: *Abkunft und Abstammung der Bewohner ... Arbeits-, Zucht- und Strafhäuser ... Bäder und Brunnen ... Buchhandel, Censur ... Gendsarmerie ... Irrenhäuser, Juden, Klima ... Taubstummeninstitute*[41] sowie alles über Zölle.

Der zweite Abschnitt beinhaltet viel Statistisches über Berlin. Kaum sind 199 Seiten vorbei, folgt Abschnitt drei.

Und der hat's zusammen mit den zehn folgenden in sich.

Zedlitz beschreibt darin Reiserouten. Da geht es von Berlin nach Breslau oder nach Coblenz. In der Abfolge der Reise vermerkt er die Entfernungen zwischen den Orten in Meilen und empfiehlt Übernachtungsmöglichkeiten wie: *Helmstädt: Der Erbprinz von Braunschweig, der Prinz Regent, die Stadt Braunschweig, guter Gasthof in der Vorstadt am Thore zu Königslutter.*[42]

Touristische Empfehlungen und Einwohnerbeschreibungen fehlen ebenso wenig: *Burg. Es ist ein ziemlich geräumiger Wohnplatz und gehört, ohne zu den schöneren Städten der Provinz gewählt zu werden, zu den ansehnlichsten Oertern [...] Unter den Einwohnern sind sehr viele Nachkommen französischer Auswanderer ... Die Tuchfabrikation wird nach wie vor stark betrieben.*[43]

Wer sich gemerkt hat, was Murray über Burg schreibt, stellt nun erstaunliche Parallelen fest.

Natürlich kann einem Buch, das Fakten nennt, nicht vorgeworfen werden, dass die woanders genauso stehen. Dass Murrays Reiseführer und der von von Zedlitz eine ähnliche Struktur aufweisen, ist schon bedeutender, da Murray die Urheberschaft dafür in Anspruch nimmt. Mehr noch: Obige ist nur eine von mehreren fast identischen Textstellen, die über Faktennennung hinausgehen, also Schöpfungshöhe besitzen. Zufall? Fest steht: Murray besuchte ab 1829 mehrmals Deutschland und beherrschte Deutsch in Wort und Schrift.

Was Murray und von Zedlitz unterscheidet: Zedlitz hat einerseits eine auffällige Vorliebe für alphabetische Ordnung, Kategorisierungen jeglicher Art, nennt bei Orten oft seitenlang die Anzahl von Wohnhäusern, Kirchen, Plätzen, Bibliotheken, Lehrern, Invaliden, Anstalten für verwahrloste Kinder und dergleichen mehr. Andererseits gerät er immer wieder ins Schwafeln. Murray konzipierte seine Handbücher deutlich klarer und stringenter. Völlig fehlen bei ihm Sätze wie: *Weiterhin bemerken wir die Hornsche Anstalt für Geisteskranke und links unfern dem Thore, etwas seitwärts sehen wir das ansehnliche Gebäude, in welchem sich das orthopädische Institut des Hrrn. Hammer befindet*[44]. Auch die *niedliche Villa des Hofschauspielers Rebenstein*[45] ignoriert Murray in seiner Berlin-Beschreibung. Und ebenso, wenigstens offiziell, die Existenz der »Wegweiser« von von Zedlitz.

Wie sehr ihn der Deutsche inspirierte, bleibt daher so undurchsichtig wie meine Frontscheibe kurz nach Braunschweig.

Regen pladderte aufs Dach meines Gefährts und prasselte gegen die Fenster, was das Durchgucken erschwerte. Und das Fahren. Nachdem ich alle Hebel und Knöpfe rund ums Lenkrad ausprobiert hatte, glitten die Scheibenwischer übers Frontglas, sobald ich einem der Hebel einen Stups nach unten gab. Ohne Stupsen blieben sie liegen.

Der Regen senkte die Außentemperatur um zehn auf 26 Grad. Wolken verdeckten die Sonne und ich musste nicht mehr abwechselnd einen Arm in den Schatten meines Rückens schieben. Regelmäßig den Scheibenwischerhebel stupsend, zuckelte ich mit Tempo 65 einem LKW mit Anhänger hinterher.

Zwei Kilometer, drei …

Nach vier Kilometern reichte es mir. Kaum konnte ich die Gegenfahrbahn halbwegs überblicken, setzte ich den Blinker und trat das
Gaspedal durch. Der Motor brüllte auf.

»Komm-komm-komm-komm!«, feuerte ich ihn an. Schließlich
musste er das Gewicht von drei vollgetankten Opel Corsa auf Tempo
bringen, bei einer Leistung von weniger als zwei Corsa.

»Jajajajaja ... jaaa!« Wir schafften es, zwischen die beiden Lastwa-
gen zu flutschen, den überholten und den, der von vorne kam.

»Fein gemacht«, tätschelte ich das Armaturenbrett meines Gefährten. Ja, es war kein Gefährt mehr!

Kopfsteinpflaster, unbarmherzige Sonne, prasselnder Regen. Mein
Gefährte nahm es klaglos hin. Trug und schützte mich.

Er brauchte einen Namen.

Ich erreichte derweil Salzgitter-Thiede.

Wie sollte ich meinen Gefährten nennen. Camperchen? Camperin-
chen? Oder schwäbisch: Camperle?

Nein, er hatte nichts Niedliches.

Ein Name, dachte ich, als ich Salzgitter-Drütte passierte, kann die
Herkunft widerspiegeln. Mein Gefährte war Italiener. Italienische Namen klingen schön. »Luutschianoo«, »Sssilviooo«, »Lu-iiitschiii!«,
singsangte ich und war bis Salzgitter-Immendorf – Murray schreibt darüber nicht mehr als: *Immendorf*[46] – der Meinung, Luigi würde passen.
Sah ich in Salzgitter-Barum schon wieder anders. Mein Wohnmobil
war ja zur Hälfte Deutscher. Paule vielleicht?

»Bist du ein Paule?«, fragte ich ihn in Salzgitter-Lobmachtersen. Er
verneinte mit den Scheibenwischern.

In Salzgitter-Beinum wunderte ich mich zum ersten Mal, warum alle
Orte den gleichen Vornamen hatten.

Es liegt daran, dass Salzgitter aus 31 Stadtteilen besteht, meist räumlich getrennte Ortschaften. Außerdem fiel mir ab Salzgitter-Bad eine
besondere Grundstücksbegrenzung auf. Ganze Straßenzüge lang standen vor den Häusern im Abstand von weniger als einem halben Meter
metallene Zaunfelder. Direkt davor verlief der Bürgersteig, der Platz
dahinter war zu schmal für einen Vorgarten.

Waren das Salzgitter?, fragte ich mich in Salzgitter-Gitter. Dort wären ja dann die Gitter Salzgitter-Gitter-Gitter.

Nahe dem Dorf Gitter entdeckte man im Mittalter salzhaltige Quellen und so kam im 14. Jahrhundert namentlich eines zum anderen.

Ich kam endlich in einen anderen Ort: Lutter am Barenberg, *wo Tilly die Protestanten unter Christian von Dänemark so vernichtend schlug, dass ihm dafür der Heilige Stuhl dankte.*[47] Der belgische Graf Tilly wurde im Dreißigjährigen Krieg ob seiner Siege und Härte Legende. In mir tobte der Krieg zwischen Erschöpfung und Pflichtgefühl. Bis zu meinem Etappenziel, der *alten und düsteren Stadt*, waren es noch 130 Kilometer. Bedeutete bei meinem Tempo drei Stunden Fahrt. Jetzt war es halb sechs. Der Regen hatte aufgehört, die Sonne stach vom Himmel, die Erde dampfte. Den Verkehr stetig im Auge behaltend, suchte ich mit dem anderen Auge in meinem Campingführer einen Schlafplatz in der Nähe.

Im »Tatort« hätte sie als *Kleindarstellerin mit Text* den Kommissaren Leitmayr und Batic den Zugang zu ihrem Etablissement verwehrt: »Meine Mädchen aaalle gutte Mädchen!« Daraufhin hätte Leitmayr gesagt: »Frau Kumerowa, auch gute Mädchen können etwas beobachten.« In dem Moment würde Batic beobachten, wie eine leicht bekleidete junge Frau aus dem ersten Stock auf ein Vordach springt, weshalb er »Franz, da!« riefe und Leitmayr vorwurfsvoll sagen würde: »Fliehen gute Mädchen, Frau Kumerova?« Die würde »Pfff …« machen und den Kommissaren die Tür vor der Nase zuschlagen. Im Film.

In Wirklichkeit pfffte die Platzwartin des Campingplatzes am Brillteich nicht, sondern paffte Zigaretten einer mir unbekannten Marke. Nachdem wir die Formalitäten erledigt hatten, schnarrte sie: »Ich gähe vor, du fährst nach!«

Sie trug ein schwarzes Kleidchen, dessen Saum ihre gebräunten Oberschenkel umspielte, und eine Bierflasche, aus der sie sich ab und zu stärkte. Schließlich nickte ihr Kopf in eine Ecke und ich parkte neben einer stattlichen Tanne.

Tisch, Stuhl, Höckerchen raus. Dann Topf aufs Gas. Milch hinein, aufblubbern lassen, Topf runter, Milchreismischung dazu, umrühren, über dem Teller auskippen, Himbeeren aus dem Glas drüber. Fertig. Zum ersten Mal hatte ich im Camper gekocht!

Die Beine auf dem Höckerchen, die Lehne
des Campingstuhls nach hinten gestellt, genoss ich mein
Mahl im grünen Paradies am Brillteich.

In der gegenüberliegenden Parzellenreihe sah ein Dobermann zu,
wie sein Herrchen den Wohnwagen kärcherte. Das Fauchen des Hoch-
druckreinigers war kaum zu hören, da auf der anderen Seite meines
Stellplatzes jemand Rasen mähte.

Den Dobermann schien sein Kärcherherrchen zu langweilen. Er
schaute umher. Was könnte ihm wohl Freude bereiten?

Sein Blick blieb an mir hängen.

Dobermänner verdanken ihre Existenz einem Zeitgenossen John
Murrays: Karl Friedrich Louis Dobermann trieb Steuern im thüringi-
schen Apolda ein und züchtete sich zum Selbstschutz einen scharfen
Hund heran. Die Rasse wurde später gern eingesetzt von Polizisten,
dem deutschen Heer und in Konzentrationslagern.

In weiten Sätzen jagte er auf mich zu.

Ob ein Dobermann Milchreis mochte?

Zentimeter vor meinen Zehen kam er zum Stehen. Ich setzte mich
auf und sagte, was ich zu fremden Hunden immer sage: »Na, wer bist
du denn?« Es ist mehr eine rhetorische Frage.

Der Dobermann kam zwei Schritte näher. Unsere Nasen waren fast
auf gleicher Höhe. Damit er nicht in meine biss, bot ich ihm eine Al-

ternative, die er beschnupperte. Bereitwillig ließ er sich von der Alternative im Nacken kraulen. Nach einer Weile schwenkte er das Hinterteil herum. Ich massierte den Rücken. Und ich erkannte, es war gar kein Dobermann. Es war eine Doberfrau. Sie presste ihren Po an meine Oberschenkel, bis ihr Herrchen eifersüchtig wurde und pfiff. Frau Dober ging weg. Und ich spazieren. Gleich hinterm Campingplatz lässt sich der Wasserweg Schildautal erkunden, ein zwei Kilometer langer Rundweg, an dem Tafeln einem beibringen, was eine Quelle ist, ein Fließgewässer und ein Wasserfrosch. Alle kann der Wasserfreund in echt sehen und hören. Das Wasser im lebhaftesten der Fließgewässer lässt sich trinken. Hab ich mich aber nicht getraut. Wer eine Jutta kennt oder gar so heißt, freut sich sicher darüber, dass hier am Neujahrs- und Johannistag eine gleichnamige Sagengestalt um Mitternacht mit einem Schlüsselbund herumklappert.

In den übrigen Nächten zeichnet die Gegend eine Stille aus, die hervorragenden Schlaf gestattet.

Distanz: 159 km

# BERLIN – KÖLN III

## KIRCHEN, KLÖSTER, KALKSTEINBRUCH

**Eine Singdrossel, ein Buchfink, eine Mönchsgrasmücke und ein Huawei kündigten den neuen Tag an. Wie eingestellt tirilierte mein Telefon um 5:30 Uhr.**

Die Bummelei der letzten Tage konnte ich mir nicht mehr erlauben. Bis Freitagabend, übermorgen, musste ich auf einem Pferdehof im Taunus sein, da ich dort zwei Tage arbeiten würde. Vor der Webcam. 6:28 Uhr rollte ich am Schlagbaum vorbei.

»Heute also die Topfschublade«, dachte ich auf dem Weg nach Seesen. Jeden Morgen nach dem Losfahren klapperte etwas anderes in meiner Wagenwohnung. Gestern schepperte das ungewaschene Geschirr in der Spüle, obwohl ich Lappen darunter und dazwischen legte. Heute hatte ich wohl Kaffeewasserkochkessel und Töpfestapel nicht rappelsicher genug mithilfe des Nudelsiebes verkeilt. Nun, die Kochutensilien würden das aushalten. Beim Geschirr brauchte ich ebenso wenig Beschädigungen zu fürchten. Es bestand aus Melamin, einem extraharten Kunstharz, das erst bei Erhitzung über 70 Grad krebserregend ist.

Misanthropen sollten Seesen um 6:45 Uhr besuchen. Da sind keine Menschen unterwegs. Wohnmobilisten parken am besten neben der St. Andreas-Kirche direkt an der B248. Hier befindet sich zudem alles, was man in Seesen sehen sollte. Und hören. Zum Beispiel den Mann, der im Dachgeschoss des Hauses neben dem Brauhaus von 1618 hustet. Er machte das laut und lang und ist eine Abwechslung zur üblichen Geräuschkulisse einer Stadt, die meist von Kirchenglocken- und Verkehrslärm bestimmt wird. In Seesen läuten die Glocken von St. Andreas nicht im barocken Kirchengebäude. Sie hängen daneben in einem freistehenden Turm aus den 1950er-Jahren. Neben der Kirchenwiese befindet sich eine zweite Wiese, auf der zwei Denkmäler stehen, die viel zu schön sind für die Kriege, an die sie erinnern. Das Städtische Museum am Nordrand der Wiese nutzt das ehemalige herzogliche Jagdschloss, eine hochtrabende Bezeichnung für den schlichten, dreigliedrigen Fachwerkbau, doch ein Muss für Dosen-Fans. Neben der spannenden Geschichte der Konservendose informiert das Haus über das Leben des Seesener Schreiners Heinrich Engelhard Steinweg, der außer Möbeln hobbymäßig Klaviergehäuse bastelte. Lief nicht gut. Die Familie wanderte 1850 in die USA aus. In New York verdingten sich Heinrich und seine Söhne in verschiedenen Klavierbaubetrieben, bis sie begannen, selbst komplette Klaviere zu bauen. Vertrieben wurden sie unter dem anglisierten Familiennamen: Steinway. Das erste selbstgebaute Steinweg-Klavier ist im Seesener Museum zu besichtigen.

Am See im Stadtpark hinterm Museum lässt sich das bei Wind malerisch schwingende Schilf besichtigen. Im Park gilt es, morgens äußerst umsichtig zu spazieren, sonst tritt man in schlafende Enten. Abends bietet der angrenzende Skaterpark, wenn dort die Jugend rollt und springt, demjenigen Labsal, den die Stille am See stört. Der See gehört übrigens zu mehreren, denen die Stadt Seesen ihren Namen verdankt.

»Und wie nenne ich dich jetzt?«, griff ich zurück am Steuer das gestern nicht gelöste Problem der Namensgebung für meinen vierrädrigen Freund auf. Wie jemand genannt wird, kann seine Herkunft zeigen, ebenso offenbart es das Verhältnis von Nennendem und Benannten. Besonders, wenn spezielle Formen der Anrede hinzukommen.

*Eine Angewohnheit der Deutschen ist für Engländer gelegentlich ein Anlass zu schmunzeln ... Es ist die Notwendigkeit, jeden, egal ob Mann oder Frau, nicht mit seinem eigenen Namen anzusprechen, sondern mit dem Titel des Amtes, das sie bekleiden. Einen Gentleman, wie es in England üblich ist, anzureden mit – Sir (Mein Herr), wird zwar nicht als Beleidigung aufgefasst, wohl aber als nicht regelkonform. Daher ist es erforderlich, das Amt oder den Beruf [des Anzusprechenden] herauszufinden. Der gebräuchlichste Titel, den jeder anstrebt, ist der des Ratsherrn (Rath), der durch verschiedene Affixe ... modifiziert und erweitert wird.*

*... Geheimrath ist ein Titel, der ziemlich wichtig ist und den wir auch in England haben. In Deutschland gibt es für jeden Beruf einen Rath: ein Architekt ist ein Baurath, ein Anwalt, ein Justizrath ...*[48]

Welchen Beruf übt ein Wohnmobil aus? Camping? »Guten Morgen, Herr Campingrat!«, probierte ich aus. Konnte Campen ein Beruf sein? Murray hilf!

*Eine Person, die überhaupt keinen Beruf hat, schafft es immerhin zu einem Hofrath.*[52] Nein, so kamen wir nicht weiter. Beim Namen.

Was die Strecke betraf, war ich auf der B64, einer alten Postkutschenverbindung, die schon im 17. Jahrhundert von Kassel über Paderborn nach Münster führte, zwölf Kilometer vorangekommen und steckte in einer Zwickmühle. Murray schrieb über den heute *Bad* Gandersheim heißenden Ort nichts außer: *Gandersheim.* Somit hätte ich auf der B64 bleiben und vorbeifahren können. Das machen offenbar viele Menschen, weswegen die Gandersheimer kurz vorm Abzweig in die Stadt auf ein Schild schrieben:»Bad Gandersheim – Zu schön, um vorbeizufahren«.

»Na, das wollen wir erst mal sehen!« Ich blinkte.

Seit Hohenwarsleben wusste ich um die Vorteile von Supermarktparkplätzen für Wohnmobilisten. Da waren die Parkbuchten zwar nicht länger, aber insgesamt gab es meist ausreichend Platz für überlange Fahrzeuge.

Beim örtlichen ALDI angekommen, war die Innenstadt – ein paar ihrer Fachwerkhäuser hatte ich schon gesehen – zu Fuß zeitfressend weit weg. Es schlug die Stunde des Eselchens!

Haltebügel losschrauben, Schnallen aus den Felgen fummeln, herunterheben. Ich saß auf und strampelte los.

Die Bewohner einer Stadt lassen sich in Form von Passanten betrachten. An diesem Morgen waren das vor allem bauchfreie Schülerinnen und ein paar Schüler, die ihnen hinterherguckten. Eine andere Möglichkeit, einen Eindruck von Einheimischen zu bekommen, bieten die Schaufenster der ansässigen Fotografen: Beim Gandersheimer hingen Portraits von wohlfrisierten Frauen. Bildunterschrift bei jedem: »Frauenort«. Dazu kamen Scherenschnitte von Frauenköpfen sowie Portraits von Queen Elizabeth II. mit blauem Hut und von fünf Waschbären. Weiblichen, war zu vermuten.

In anderen Läden, die nichts mit Fotografie zu tun hatten, hingen ebenfalls Frauenfotos. Bad Gandersheim war nicht nur zu schön, um vorbeizufahren (das stimmt wirklich), sondern schmückt sich mit dem Titel: Frauenort. An verschiedenen Orten in der Stadt stellen Schrifttafeln bedeutende Gandersheimerinnen vor, darunter eine der ersten literarisch tätigen des Mittelalters: die um 930 geborene Dichterin Roswitha von Gandersheim.

Daneben hat Bad Gandersheim einen Dom zu bieten, der im Sommer zur Hälfte von Zuschauertribünen für die Domfestspiele zugebaut ist. Der Wohnmobilstellplatz am Kurpark heißt Rio Grande. Womöglich stammte der rote Schlamm im vorbeiplätschernden Flüsschen aus Mexiko. Radler können durch engste Gässchen und Hausdurchgänge

Bad Gandersheim: Dom

flitzen. Hie und da muss, wer Schmerz nicht mag, den Kopf einziehen. Auch sollten Vorder- und Hinterradbremse gleichgut funktionieren. Andernfalls hilft nur, tritt plötzlich jemand aus dem Haus, vom Rad zu springen. Wer davon träumt, ein eigenes Geschäft zu eröffnen, sollte auf keinen Fall an Bad Gandersheim vorbeifahren, es stehen viele leere zur Auswahl.

Mir standen dank dem Frauenort Bad Gandersheim neue Perspektiven bei der Namenssuche für meinen Gefährten offen. Wieso musste es denn ein Gefährte sein? Vielleicht war es ja eine Gefährtin? Ich begann weibliche Namen durchzuprobieren. Bis ich den passenden fand.

Wenn man es ganz genau nimmt, reiste ich nicht meinet- oder Murrays wegen, sondern meines alten Freundes Olafs wegen. Er schenkte mir schließlich die Handbücher für Nord- und Süddeutschland.

»Rate, wo Liesel und ich sind?«, fragte ich ihn.

»Liesel?«, brummte Olaf am anderen Ende der Leitung. »Ich dachte, du bist allein unterwegs …«

»Das stimmt. Und auch wieder nicht.« Ich erklärte es ihm.

»Und warum Liesel?«, fragte er.

»Weil es eine fürsorgliche Fahrzeugin ist.«

»Is' ganz schön heiß heute, ne?«

Ihm musste der Name ja nicht gefallen. Hauptsache mir gefiel er. Und Liesel.

»Willst du wissen, wo ich bin?«

»Nein.« Olaf vermeidet gern Zeitverlust durch Höflichkeit.

»In Eschershausen!«, ignorierte ich seinen Widerstand.

»Toll.«

»Habe ich dir zu verdanken.«

»Ich bin mit Svenja zum Laufen verabredet.« Olaf hatte es dank strengem Ernährungsplan, verschiedenen Bewegungssportarten und Motivation von Svenja geschafft, sein Gewicht innerhalb von neun Monaten um ein Viertel zu reduzieren. Er wog jetzt nur noch 90 Kilo.

»Schön, jetzt weiß ich, du bist in Eschenhausen.«

»Eschers-hausen! Die Stadt steht in einer Reihe mit Trinidad, Kalifornien, Colorado, Kuba und Albanien.«

»Du wirfst Städte, Bundesstaaten und Länder in einen Topf!«

»Und wenn schon …«

»Ich müsste jetzt mal …«

»Ich lerne wahnsinnig interessante Sachen durch diese Handbücher kennen.«

»Ja, das berühmte Eschershausen. Ohne das zu kennen, sollte niemand sterben. War's das?«

»Nein, das Interessante kommt ja noch: Murray erwähnt in den Reiseführern oft den Zustand der Straßen. Gut findet er offenbar, wenn sie *macadamized* sind.«

»Maka … was?«

»Makadamisiert. Jetzt wirst du neugierig, was?«

Statt einer Antwort hörte ich Türknarren.

»Makadam-Straßen waren die Vorläufer unserer Asphaltstraßen. Sie bestehen aus zwei Lagen Schotter mit …«

»Kann es sein, dass du lange nicht mehr mit jemandem geredet hast?«
»Erst gestern Abend plauderte ich mit einer Doberfrau.«
Olaf atmete schwer aus. Wahrscheinlich verdrehte er die Augen dabei.
»Ernsthaft, Eschershausen revolutionierte die Welt des Vorankommens«, gab ich nicht auf. Zur Antwort bekam ich nun Plätschern. Ach, dahin hatte er gemusst.
»Ich bin ganz Ohr«, hallte Olafs Stimme von den Kachelwänden wider.
»Also, zwei Lagen Schotter in unterschiedlicher Korngröße. Darüber kam eine dünnere Lage Splitt, kleine Steinchen, und zum Schluss wurde alles durch schwere Walzen oder Einsatz von Wasser ...« Im Hörer rauschte und gluckerte es. »... verdichtet, so dass die Bruchstücke sich verkeilten, der Splitt die Zwischenräume füllte und es oben schön glatt wurde. War für Reisende in ihren Schaukelkutschen eine Wohltat gegenüber den meist unbefestigten Wegen über Land oder den Kopfsteinpflasterstraßen in den Städten.«
»Ich würde jetzt mal joggen gehen.«
»Morgen bin ich voraussichtlich im Ruhrgebiet. Wir könnten uns treffen. Dann erzähle ich dir mehr über Eschershausen.«
»Wenn du versprichst, nichts davon zu erzählen, komme ich.«
»Na, gut. Ich sag Bescheid, wenn ich...«
»Alles klar. ... Tschüss.« Er legte auf.
Das Automatikgetriebe schaltete einen Gang runter und gleich wieder rauf. »Ja, mein Lieselchen«, tätschelte ich das Armaturenbrett, »du weißt die Fortschritte im Straßenbau zu würdigen.«
Mit Aufkommen von Autos zerfielen die – von Freiherr von Zedlitz »Kunststraßen«[49] genannten – Schotterstrecken, weil der Unterdruck, den die Motorwagen beim Drüberfahren erzeugten, Sand und Split aus den Hohlräumen saugte. Das wirbelte außerdem mächtig Staub auf. Naturasphalt war die Lösung. Die Erdpech oder Bergteer genannte klebrige Substanz entstand in natürlichen chemischen Prozessen aus Erdöl und Ölsanden und war schon von Sumerern und Babyloniern zum Abdichten von Gefäßen und Booten und für Fugen im Straßenbau benutzt worden. Die Römer verfugten damit die Straßen Pompejis. Im Mittelalter vornehmlich als Heilmittel verwendet, erlebte Asphalt

im 19. Jahrhundert eine Renaissance im Straßenbau. Auch weil große Naturasphaltvorkommen in der ganzen Welt entdeckt wurden. Eines in der Nähe von Eschershausen, weshalb hier 1873 die Deutsche Naturasphalt GmbH gegründet wurde.

In heißen Sommern blieben Kutschen und Pferde zwar im neuartigen, hitzeempfindlichen Straßenbelag stecken, dennoch verloren die Schotterstraßen an Bedeutung. Der weltweite Siegeszug des Asphalts begann. Neue Mischungen und Weiterentwicklungen reduzierten das Klebproblem. 2011 gingen die natürlichen Vorkommen bei Eschershausen zur Neige. 2017 verließ die Deutsche Asphalt GmbH, inzwischen aufgekauft, den Ort.[50]

Bedauerlich für Olaf, dass er das alles nicht erfuhr.

»Liiii-laaa-Lieselchen, du brummst mit deinem Dieselchen«, brauste ich trällernd über die B64.

»In hundert Metern rechts abbiegen!« unterbrach mich Frau Navi. Ich peilte den Abzweig in etwa 50 Metern an. Pi mal Daumen galt es außerhalb von Städten, ihre letzte Entfernungsangabe vor dem Richtungswechsel zu halbieren.

»Sie haben Ihr Ziel erreicht«, behauptete sie kurz darauf. Die Ortsmitte Holzmindens hatte ich mir anders vorgestellt. Entweder befand ich mich in der geographischen Mitte der Gemeinde, die nicht dasselbe wie das Stadtzentrum sein muss, oder Frau Navi war auf Liesel eifersüchtig und hatte uns woanders hingeführt.

Wir standen zwischen einer Ansammlung neuer Eigenheime, von denen kaum mehr als das Dach zu sehen war. Undurchdringliche Plastikgeflechte, mit Heckenmotiven bedruckte Planen oder Bruchsteine in übereinander gestapelten Käfigen wetteiferten um den Titel »blickdichteste Einfriedung Holzmindens«. Videokameras überwachten die Nachbarn. Irgendwo bellte ein Schäferhund. Ich blieb im Wagen, wer weiß, womöglich lagen in den Grünstreifen vor den Grundstücken Landminen.

*Höxter, ganz in der Nähe befindet sich die ehemalige Benediktinerabtei Corvei, eine der ältesten kirchlichen Niederlassungen in Deutschland; sie war das Zentrum, von dem aus die Gegend zivilisiert wurde; die Kirche ist immer noch ein schönes Gebäude.*[51]

Horst Lichter schwang den Besen am Eingang von Kloster Corvey, glaubte ich, etwas abgelenkt von den mächtigen Torpfosten mit ihren lebensgroßen steinernen Wächterfiguren. Von Nahem ähnelte der ältere Herr deutlich weniger dem »Bares für Rares« moderierenden Koch. Allein schon, weil er weniger Schneidezähne, dafür mehr Schnauzbart besaß. Etwas verloren wirkte er. Was vor dem Hintergrund der scheinbar bis zum Horizont reichenden Klosteranlage jedem so gehen würde. Ich hob die Kamera …

»Nicht fotografieren hier«, ermahnte mich der Alte.

Ich senkte die Kamera, nickte zum Zeichen, dass ich verstanden hatte, und ging an ihm vorbei aufs Gelände.

»Halt stehenbleiben!«

Ich wagte nicht, mich umzudrehen. Er war bewaffnet mit einem Besen!

»Jetzt kommse mal zurück junger Mann.« Das klang nicht unfreundlich. »Sie müssten bitte schön eine Eintrittskarte kaufen.«

»Und warum darf ich nicht fotografieren?«

Er blickte verstohlen über beide Schultern, dann zu mir: »Anweisung von oben!«

»Aus welchem Grund?«

Er sagte etwas über die Fürstenfamilie, was ich versprach, für mich zu behalten.

Ich bezahlte den fürstlichen Eintritt von 12 Euro, der eine Überraschung beinhaltete. Im Kloster Corvey hatte jemand gelebt, der große Bedeutung für den deutschen Fußball hat.

Die Karriere des Klosters begann weit davor. 822 nämlich. Von Corvey aus trieben die Benediktiner die Christianisierung der ungläubigen Sachsen (Nieder-!) und anderer Volksgruppen voran, im 10. und 11. Jahrhundert erlangte das Kloster seine Blütezeit und war eines der geistigen und kulturellen Zentren Deutschlands. Im Dreißigjährigen Krieg wurde viel Bausubstanz zerstört. Während der Barockzeit erfolgten Wiederaufbau und Erweiterung. 1803 endete die klösterliche Karriere. Kurz darauf zog der Landgraf von Hessen-Rothenburg ins Gemäuer ein, ihn beerbte der Herzog von Ratibor, der damit Fürst von Corvey wurde. Die Familie ist bis heute Hausherr, derzeit in Gestalt von Viktor V.

Aber noch jemand zog in die alten Gemäuer. Ein Herr Hoffmann. Von Jacob Grimm, dem älteren der Gebrüder, zum Studium der Germanistik angeregt, entwickelte er diesen jungen Wissenschaftszweig einige Jahre später als Professor entscheidend weiter und er erwarb sich Meriten als Autor von Werken wie »Summ, summ, summ, Bienchen summ herum« oder »Morgen kommt der Weihnachtsmann«. Ein 1841 von ihm auf Helgoland getextetes Lied wurde auch recht bekannt. Acht Jahre später heiratete der inzwischen 51-Jährige seine 18-jährige Nichte Ida. Sie gebar ihm vier Kinder. Seine offen geäußerte Sympathie für ein geeintes Deutschland kostete ihn die Pension des Staates Preußen. Franz Liszt half und vermittelte ihm eine Stelle mit festem Einkommen bei Fürst Viktor I. von Ratibor. Im Mai 1860 wurde Hoffmann fürstlicher Bibliothekar. Gattin Ida starb im Oktober desselben Jahres. Von den vier Kindern überlebte nur Sohn Franz, später kein schlechter Landschaftsmaler, der Kloster Corvey zu allen Jahreszeiten in Öl verewigte, die Bilder hängen im fürstlichen Museum. Mehr Bekanntheit erlangte sein Vater, der seinen Geburtsort zum Namensbestandteil machte, damit man ihn nicht für einen der vielen anderen Hoffmanns hielt. Auf Helgoland schrieb August Heinrich Hoffmann von Fallersleben das Lied, dessentwegen sich die Fußballnationalmannschaft vor jedem Spiel zu einem Chor formiert und die dritte Strophe singt.

Ein Bauwerk von Weltrang erhob sich am Ende einer schattigen Allee. Das Westwerk. Eine Art Hochhaus, das zwei Türme flankierten. Tatsächlich ein am Westende der eigentlichen Kirche von Kloster Corvey vorgesetzter Kirchenraum, der die Kriterien II–IV der UNESCO erfüllt: Er zeigt »für einen Zeitraum oder in einem Kulturgebiet der Erde einen bedeutenden Schnittpunkt menschlicher Werte in Bezug auf Entwicklung der Architektur oder Technik, der Großplastik, des Städtebaus oder der Landschaftsgestaltung auf«.

Er ist »ein einzigartiges oder zumindest außergewöhnliches Zeugnis von einer kulturellen Tradition oder einer bestehenden oder untergegangenen Kultur.«

Und er stellt »ein hervorragendes Beispiel eines Typus von Gebäuden, architektonischen oder technologischen Ensembles oder Landschaften dar, die einen oder mehrere bedeutsame Abschnitte der Menschheitsgeschichte versinnbildlichen«[52].

Deshalb gehört das Westwerk seit 2014 zum Weltkulturerbe. Mir drängte sich die Frage auf, ob diese Kriterien nicht auch für ein Ostwerk gegolten hätten: den abgerissenen »Palast der Republik« in Berlin. Wahrscheinlich nicht.

Ein gewisses Alter des Bauwerks spielt sicher eine Rolle, das Westwerk mit seinem Bruchsteinmauerwerk, den zwei Fassadentürmen, den

Kloster Corvey: Welterbe Westwerk

mythologischen Figuren und farbigen Wandmalereien im Inneren »ist eines der wenigen in wesentlichen Teilen erhalten gebliebenen karolingischen Bauwerke seiner Zeit und vereint Innovation mit dem Rückgriff auf antike Vorbilder«[53].

Was von Hymnendichter Hoffmann und seiner Gattin erhalten geblieben ist, liegt rechts neben dem Westwerk unter weißen und roten Blumen und zwei kleinen Grabplatten. Die Hoffmann-Büste auf der Grabstele stiftete Sohn Franz. Sie zeigt einen verkniffen guckenden Herrn, das Haar kinnlang, ein buschiger Bart wölbt sich am Kinn.

In den lang gestreckten ehemaligen Klostergebäuden, ein Teil davon mit unrestaurierten Leberwurst-Fassaden, lässt sich bei Regenwetter herrlich wandern. Auch bei Hitze ist es hinter den dicken Mauern gut auszuhalten. Für Abwechslung sorgen ein Geweihgang, Gemälde, zehntausende alte Bücher und das Arbeitszimmer von Hoffmann von Fallersleben, das 2008 restauriert wurde. Unter anderem dank einer Großspende von Dr. Oetker.[VII]

Corvey kostete mich den Vormittag, was ich nicht bereute. Bad Driburg und Brakel, bei Murray *Driburg* und *Braekel*[VIII], glichen meinen Zeitverlust aus, da ich sie rechts liegen ließ. Dann wurde es weniger alt und düster als angekündigt. Dafür überaus mühsam.

»Bist du denn bescheuert?!« – »Mann, es ist rot!« – »Ja, dann fahr'
doch!«, fluchte ich und hupte.

Jeder wollte schnellstens irgendwo hin oder aus Paderborn weg.
Mochte ich in den letzten Tagen über lahme LKW und das Höchst-
geschwindigkeitshinundher der Landstraßen geklagt haben, erschien
mir Paderborn, das ich mit der Arroganz des geborenen Berliners gerne als Prototyp tiefster Provinz anführe, wie Deutschlands furchtbarste
Verkehrshölle.

Sehr alt und düster hatte es Murray empfunden. Eng und hektisch
wirkte Paderborn auf mich. In der Innenstadt lässt der Straßenquer-
schnitt des Mittelalters grüßen, und wo Paderborn nicht eng ist, verbreiten hastig hochgezogene Bauten aus den 1960er- und 70er-Jahren
Tristesse.

Größe strahlt einzig der Paderborner Dom aus. Erdrückende Größe.
Trotz hellem Kalkstein.

*Die Kathedrale ... enthält einen Schrein aus vergoldetem Silber der
dem Hl. Liborius gewidmet ist.*[54]

Der erste Libori-Schrein war 1622 zerstört worden bei der Plünde-
rung des Doms durch Truppen des Herzogs von Braunschweig und
Lüneburg, genannt »der tolle Christian«. Kein Titel, der Christian
schmückt, toll meint hier nicht großartig, sondern verrückt.

Der Domplatz war Park- und heute zugleich Marktplatz, was das
Angebot an Abstellmöglichkeiten für Liesel massiv einschränkte. Ich
tuckerte zwischen Dom und den Haupt- und Nebengebäuden des Ge-
neralvikariats des Erzbistums Paderborn entlang, entdeckte eine freie
Parklücke und stellte fest, sie war E-Autos vorbehalten. Ich geriet in
eine Sackgasse, musste wenden. Was den Paderbornern wurst war. Sie
liefen, radelten und motorten vor und hinter mir vorbei. Endlich eine
Lücke! Ich gab Gas, schätzte in der Rückfahrkamera die Entfernung
zu einem der Bistumsgebäude und die Länge meines Fahrradträgers
falsch ein ...

Es gibt schönere Geräusche!

Der Paderborner Dom wurde in den über tausend Jahren seiner
Existenz öfter beschädigt. Vor allem bei Stadtbränden.

Die kleine Abplatzung[IX] im Kalkstein, die mein Fahrradträger nicht
verursacht hatte, erinnerte mich an einen rätselhaften Satz von Murray:

*Geseke, die Straße [dorthin] verläuft links der Saueiche (pig's-oak) und links des Stelper Lime.*[55]

Limestone ist das englische Wort für Kalkstein. Eine Saueiche eine Art Futterbaum. Bis weit ins 19. Jahrhundert war es üblich, Hausschweine im Herbst in die Wälder zu schicken, vornehmlich in welche mit Eichen. Das hatte zwei Folgen. Erstens: Bis weit ins 19. Jahrhundert ähnelten Hausschweine, trotz gezielter Zucht, stark Wildschweinen. Während ihrer Herbstausflüge in den Wald, ließen sie sich nämlich von Wildschweinebern decken, die Säue. Zweitens: Die Eichelmast machte die Schweine schön fett. In Spanien entsteht bis heute durch diese Art der Fütterung der Iberische Schinken.

Rätselhaft macht Murrays Satz, dass man ihn fast wortgleich im Wegweiser von von Zedlitz findet: *Auf dem Wege von hier nach Geseke befinden sich an der Straße rechts die Saueiche, links die Stelper Linde.*[56] Was denn jetzt? Murray hatte die Saueiche links gesehen.

Und war nun Kalkstein gemeint oder Linde? Vorab darf ich verraten, dass mir in meiner Hektik ein Übersetzungs-Fauxpas unterlief, ohne den ich zwei Stunden Zeit gespart hätte.

Weil ich ohnehin Paderborn verlassen musste (möglichst schnell), beschloss ich die Saueichen zu suchen. Vielleicht fand ich dabei heraus, was Stelpe war. Die gleichnamige Gemeinde in Lettland wohl kaum.

Da ich die Route 58 umgekehrt reiste, bezog sich Murrays *die Straße dorthin* auf die Strecke westlich von Geseke, von mir aus gesehen dahinter. Auf der B1 rauschte ich durch Salzkotten. Kurz vor Geseke rechts lud ein an einer Giebelwand angebrachtes Banner in den »Tempel der Lust«. Dabei handelte es sich um ein haciendaähnliches Gehöft und laut Internet – ich hielt fürs Nachschauen extra an – um eine »Wellnessoase für den Mann mit Niveau«. Man kann dort in einem Swimmingpool baden und lernt dabei »ständig wechselnde Premiumgirls« kennen. Das Baumaterial des Lusttempels kam mir in Form und Farbe bekannt vor. Es ist dasselbe wie beim Hohen Dom St. Maria, St. Liborius, St. Kilian, Kathedralkirche des Erzbistums Paderborn.

Auf acht Straßen, die mehr oder weniger aus Westen nach Geseke führen, suchte ich nach Saueichen und Stelper Linden oder Kalkstein. Das war ja unklar. Ich stieß immerhin auf eine Eichenallee. Ob es sich um Murrays Bäume handelte? Möglich. Auch wer oder was Stelpe ist, muss im Unklaren bleiben. Sicher war ich mir, dass Murray Kalkstein meinte. Vielmehr: Kalksteinbrüche.

»Noch mehr Lärm? Noch mehr Staub? Noch mehr LKW? NEIN DANKE! Stoppt die industrielle Ausbeutung unseres Steinbruchs!«, forderten die Bürger rund um Geseke. Frau Navi stumm geschaltet, folgte ich Wegweisern, die auf industrielle Ausbeutung hinwiesen, und Kalkspuren auf dem Asphalt. Auf diese Weise kam ich an vier Steinbrüchen vorbei. Sie umgaben blickdichte Zäune oder lagen weit hinten im Gelände, ohne dass ich eine Zufahrt fand. Außer bei einem.

Hohe Büsche verbargen meinen treuen Hatatitla, kein Laut kam aus seinen Nüstern, als wisse er um die Gefahr, in die sein Herr sich begab. Anfangs in der Deckung hohen Grases, bald jedoch ungeschützt auf hartem Felsgestein, robbte ich bis an die Abbruchkante des Talkessels. Zikaden zirpten, die Luft flimmerte vor Hitze, am Himmel kreisten Geier.

Na gut, es waren Krähen. Und ich robbte nicht. Ich stand an einem Maschendrahtzaun und guckte durch die Maschen. Statt Hengst Hatatitla verbargen die Büsche Wohnmobil Liesel. Ansonsten war es genauso wie bei Karl May. Inklusive Banditen im Tal. Sie wurden von polnischen Arbeitern gemimt, wie ich aus den Nummernschildern ihrer LKW schloss. Sehr praktisch, so ein 30-facher Handy-Zoom. Wie gelangte ich in den Steinbruch?

Fürs Erste beobachtete ich. Vielleicht kam eine Wache des Wegs, die ich k.o. schlagen konnte.

Eine Viertelstunde später probierte ich etwas anderes.

Ich rief: »Hallo …«

Die Tür zum Büro des Sherriffs, dargestellt von einem Baucontainer, stand offen.

**Bei Salzkotten: Wilder Westen**

Über verschlungene Wege war ich zur Einfahrt des Steinbruchs geholpert, durchs unverschlossene Tor gegangen und wollte nun fragen, ob ich in den Steinbruch fahren durfte.

Es wurde mir nicht verboten.

Was daran lag, dass keiner im Bürocontainer war.

Oben am Zaun hatte gestanden: »Betreten der Abbruchkante verboten. Lebensgefahr!« Hier stand nichts.

Liesels Reifen knirschten über Kalksteinkiesel, wirbelten Staub zu einer meterhohen Wolke auf. Ich umkurvte kleinwagengroße Gesteinsblöcke, haushohe Geröllhaufen und das Gerippe eines verdursteten Baggers.

Die polnischen Banditen am anderen Ende des Tals kümmerten sich nicht um mich. Von Weitem glich mein Kastenwagen dem eines Steinmetzes. Bestimmt hatten einige dieser Zunft auch ein Klapprad am Heck.

Senkrecht ragte die Felswand vor mir auf. Umringte den Talkessel im Halbkreis. Nirgends Grün. Nur Gestein. »Pläner Kalk – weiß«. 100 Millionen Jahre alt.

Sollte ich in Zukunft mal wieder ein hiesiges Bistumsgebäude rammen oder ein Bordell, wusste ich nun, woher ich etwas zum Reparieren bekam.

All das hätte ich nicht herausgefunden, wäre mir bewusst gewesen, dass Lindenbäume auf Englisch nicht nur Linden-Trees heißen, sondern auch Lime. Murrays *Stelper Lime* sind demnach Stelper Linden.

Was sehr, sehr, sehr nahelegt, dass Murray bei von Zedlitz abgeschrieben hat, der alte Schlawiner![X]

Für den Campingplatz am Ufer des Möhnesees entschied ich mich spontan. Eine Entscheidung, die für den nächsten Tag Ungehöriges zu tun erforderte.

Begrüßt wurde ich an der Rezeption von einem jungen freundlichen Mann und einem niedlichen kleinen Hund, der auf mein »Na, wer bist du denn?«, »Häff-häff-häff« keifte und angriffslustig auf mich zu trippelte. Was wieder mal bewies: nie vom Äußeren aufs Innere schließen. Meinen gestrigen Hunde-Irrtum mochte ich mehr.

Ich durfte mir einen freien Stellplatz direkt am Ufer des Stausees aussuchen.

Was mir keiner sagte: Seeufer bedeutet sumpfiger Untergrund. Nebenan halfen Nachbarn Neuankömmlingen, ihr Wohnmobil auf Keile zu fahren. Die sorgten für geraden Stand und verhinderten Versinken. Risikofreudig verzichtete ich auf meine Keile, so dass ich am Morgen schiefer aufwachte, als ich eingeschlafen war.

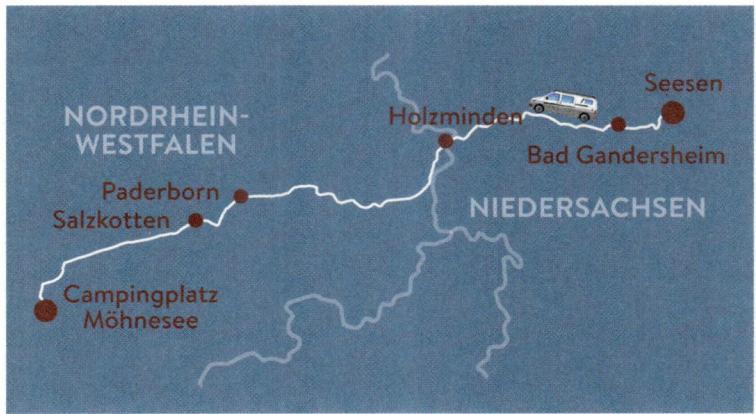

Distanz: 241 km

# BERLIN – KÖLN IV

## WASSERFARBEN, WALDLUFTDUFT,
## VERSPRECHEN BRECHEN

**Im Licht der Morgensonne schleppte ich den Fäkalien-
kassette genannten Abwassertank meiner Bordtoilette,
in dem schaukelte, was ich in den letzten Tagen gegessen
und getrunken hatte.**

Der Behälter war zwar erst halbvoll, im Hinblick auf die nächsten
Tage musste er leer sein. Drei Tage und Nächte war ich ausschließlich
auf Bordmittel angewiesen. Das hieß auch: Frischwasser auffüllen und
Grauwasser ablassen. Verantwortungsvolle Wohnmobilisten führen
klares, graues und schwarzes Wasser mit, das in meinem Fall gar nicht
schwarz, sondern der Zusätze wegen dunkelgrün war. Es sollte, auch
der Zusätze wegen, »Waldfrischeduft« verbreiten.

Was ich in den letzten Tagen ausgeschieden hatte, plätscherte in
smoothieartiger Konsistenz durch ein ausgeschwenktes Entleerungs-
rohr aus dem Fäkalientank ins dafür vorgesehene Becken hinterm
Sanitärgebäude. Waldfrische hatte ich anders in Erinnerung. Es stank
zwar nicht. Aber es biss in der Nase. Ich spülte mit Frischwasser nach,
schwenkte den Tank, leerte die letzten Bröckchen aus, gab einen neu-
en Waldfrischetab hinein und etwas Wasser zum Auflösen dazu. Im
Grunde simpel wie Milchreis kochen.

Zurück am Wohnmobil öffnete ich an der Außenseite des Campers
eine Klappe und schob die Fäkalienkassette unter die Toilettenschüssel,
bis es Klack machte.

Dieses Prinzip ist kein neues. Bereits Anfang des 19. Jahrhunderts
reisten wohlhabende Adlige in Begleitung einer Reisetoilette. Ein höl-
zerner Kasten, der, öffnete man seinen Deckel, eine Keramikschüssel
freigab. Manche besaßen sogar eine per Handpumpe betriebene Was-
serspülung mit Bidetfunktion. Antike Reiseklos werden heute je nach
Zustand und Ausstattung für um die 500 Euro gehandelt.

Meine Kunststoffausführung kostete weniger als die Hälfte und spül-

Möhnesee: Schlafzimmer mit Seeblick

te komfortabel elektrisch, viele Camper bevorzugen eine handbetriebene Spülung, spart Akku-Energie.

Das Grauwasser, das beim Abwaschen und Waschen entstand, hatte mir in Jersleben Kopfzerbrechen bereitet. Meine Nachbarn hatten alle Auffangbehältnisse unter ihren Caravans stehen. Ich hatte nichts dergleichen. Deshalb wusch ich Hände und Geschirr mit minimalstem Wassereinsatz, damit möglichst wenig auf die Wiese tröpfelte. Meinen Zahnputzsabber spuckte ich ins Toilettenbecken.

Inzwischen hatte ich in der dicken roten Mappe, die alle Bedienungsanleitungen enthielt, die richtige herausgefischt und herausgefunden: Bei Caravans, also Wohnwagen, läuft's wohl unten heraus. Bei Wohnmobilen, modernen zumindest, nicht. Die haben eingebaute Tanks. Die irgendwann geleert werden müssen. Nicht wenige Campende, die bei dieser Art zu reisen zurück zur Natur finden wollen, lassen ihr Grauwasser in selbiger ab und spülen mit dem Inhalt ihrer Chemietoilette nach. Wenn es also beim Spaziergang frisch nach Wald riecht …

Ich tuckerte zur Entsorgungsstation des Campingplatzes. Vorbei an halbnackten Männern, an deren Händen Handtücher und Kulturtäschchen schlenkerten.

Nach einigem Vor und Zurück hing Liesels kleiner Rüssel unterm Bauch über dem Grauwasser-Gully. Ich drehte den Rüsselhahn auf und ließ Liesel pullern.

Nachdem der letzte Tropfen gefallen war, musste ich wenden. Liesels Loch fürs Frischwasser befand sich auf der rüssellosen Seite. Ist man zu zweit, kann einer den Schlauch ins Loch schieben und der andere den Wasserhahn aufdrehen. Ist der Tank voll, dreht der Hahnzuständige das Wasser ab. War man, wie ich, bei diesem Vorgang allein, wird man nass. Gut, wenn mehrere Klappfächer voller Wechselsachen zur Verfügung stehen.

»Blödmann!« Der BMW war von hinten herangerauscht und aus dem Sichtbereich meiner Außenspiegel verschwunden, was bedeutete, seine Motorhaube befand sich unterm Eselchen am Heck. Unbeirrt überholte ich mit Tempo 140 zwei ukrainische Lastzüge, während mich ein Mercedes überholte, weswegen der BMW hinter mir bleiben und darauf warten musste, dass entweder der dem Mercedes nachfolgende SUV an mir vorbeizog oder ich mich vor den zweiten Ukrainer setzte.

Die linke Spur endete baustellenbedingt und alle dort drängten auf meine, die ehemals mittlere Spur, die – es galt nun 80 – sich auf zwei Meter Breite reduzierte, weshalb ich mich zwischen die Ukrainer quetschte. Der hintere tutete.

Nach drei Kilometern waren alle Tempolimits aufgehoben. Ich blinkte links und sah, dass der Ukrainer mich zu überholen trachtete. Eine endlose Schlange PKW hinter sich herziehend kam er mühsam an mir vorbei. Als sich endlich eine Lücke auftat, wechselte ich nach links und stellte fest, ich musste zurück nach rechts, um von der A44 auf die A1 abzufahren. Eine Mauer aus LKW machte das unmöglich. Im letzten Moment witschte ich zwischen zwei hindurch auf die Abfahrt.

Wie im hektischen Stadtverkehr Paderborns vermisste ich bei der drei-, viermal schnelleren Variante auf der Autobahn die meditative Ruhe einsamer Landstraßen.

Dass ich ungehörigerweise mein Landstraßen-Versprechen brach, entsprang der Notwendigkeit, vorankommen zu müssen. Ich hing, wegen zweimal nicht erreichter Tagesziele, dem Reiseplan einen Tag hinterher. Bis zum Abend musste ich es in den Taunus schaffen, um morgen pünktlich meinen Dienst vor der Webcam antreten zu können.

Dazu sind Autobahnen gemacht: fürs Streckeschaffen. Keine Ablenkung durch Klöster, Schlösser oder pittoreske Marktplätze. Nur Tempo, Leitplankenlangeweile und Kilometerkillen. Dass ich dem Plan hinterherhing, erforderte zudem, mich sowohl gegen ein Treffen mit Olaf im Ruhrgebiet zu entscheiden, was ich sehr schade fand, als auch gegen eine Stadt, *wo die Sehenswürdigkeiten über eine weite Fläche verteilt sind*[57]. Über die Autobahn flog ich an Köln vorbei. Was ich nicht so schade fand.

*Von Köln bis Bonn bieten die Ufer des Rheins fast den gleichen flachen und uninteressanten Anblick wie in Holland. Die Hochstraße verläuft direkter als der Fluss und ist daher vorzuziehen; die Entfernung beträgt nicht mehr als dreizehn Meilen, während es auf dem Wasser zwanzig sind. Die Namen aller Dörfer zu erwähnen, die zwischen diesen beiden Orten am Ufer des Flusses liegen, lohnt nicht, da sie unwichtig und uninteressant zugleich sind.*[58]

Von der Autobahn aus konnte ich das schlecht beurteilen. Kurz vor Bonn kehrte ich zurück auf Murrays Spuren und besuchte komische Kirchen.

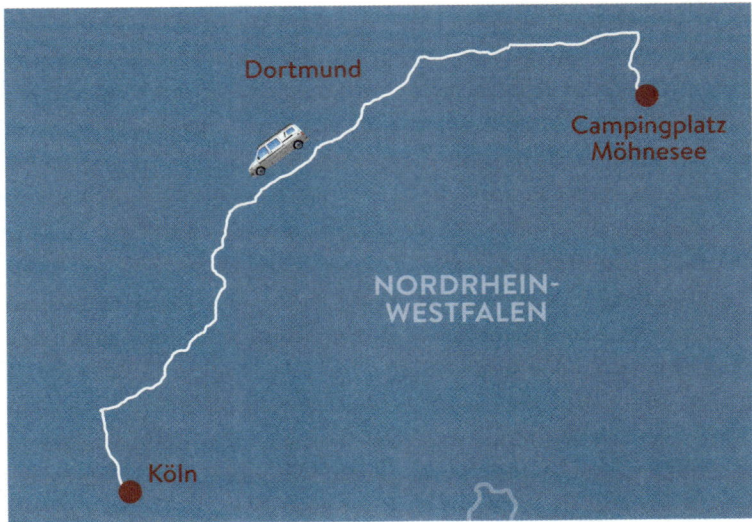

Distanz: 135 km

# KÖLN – KOBLENZ

## DOPPELSTOCK, APOLLINARIS, KABELSALAT

*In Schwartz-Rheindorf, gegenüber Bonn … gibt es ein
architektonisches Kuriosum.*[68]
**Die meisten Kirchen überwältigen Eintretende durch
Höhe, Farbe und dem Spiel mit Licht und Schatten.
St. Maria und Clemens im heutigen Bonner Ortsteil
Schwarzrheindorf bildet da keine Ausnahme.
Und ist doch anders.**

*Es ist eine Doppelkirche oder besser zwei Kirchen in einer, eine über
der anderen gebaut.*[68]
Schon der äußere Anblick war ungewöhnlich. Die Oberkirche mit
ihren weißen Wandflächen und den rötlichen Kanten und Fensterfa-
schen schien die Unterkirche aus graubraunen Steinen verschlingen zu
wollen. Glaubte ich. In Wirklichkeit handelte es sich bei den dunklen
Teilen um Torbögen und eine Apsis, die erst Anfang des 20. Jahrhunderts auf Resten einer Burganlage errichtet wurden, um an diesen Vorgängerbau zu erinnern. Die eigentliche Doppelkirche wurde Mitte des
12. Jahrhunderts – vom Erzbischof von Köln Arnold von Wied und seiner Schwester Hadwig in Auftrag gegeben – in Form eines Kreuzes in
einem Rutsch gebaut, so dass Ober- und Unterkirche von außen nicht
zu unterscheiden sind.

Innen verbindet den oberen Gebetsraum eine achteckige Öffnung
mit dem unteren. Warum es zwei davon übereinander gibt, ist unklar.
Es hat nichts mit einer Trennung von Volk und Herrschern zu tun, das
weiß man. Kaum war Erzbischof Arnold verstorben, gründete seine
Schwester Hadwig ein Benediktinerinnen-Kloster, deren Äbtissin sie
wurde. 1804 wurde das Kloster, wie viele um diese Zeit, aufgelöst. Die
bereits heruntergekommene Kirche verfiel weiter. Bis sich ihrer ein
Bibliothekar und Kunsthistoriker namens Helfrich Hundeshagen an-
nahm. *Die Oberkirche wurde kürzlich restauriert und für die Lobprei-
sung Gottes hergerichtet.*[68]

Was zu Murrays Zeiten anfing, ging jahrzehntelang oben wie unten weiter, bis die Ursprungsgestalt wiederhergestellt war. *Die Basen und Kapitelle der zahlreichen kleinen Säulen, die sie umringen, zeigen eine reiche Vielfalt an Ornamenten.*[68] Hinzu kommen ein diagonaler Schachbrettfußboden und blauweiße Fresken. Mich machten die vielen Farben und Formen kirre. Ein LSD-Trip muss ähnlich sein. Trotzdem sollten Reisende in Schwarzrheindorf einen Zwischenstopp einlegen. Finde ich. Murray meint, die Kirche *wird niemanden interessieren außer Architekten*[68].

John Murray III. lag bei der Bewertung der Doppelkirche falsch, sein Vater John Murray II. dagegen sehr richtig, als er die Werke Lord Byrons publizierte. Sie brachten dem John-Murray-Verlag den ersten unternehmerischen Erfolg. Und dem Rhein Ruhm. Und Byron auch.

Eher weniger erfolgreich war der bisexuelle Baron in der Liebe. Byrons leidenschaftliche Beziehungen mit Männern und Frauen, darunter seiner Halbschwester, fanden die Briten skandalös. Wenige Stunden nach seinem Tod 1824 wurden Byrons Memoiren samt der einzigen Kopie auf Beschluss von Freunden und Verleger Murray ob ihres frivolen Inhalts verbrannt. Manche halten das für das größte literarische Verbrechen des 19. Jahrhunderts.

Allen Skandalen zum Trotz prägte Byron die Epoche der Romantik entscheidend mit und schuf ihr wichtigstes literarisches Werk: das dramatische Gedicht »Manfred«.

Das dreht sich um die Beschwörung von Geistern und eine schaurige Wanderung durchs Berner Oberland. Experten sehen in »Manfred« den literarischen Vorläufer von Schauerromanen wie »Frankenstein«. Seit ich das weiß, sehe ich Manfreds in einem ganz anderen Licht. Byrons »Manfred« erschien 1817 in der John-Murray-Verlagsbuchhandlung. Etwa zur gleichen Zeit brachte der Verlag ein weiteres romantisches Werk Byrons heraus: *Childe*[XI] *Harolds Pilgerfahrt.* Darin erzählt Byron, teils autobiografisch, die Erlebnisse eines jungen Mannes, der, des Luxuslebens überdrüssig, Zerstreuung auf Reisen sucht. Ohne Wohnmobil.

Das Gedicht besteht aus vier langen Canti oder auf Deutsch Gesang

Schwarzrheindorf: Doppelstockgotteshaus

genannten Teilen. Der dritte widmet sich jener Gegend, der ich auf der Autobahn entgegengerast war.

> *Dort in des Rheines herrlichem Azur.*
> *Hier schaute Harold einer Gottheit Spur,*
> *Ein Meer von Schönheit – Wasser und Gelände,*
> *Laub, Korn und Wein, Wald, Berge, Wiesenflur*
> *Und herrenloser Burgen düstre Wände;*
> *Wo Schutt im Grünen wohnt, und dich begrüßt ohn' Ende.*[59] [XII]

Neun solcher Strophen zitiert Murray im Handbuch. Das war die erste. Neben dem Briten Byron priesen deutsche Philosophen wie Friedrich von Schlegel, deutsche Dichter wie Clemens Brentano, Maler wie der Engländer William Turner oder der österreichisch-ungarische Komponist Franz Liszt ab 1800 die Romantik des Rheins. Das hatte nicht allein künstlerischen Wert. Die philosophisch-künstlerische Begeisterung für den Rhein machte ihn zu einem der ersten touristischen Ziele in Deutschland. Zu einer Gegend, die man gesehen haben musste. Zu etwas, das Sehenswürdigkeit besaß.

Was ich vom, laut Murray, *Nationalfluss der Deutschen*[60] als Erstes sah, war ein breiter Streifen graubrauner Brühe unter der Kennedy-

Brücke. Die Architektur der Uferbebauung hatte nichts Erhabenes, sondern sehr viel Bonn. *Bekannt für seine bemerkenswerte Universität, vom König von Preußen gegründet im Jahr 1818. ... Die Kurfürsten von Köln wohnten früher hier, ihr Palast beherbergt heute die Universität. Sie ist von immenser Größe, mit einer Fassade von fast einer Viertel Meile Länge.*[61] Der pompöse Bau an den weiten Wiesen des Hofgartens, Schauplatz der großen Friedensdemos Anfang der 1980er-Jahre, beeindruckt nach wie vor.

Murray beeindruckte außerdem die Bonner Clubszene. Überhaupt schätzte er deutsche Clubs. Denken ausländische Touristen heute ans »Berghain« oder den »KitkatClub« in Berlin, empfahl Murray in Bonn *einen sehr guten Club namens Lese- und Erholungs-Gesellschaft*[62].

Vor allem bürgerliche Anhänger der Aufklärung gründeten Ende des 18. Jahrhunderts allerorten Vereine, die den Zugang zu Gedrucktem aus dem In- und Ausland und damit zu neuen, auch kritischen Ideen, zu Philosophie, Wissenschaft und Forschung erleichtern sollten. In Beethovens Geburtsstadt Bonn bemühte sich darum zunächst eine Freimaurerloge und die Geheimgesellschaft der Illuminaten. Nach deren Auflösung taten sich ein paar ehemalige Illuminaten zusammen, darunter Beethovens Geigenlehrer[XIII], Beethovens Klavier- und Kompositionslehrer[XIV] und ein Waldhornist[XV] (der außerdem ein Freund Beethovens war), und gründeten 1787 den »Lese- und Erholungsverein«, kurz LESE. Anfangs ganz dem Lesen und der erholsamen Diskussion verpflichtet, erweiterte man das Clubspektrum bald durch Anschaffung eines Billardtisches und die Erlaubnis, Speis und Trank zu sich zu nehmen. Nach Gründung der Bonner Universität traten zahlreiche Professoren und Studenten bei. 1892 bezog die LESE das angeblich schönste Clubhaus des Rheinlandes, es erstreckte sich von der heutigen Adenauerallee bis zum Rhein.[63]

Davon ist seit dem 10. Oktober 1944, wie von vielen anderen historischen Gebäuden in Bonn, bombenbedingt nichts mehr zu sehen. Erst Mitte der Siebzigerjahre baute die LESE zusammen mit evangelischer und neuapostolischer Kirche einen Nachfolgebau aus viel Glas und noch mehr Beton. Inzwischen ist die LESE dort nur noch Mieter. *Ein ausländischer Reisender verschafft sich durch seinen Bankier leichten Zugang.*[64] Das soll für Fremde, die der LESE heutzutage beitreten wollen, nicht mehr gelten. Sogar eine Frau zu sein, steht seit 2019 einer Mitgliedschaft nicht mehr im Wege.

Wie Teenager beim ersten Kinobesuch verhalten sich B9 und Rhein ab Bonn. Eine kurze Annäherung am Anfang, danach bleiben beide lange auf Distanz. Erst kurz hinter der Landesgrenze von Nordrhein-Westfalen und Rheinland-Pfalz schmiegen sie sich aneinander. Teenager sind die beiden natürlich keine mehr. Der Rhein besteht in seiner heutigen Form seit über 700 000 Jahren, die B9, anfangs als preußische Staatsstraße, seit 1815.

Obwohl ich in meinem Wohnmobil etwas höher saß, erhaschte ich wegen Uferbebauung, Lärmschutzwänden und Leitplanken wenig von des Rheins viel besungener Pracht. Ich hätte anhalten und auf Liesels Dach klettern können. Das verboten jedoch die Mietbedingungen.

Lyrik liebende Menschen erklimmen statt ihren Wohnmobilen den auf der rechten Rheinseite befindlichen Drachenfels bei Königswinter. Ein 321 Meter hoher Berg samt Burgruine, den zahllose Rheinromantiker bereimten, und die, die nicht dichten konnten, malten ihn.

Da ich auf der linken Rheinseite fuhr, war ich gezwungen, eine Alternative zu suchen. Ich fand sie auf Seite 240 meines Zeitreiseführers.

*Apollinarisberg, eine bewaldete Höhe, überragt von Kirche und Kloster, auffallend durch das Weiß seiner Wände. … Der untere Teil der interessanten gotischen Kirche stammt aus dem Jahr 1121.*[65]

Am unteren Teil des Kirchenhügels können PKW quer zur Straße parken. Liesel nicht. Sie war zu lang, vorbeifahrende Autos hätten dem überhängenden Eselchen ausweichen müssen. Ich erspähte oben vor der Kirche ausreichend Parkraum und dieselte den Berg hinauf. Dort angekommen rief ich: »Wow!«

Nicht des Platzes wegen.

Bewaldete Hügelketten bis zum Horizont, geteilt von einem glitzern-
den Strom. *Ein Meer von Schönheit – Wasser und Gelände.* Mir wurde
ganz byronesk zumute.

Wie war wohl den Benediktinermönchen zumute, die nach 700 Jahren ihre strahlend weißen Klostergebäude verlassen mussten? 1802
wurde auch dieses Kloster wie so viele um diese Zeit säkularisiert.
Heißt, die Institution wurde aufgelöst, Gebäude und Güter gingen
an den Staat. Es war eine Zeit des Machtverlustes für die katholische
Kirche.

Drei Jahrzehnte später ersteigerte Freiherr von Fürstenberg-Stein-
heim Kloster und Kirche. Der wollte das gotische Gotteshaus mit neu-
en religiösen Motiven ausmalen lassen. Ihres fortgeschrittenen Verfalls
wegen musste der Freiherr die Kirche abreißen. 1839 war Grundsteinlegung für die neue, 1843 stand der Rohbau. Die nächsten zehn Jahre gingen für die Gestaltung von Fresken drauf, die das Leben Jesus,
Marias und des heiligen Apollinaris erzählen sollten.

Der heilige Apollinaris begründete, angeblich noch von Petrus zum
Bischof ernannt, um 75 unserer Zeitrechnung das Christentum im italienischen Ravenna.

Das gleichnamige Mineralwasser stammt aus einer Quelle bei Bad
Neuenahr, gut 30 Kilometer von der Apollinaris-Kirche entfernt. Da
die Quelle am Pilgerweg zur Apollinaris-Kirche sprudelt, lag für den
Winzer, dem die Quelle anfangs gehörte, nahe, wie er sie nennt. In den
1930er-Jahren wurde der Mineralbrunnen wie viele andere von der SS
übernommen. SS-Führer Heinrich Himmler war großer Mineralwas-
seranhänger. Nach dem Krieg kam erst Schweppes und 2006 die Coca-
Cola Company in den Besitz von Brunnen und Marke. Die ist seit 2021
nicht mehr im Einzelhandel zu bekommen, nur noch in Gaststätten.

Was das rote Dreieck auf dem Etikett von Apollinaris-Wasser, ist bei den meisten Kirchen der Turm. Er sorgt für den Wiedererkennungswert. Manchmal sind es zwei oder – wie beim Kaiserdom Königslutter – drei Türme. Die Apollinaris-Kirche besitzt vier. Vorne zwei und hinten zwei.

Wie ein Welpe, der eine Dogge zum Spielen auffordert, blickte ich, den Kopf schräg gelegt, zu ihnen auf.

Irgendwas stimmte an der Kirche nicht. Zwar erinnerte sie ein wenig an den Kölner Dom, wurde sie doch im besonders katholisch geltenden Stil der Neugotik errichtet, noch dazu vom selben Architekten, der den Dom in Köln fertigstellte.

Trotzdem, irgendwas war anders an der Apollinaris-Kirche. Was nur? Eindeutig anders als bei den meisten Kirchen ist, dass St. Apollinaris von einer aus den Niederlanden stammenden Gruppe betrieben wird. Nach der Weihung der Kirche 1857 zogen zunächst wieder Mönche ein. Diesmal Franziskaner. Die ließen 1972 die alten Klostergemäuer abreißen und errichteten einen neuen Konvent, der da heute noch steht. Ohne Franziskaner. Denn 2007 übernahm die »Gemeinschaft der auferstandenen und gekreuzigten Liebe« den Apollinarisberg.

Anfang der 1990er-Jahre in Maastricht gegründet, ist sie, eigener Aussage zufolge, eine eucharistische, marianische, charismatische, apostolische Glaubensgemeinschaft von Priestern, Schwestern und Laien, die »einander ermutigen, ermahnen und stimulieren, um als Mann und Frau zu wachsen.«[66] Auf dem Apollinarisberg laden sie sonntags nach der Heiligen Messe, zum Rosenkranzbeten und nachmittags um 16.30 Uhr zu Kaffee und Kuchen ein. Dazwischen kann sich, wer es braucht, persönlich segnen lassen. Die Woche ist durchstrukturiert: »Der Montag gilt der verherrlichten Liebe. ... Am Dienstag gedenken wir der menschgewordenen Liebe, am Mittwoch der rettenden Liebe, am Donnerstag der allesgebenden Liebe.«[67] Auch Teenagerexerzitien sind im Angebot. Hört sich verdorben an. Ist wohl nicht so schlimm. Mittels Gebeten und Glaubensgesprächen sollen junge Menschen den Weg zu Gott finden und damit eine neue Möglichkeit der Lebensgestaltung.

Die äußere Gestaltung des Kirchenbaus wurde, das begriff ich drinnen, durch ihr Inneres bestimmt. Um möglichst viele Fresken unterbringen zu können, verzichtete man auf die typischen Reihen hoher

Fenster. Kirchencomics in düsteren Farben umgaben mich. Der Sternenhimmel, der das Kreuzgewölbe auskleidete, vermochte trotz leuchtendem Gelb und Blau keinen Frohsinn zu verbreiten. Mich fröstelte. Sollte ich jetzt in die Krypta hinabsteigen zum Haupt des heiligen Apollinaris? Wahrscheinlich Ende des 14. Jahrhunderts kam sein Skelett vollständig auf den nach ihm benannten Berg. Infolge von Streitigkeiten wurde das Gerippe geteilt. Der Schädel zog zehnmal um, bevor er wieder zurück auf den Berg kam. Die Knochen landeten in der St. Lambertus-Kirche in Düsseldorf, dessen Stadtpatron Apollinaris ist. Den Kopf kann man nicht wirklich sehen, er liegt in einem vergoldeten Sarkophag. Ich ließ ihm seine Ruhe.

Zurück in der Sommerhitze bot sich eine weitere Möglichkeit hinabzusteigen. In die Gruft der Fürstenberg-Steinheims, den Finanziers des Kirchenbaus. Ich traute mich aber nicht, über den schmiedeeisernen Zaun zu klettern. Mich zog es gen Himmel. Hinauf zum Denkmal des Heiligen Franziskus. Im Schatten dichten Blattwerks stapfte ich einen Weg in die Höhe, der Menschen mit Herz- oder Fußleiden die Grenzen ihrer Leistungsfähigkeit aufzeigt. Alle anderen erschauen von hier oben *des Rheines herrliches Azur*. Vor allem im Winter, wenn die Bäume keine Blätter haben.

Hin und wieder ist Freund Murray ein Schusselkopp. Penibel kennzeichnete er durch ein dem Ortsnamen in Klammern vorangestelltes *l* und *rt*, ob der Ort in Fließrichtung links oder rechts des Rheins liegt. Hat der Reisende St. Apollinaris oberhalb des linksseitigen Remagens genug besichtigt und ignoriert wie anempfohlen die Stadt (*sie hat dem Reisenden nichts Interessantes zu bieten*[68]), muss er gleich darauf feststellen, dass der in der Route folgende Ort Linz ein (rt) vorangestellt bekam, also am anderen Ufer liegt. Nur, wie man da hingelangt, erwähnt Murray mit keinem Wort.

Zum Glück gehöre ich zu jenen Menschen, auf die Murray anscheinend setzte, zu den einfallsreichen nämlich. Ich folgte Schiffchen-Schildern.

Seit über 600 Jahren sind Remagen-Kripp und Linz durch eine Fähre verbunden. Die neueste ist seit 2014 in Betrieb und bietet auf vier Spuren 38 Normfahrzeugen Platz. 36 waren schon an Bord. Den 37. Platz belegten zwei Motorradfahrer. Der einzige freie Platz lag hinten links und wurde von der nach innen abknickenden Bordwand eingeengt. Von rechts ragte der Seitenkoffer eines der Biker in den Parkraum. War in meinen Augen zu knapp für eine Diesel-Liesel. Ich würde warten, bis die Fähre zurückkam.

»Komma, komma!«, rief die stämmige blonde Fährfrau und meinte kein Satzzeichen, sondern mich.

Ich machte eine Handbewegung, die die Platzverhältnisse thematisierte, sie winkte ab. »Nu, komm!«

Langsam rollte ich auf die Fähre. Alle vier Außenspiegel im Blick. Liesels rechte Seite näherte sich dem Motorradkoffer. Ich ging davon aus, der Biker, der außer seinem Helm einen grauen Vollbart und eine schwarze Sonnenbrille trug, würde ein wenig Platz machen. Er zog es vor, »Stopp!« zu brüllen.

Ich trat die Bremse. In den Spiegeln sah ich, wie sich die Tore der Fähre hinter mir schlossen und wusste, ich musste vorfahren, wollte ich ein Geräusch wie in Paderborn vermeiden. Ich ließ das Beifahrerfenster herunter. »Sie müssten bitte etwas Platz machen.« Um meiner Forderung Nachdruck zu verleihen, rollte ich millimeterweise weiter.

»Stopp!!!«, kreischte der behelmte Bart. Ich stoppte. Und erwartete jeden Moment das Aufeinandertreffen von Tor und Fahrradträger.

Die Fährfrau winkte mir zu und drehte ihre zur Faust geballte Hand nach rechts. Ich machte den Motor aus.

Hinter mir stoppten die Tore. Dabei hätten sie noch einen Zentimeter weiter schwingen können.

»Nee, nee, nee«, sagte die Fährfrau zum Bartbrillebauchbiker, »je heißer es wird, desto mehr spielen die Leute verrückt.« *Die Leute*, das war ich. Dabei war er in meinen Bereich eingedrungen! Ich hatte mich an die Regeln gehalten! Wozu gab es denn bitte schön Markierungen?

Während der wenigen Minuten dauernden Überfahrt wurde mir bewusst, dass ich Anzeichen zeigte, im Alter hinter einem Jägerzäunchen im Jersleber Erholungscenter zu enden.

Sinzig, der nächste Ort in Murrays Route, lag auf der Rheinseite, von der ich gerade kam, stellte ich an Land gerollt fest. Da ich nicht noch einmal die Dienste der ungerechten Fährfrau in Anspruch nehmen wollte, blieb ich, wo ich war, und suchte eine Brücke.

In Linz geht das Gerücht um, dass zwischen Linz und Remagen nur deshalb keine Brücke gebaut wird, weil beide Städte an der Fährgesellschaft beteiligt sind. Berufspendler, Schulkinder und Touristen bedeuten kontinuierliche Einnahmen, eine Brücke verursacht nur Kosten. Und eine Brückenmaut kostet Wählerstimmen. *Linz, eine alte befestigte Stadt, umgeben von Mauern aus Basalt*[74]*, ein Teil davon steht noch.*[84] Nein, davon steht nichts mehr, stand 1861 der Stadterweiterung im Weg. Was Murray nicht wissen konnte: In Linz hat die Schuhfirma Birkenstock ihren Hauptsitz.

Sinzig musste ich links liegen lassen, weil ich von rechts nicht wegkam. Dafür kam ich in den Genuss, Schloss Arenfels zu passieren, das sich inmitten von Weinbergen erhebt. Den Rhein im Vorder-, das zinnengeschmückte Schloss im Hintergrund wäre es hier möglich, Filme zu drehen, die an der Loire spielen.

In Bad Hönningen fand ich endlich einen Weg nach drüben. Keine Brücke, eine »Schnellfähre«. Die Fahrt nach Bad Breisig dauert trotz des Fährennamens länger als nach Linz. Dafür kostete sie mit vier Euro zwei weniger und der Blick aufs Ufer lohnte deutlich mehr. Es lässt sich während der Überfahrt eine Burg fotografieren, die in zahllosen Deutschland- und Rheinreisebüchern des 19. Jahrhunderts abgebildet wurde. *Burg Rheineck, bestehend aus einem Wachturm und dem angrenzenden Burgwohnhaus, wurde in letzter Zeit aufwendig wieder aufgebaut von Professor Bethman Hollweg aus Bonn. Das Aussehen des ursprünglichen Gebäudes wurde bei der Restaurierung durch den bedeutenden Architekten von Lassaulx so weit wie möglich berücksichtigt.*[84]

Plünderungen und mehrere Brände hatten der alten Burg zugesetzt. Die ruinösen Überreste ließ Bethmann-Hollweg bis auf den Turm abtragen. Die neue Burg hatte mit der alten, Murrays Beschreibung zum Trotz, wenig zu tun, besaß dafür nun eine achteckige Apsis inspiriert vom Aachener Dom. Bis zu seinem Tod spielte Bethmann-Hollweg Burgherr. In den 1950er-Jahren beliebtes Ausflugsziel mit Sessellift und Restaurant, nahm sich in den Siebzigern der nächste Burgenenthusiast

Rheineck an. Immobilieninvestor Herbert Hillebrand erwarb Rheineck. Die Burg bekam eine teure Marmorinnenausstattung und wurde
Konferenzhotel. Herbert Hillebrand kaufte bis Mitte der 1990er-Jahre
weitere derartige Anwesen, manche für eine Mark, darunter das Leber-
wurstfassaden-Schloss Erxleben. Am Ende sind es 27. Mit Millionen-
aufwand saniert, schenkt der »Burgenkönig« jedem seiner 14 Kinder
mindestens eine Burg.

Warum das alles? Enge Vertraute sprechen von Geltungsbedürfnis.
Der Name Napoleon fällt. Andere sehen in ihm den Unternehmer der
alten Schule. Hart, aber gut zu jenen, die ihm treu dienen und anpa-
cken. Hillebrand ist körperlich kein großer Mann, untersetzt. Dass er
Katholik ist, unterstrich er gerne durch ein großes goldenes Kreuz, das
er statt Krawatte zu seinen weißen Hemden trug. Ein »Bischof in zivil«,
spottete man. Hillebrand kannte alle Abschreibungstricks und jeden
und jede. Bis das nicht mehr reichte. Bis er sich mit Betrieben im Osten
verhob. Anklage wegen Betrugs und Veruntreuung. Aber in Köln. Zwei
Jahre auf Bewährung. Hätte 100 kriegen müssen, sagen ehemalige Mit-
arbeiter. Inzwischen mischt er wieder mit in der Immobilienbranche.
Ich begegnete ihm noch auf meiner Reise.

Burg Rheineck übernahm 1999 der gebürtige Dortmunder und Software-Entwickler Kai Krause. Der sieht aus wie Troubadix mit Pennä-
ler-Brille und gelangte in den USA zu Ruhm und Reichtum unter anderem durch Synthesizer-Effekte für den ersten Star Trek-Film und Filter
für Adobe Photoshop. Zurückgekehrt nach Deutschland restaurierte
Krause Burg Rheineck von Grund auf, baute sie zu einem Treffpunkt
für Software-Entwickler, Unternehmer und Künstler aus und nannte
sie Byte-Burg.[69]

Ein paar Bytes mehr hätten Frau Navi vielleicht geholfen, schneller
anzusagen, wohin ich fahren sollte. Durch Andernach, Neuwied und
Weißenthurm hatten wir es, zweimal per Brücke den Rhein überque-
rend, geschafft.

Ignorierte ich ihre Entfernungsangaben und orientierte ich mich
an der Kartendarstellung, soweit ich sie erkennen konnte, fand ich
meistens die richtigen Abzweige. Für Koblenz genügte diese Taktik
nicht. Was auch an Koblenz liegt, das schon vor rund 200 Jahren ein
Verkehrsknoten war: *Die Anwesenheit der Militär- und Zivilregierung*

*und einer großen Garnison, die Lage der Stadt inmitten der den Rhein auf- und abwärts fließenden Verkehrsströme, am Kreuzungspunkt der Straßen nach Frankfurt und von Trier nach Paris; seine Nähe zu den mondänen Kurorten wie Ems und die Menge der Personen, die täglich per Kutsche und Dampfschiff an- und abreist, machen Koblenz zu einem lebendigen und geschäftigen Ort, vor allem im Sommer.*[70]

Preußen sicherte den strategisch wichtigen Ort durch gewaltige Festungsanlagen wie die Festung Ehrenbreitstein, noch bis Anfang der 1980er-Jahre war Koblenz die größte Garnisonsstadt Europas.

Mir erschien Koblenz wie die Stadt gewordene Kabelschublade. Hochstraßen, Unterführungen und Brücken lagen neben-, über- und vor allem durcheinander.

Koblenz hat sicher seine schönen Seiten, besonders unterirdisch, im Bundesarchiv. Und wer eine Gruppenreise per Bus unternimmt, besucht natürlich den großen Parkplatz am Deutschen Eck, wo Mosel und Rhein unter dem Kaiser-Wilhelm-Standbild zusammenfließen.

Ansonsten ist Koblenz für den Wohnmobilisten am schönsten, wenn er es geschafft hat, wieder herauszukommen.

Distanz: 111 km

# KOBLENZ – FRANKFURT AM MAIN

## ENTEN, PFERDE, SCHWABENKINDER

»In fünfzig Metern rechts abbiegen!«
»Das geht nicht!«
»Jetzt rechts.«
»Da ist gesperrt.«
»Bei der nächsten Möglichkeit bitte wenden.«
»Dann kommen wir wieder zur Sperrung.«
»Bitte jetzt wenden!«
»Das ist Qua-hatsch!«

Rechts ragte eine mächtige Felswand auf, deren oberes Ende ich aus dem Seitenfenster nicht sehen konnte, links floss die Lahn. Bekannt aus Kreuzworträtseln: rechter Nebenfluss des Rheins. Weiße Motoryachten dümpelten an Stegen, die gemächliche Strömung nahm ein paar Enten mit um die nächste Kurve, die Sonne ließ das Wasser funkeln.

Einzig Frau Navi und ich störten die Harmonie.

Ich hielt an und ließ sie Alternativrouten ermitteln. Alle beinhalteten den wegen Bauarbeiten gesperrten Teil der B260. Selbstständig navigierend folgte ich Umleitungsschildern.

An einer T-Kreuzung waren zwölf verschiedene Ziele aufgeführt, von denen nur die A61 und der Nürburgring ausschieden. Die »Grüne Hölle« genannte Rennstrecke war in der Eifel und ich wollte in den Taunus. Ein schwarzes U auf gelbem Grund fehlte der Kreuzung. Weil man zum »Vulkanpark«, was immer das sein mochte, sowohl rechts- als auch linksherum gelangte, vermutete ich, es war egal, wohin ich abbog. Spätestens nach 40 000 Kilometern geradeaus würde ich sowieso wieder in dieser Gegend landen.

Es ging schneller. Nach einer Viertelstunde herumkurven, ragte auf der Fahrerseite eine mächtige Felswand auf, auf der Beifahrerseite floss die Lahn, Motoryachten dümpelten an Stegen, die Strömung brachte

Enten um die Ecke. Ich hielt an und zottelte aus meinen zwölf »Generalkarten Deutschland« die
richtige hervor. Es führten sehr dünne Straßenstriche etwa dorthin, wo
ich die nächsten Tage zu verbringen gedachte. Andere führten woanders hin, deshalb galt es in Orten namens Frücht und Becheln gut auf-
zupassen, sonst landete ich in Sulzbach. Oder im. Vor der Einführung
von Navigationsgeräten fuhr ich Tausende Kilometer mit der Karte im
Schoß. Oft nicht gut. Gab es außer Karte und Frau Navi keinen, der mir
helfen konnte?

»Du erreichst dein Ziel in zwei Stunden.«

Im Gegensatz zu Frau Navi duzte sie mich. »Beindruckend«, dachte
ich, weil ich nicht wusste, ob ich das gut oder nicht so gut fand. Richtig
gut war, sie berücksichtigte die Umleitung. Außerdem verzichtete sie
aus rechtlichen Gründen auf das Wort »wenden«, vermutlich, weil man
dabei Bistumsgebäude kaputtfahren kann. Für sie hieß es immer »Volle
Kraft voraus!«

Googeline schickte mich in die Berge. Einen Weg, den niemand
nahm außer uns nun fünf: dem Eselchen, Frau Navi, Liesel, Googeline
und mir. Ich kurbelte am Lenkrad und wippte auf dem Gaspedal herum, um das Getriebe zum Hochschalten zu animieren, wenn es in die
nächste 180-Grad-Kehre ging. Liesel nahm jede Steigung stoisch wie
ein Muli. Die Serpentinen wanden sich um glänzendes Felsgestein, an

das sich Kieferchen klammerten. Dunkle Tannen warfen noch dunkle-
re Schatten. Und gerade als ich überlegte, wie die gelben Blümchen im
Wald wohl heißen mochten, streckten mir zwei Herren ihre Hintern
entgegen.

Im Stehen traten sie schaukelnd in die Pedale anorektischer Fahrrä-
der. Bunt bedrucktes Elasthan umhüllte alle Ein- und Ausbuchtungen
ihres Körpers.

Ich wippte auf dem Gaspedal und Liesel lärmte an den Elasthan-
hintern vorbei.

Googeline sei Dank bog ich in Frücht richtig ab. Wie in jedem weiteren Ort. Die meisten waren menschenleer. Hunde bellten mir nach.
Katzen querten.

Eine Hügellandschaft verdrängte die schroffen Felsen. Die Hänge
voller Klatschmohn und reifenden Ähren. Über Schweighausen, Des-
sighofen und Miehlen gelangte ich bester Laune nach Zorn, wo ich
mich am Ortseingangsschild mit passendem Gesichtsausdruck selbst
fotografierte, was einem Kraftfahrer denselben Ausdruck ins Gesicht
trieb, weil Liesel warnblinkend im Weg stand.

»Bist du so einsam, wie du es wolltest?«, fragte sie. Ich hatte, kaum
angekommen, angerufen.

»Hier sind rundherum keine Häuser. Nur Pferdekoppeln und Wiesen. Die Pferdebesitzer kommen erst morgen Abend vorbei.«

»Es ist ein Bauernhof, richtig?«, fragte sie.

»Nicht ganz. Es gibt keinen Bauern. Und keinen Wasseranschluss.
Man nennt es Hofstelle.« Das Gehöft gehörte einem langjährigen Bekannten meiner Mutter.

»Und wenn die Pferde Durst haben?«

»… bekommen sie Wasser aus einem mobilen Tank. Aber Strom ist
da. Wenn es mit dem Internet auch klappt, kann ich morgen vor der
Webcam toben.«

»Das wird ganz toll werden.« Egal was unter welchen Bedingungen bevorstand, sie glaubte fest daran, dass es gut würde. Ich erwartete meistens das Gegenteil. So kamen wir in den meisten Fällen zu einer realistischen Einschätzung der Zukunft. Zugleich machte sie diese Haltung zu einer guten Lehrerin.

»Und es ist keiner da, der dich stört.« Wir wussten beide, dass sie nicht nur Fremde meinte.

Auf die Reise hatte ich mich aus zwei Gründen gefreut. Der erste ist naheliegend: Ich würde viel Neues kennenlernen. Mein Geburtsland neu betrachten. Aus dem Alltagstrott herauskommen.

Den zweiten Grund wird nicht jeder nachvollziehen können: Ich bin gern allein unterwegs. Andere brauchen Menschen, um ihre Erlebnisse zu teilen. Ich nicht. Erst hinterher. Allein fällt es leichter, Neues aufzunehmen. Zu lernen. Sich zu bilden. Einer der ersten nichtwirtschaftlichen Anlässe, auf Reisen zu gehen. Ihr Zuhause verließen die Menschen in Europa bis Ende des 19. Jahrhunderts nur, wenn sie mussten.

Die Mehrzahl der Menschen der Feudalgesellschaft hatten täglich Vieh, Äcker und Familie zu versorgen. Weit zu reisen lohnte nur, brachte die Reise mehr ein, als sie kostete. Warum sollte man sonst in die Ferne? Um in Gegenden zu gelangen, wo man sich verlief und Leute zu treffen, die man nicht verstand?

Von Zuhause fort mussten regelmäßig die waffenfähigen Männer, wenn sie im Auftrag ihres Dienst- oder Landesherrn andere Länder überfielen. Ebenso oft mussten sie das eigene verteidigen. Dafür erhielten sie Sold, durften bei den Gegnern plündern.

Familien oder einzelne, meist junge Mitglieder gingen fort, wenn die wirtschaftliche Not zu groß wurde und man anderswo ein besseres Leben erhoffte. In Amerika. Oder in Baden-Württemberg. Dahin kamen ab dem 16. und vor allem im 19. Jahrhundert jeden Sommer die »Schwabenkinder«. Fünf- bis Fünfzehnjährige, die ihre Eltern aus den alpinen Bergregionen zu Tausenden ins Württembergische zum Arbeiten schickten, weil der karge Boden daheim nicht genug Ertrag für alle abwarf. Auf sogenannten Kindermärkten in Friedrichshafen am Bodensee, Ravensburg oder Kempten wählten die Bauern ihr junges Personal aus, meist zum Viehhüten.

Gelegentlich zwangen Naturkatastrophen Menschen dazu, ihr Zuhause zu verlassen. Händler nahmen von Berufs wegen die Mühe auf sich, durchs Land zu ziehen. Und jene, die Murray *Journey-man* nennt. Oder *Handwerks-burschen*[71]. Den Briten faszinierten diese sehr häufig anzutreffenden jungen Männer, *die zu Fuß unterwegs sind. Zu den Merkmalen ihrer Klasse gehört, unbedingt eine Pfeife im Mund und allgemein einen Stock in der Hand und einen riesigen Rucksack auf dem Rücken zu haben, von dessen Seiten ein Paar Stiefel baumeln. Sie sind im Allgemeinen anständig gekleidet ... ihre Hüte sind sorgfältig mit einer Ölhaut bedeckt, so dass sie dem Reisenden einen überraschenden Anblick bieten. Wenn seine Kutsche in Sicht kommt, nehmen sie ihre Hüte ab und beginnen, um Almosen zu betteln. […] Ein Deutscher wird in der Regel ein paar Kreutzer oder Groschen in die gehaltene Mütze stecken, um den Besitzer zu unterstützen. Durch eine uralte Regelung, die in ganz Deutschland und der Schweiz gilt, kann kein Lehrling seine Freiheit erlangen und Meister werden, bis er eine gewisse Anzahl von Jahren auf Reisen und in der Ausübung seines Berufes im Ausland verbracht hat. Der Grund dafür ist, dass er Erfahrung in seinem Handwerk sammeln und die in anderen Ländern praktizierten Methoden kennen lernen soll. […] Obwohl dieses System viele Anreize zum Müßiggang bietet, ist es nicht überraschend, dass es eine sehr intelligente Gruppe von Handwerkern hervorbringt. Der Autor hat sich oft mit gewöhnlichen Schuhmachern und Bäckern in drei oder vier Sprachen unterhalten. Sie zeigten sich gut informiert über die meisten Länder Europas und verfügten über ein deutlich größeres Allgemeinwissen als Menschen dieser Klasse in England.*[72]

Was wieder zeigt: Reisen bildet. Vergnügungsreisen waren das aber nicht. Letztlich waren die meisten Menschen bis Ende des 19. Jahrhunderts froh, zu Hause satt und über 40 zu werden. Nur zwei Gruppen hatten Zeit und Geld übrig, ausschließlich der Bildung wegen durch die Lande zu tingeln. Das waren…

»… sehen? Wollen wir?«, fragte sie.

»Was wollen wir?« Früher kaschierte ich geistige Abwesenheit, indem ich nach dem Zufallsprinzip ja oder nein antwortete. In der Folge hatte ich einige seltsame Filme schauen müssen oder heftige Diskussionen über das weibliche Idealgewicht geführt.

»Du warst wieder kopfspazieren.«

»'Tschuldigung. Soll ich dir mal zeigen, wo ich bin?«

»Das habe gerade vorgeschlagen.«

Ich legte auf. Und tätigte einen Videoanruf.

Nach gegenseitigem »Huhu«-Winken begann ich die Führung.

»Also, hier steht mein Zuhause und da drüben …«, ich schwenkte auf grob gezimmerte Sitzmöbel samt Tisch, »ist der Platz für ein Freiluftfrühstück und das … ist der Stall.« Ein einstöckiges Gebäude, weiß getünchter Putz, braune Holztore.

»Es sieht ein bisschen aus wie in amerikanischen Kuhjungen-Filmen.«

»Cowboy …«

»Ach so, ich dachte, das übersetzt man. Und was ist das?«

»Ein Pflug. Mit Pfff vorne. Damit lockert man den Boden.«

»Pflug«, wiederholte sie, damit sie es behielt.

»Und die Pferde?«

»Die sind schon im Stall, warte …« Ich öffnete das Tor zu einem Raum von Turnhallengröße, ein Trecker stand darin. Das hintere Viertel war durch Bretter abgetrennt. Die Pferdebox.

»Ooooh«, machte sie verzückt.

In der Box wohnten ein Rappe, ein Fuchs und ein Schimmel, der ging mir geradeso bis zu den Hüften, weil es ein weißes Shetlandpony war. Ihre Besitzer hatten die Box gemietet.

Taunus: Ranch

»Und jetzt zeige ich dir noch etwas …« Ich ging zurück, öffnete zwei Türen und sagte: »Das ist Bärbel.«

»Woiii!«, rief sie aus. *Wow* in der orientalischen Variante.

»Ich weiß gar nicht, ob sie Bärbel heißt. Ich dachte, es passt wegen …«

»Schon klar.«

»Eigentlich passt es nicht wirklich«, ich streichelte den dicken Kopf, »sie stammt wohl aus Rumänien.«

Ein Seufzer kam aus dem Telefon.

»Was ist los …«

»Nichts …«

Also viel.

Und dann erzählte sie. Von ihrem Tag in der Schule. Von den Kindern, denen sie Deutsch beibrachte. Deutsch als Zweitsprache. Manche Kinder kamen, ohne gefrühstückt zu haben, zum Unterricht und machten große Augen, wenn die anderen ihr Pausenbrot auspackten. Einige Brotbesitzer teilten es dann. Andere waren gemein.

»Heute hat Mikael wieder die ganze Stunde geweint.«

»Ist das der, der immer in Sandalen kommt?« Er trug sie nicht nur im Sommer.

»Genau. Sein Bruder kümmert sich gar nicht um ihn. Ich habe Mika in den Arm genommen und er wollte mich nicht mehr loslassen. Einige Afghaner…« Ich verzichtete aufs Verbessern. »…haben ihn ausgelacht. Dabei sind zwei davon selber ohne Eltern nach Deutschland gekommen… Aber sie weinen nicht, sie hauen sich lieber.«

»Schwabenkinder…«

»Was meinst du?«,

»Nichts … Sein Zuhause zum Vergnügen verlassen ist ein ziemlicher Luxus!«

»Das stimmt doch gar nicht.«

»Naja, nichts zwingt mich dazu, von Zuhause wegzugehen. Ich mache es, weil ich es will und wenn ich zurückkomme, ist es immer noch da.«

»Aber du bist gar nicht von Zuhause weg. Du hast es doch dabei.«

Zum ersten Mal übernachtete ich ohne die luxuriöse Infrastruktur eines Campingplatzes. Zum ersten Mal schlief ich ohne Nachbarn.

Menschlichen zumindest. Gleich blieb, dass ich schief schlief. Trotz asphaltiertem Grund. Wo der gerade war, stand ich, wenn die zum Füttern und Misten kamen, den Besitzern der hier lebenden Tiere im Weg. Mein Platz neben der Zufahrt war ansonsten kein schlechter. Uneinsehbar und im Schatten, falls die Sonne von Norden schien.

Schief zu schlafen, das hatte ich inzwischen gelernt. Ruhig zu schlafen, das hatte ich erhofft. Auf einer idyllischen, einsamen Anhöhe im Taunus. Die Landstraßen zwischen den Höhen, die hatte ich vergessen zu bedenken. Und dass kurviges Auf und Ab Motorradfahrern große Freude bereitet. Bis Sonnenuntergang klang es, als wären die Wälder voll furzender Hummeln.

Vor dem Schlafengehen drehte ich eine Runde über die Hofstelle und wünschte allen Tieren eine gute Nacht. Den drei Pferden und Bärbel, dem Braunbären.

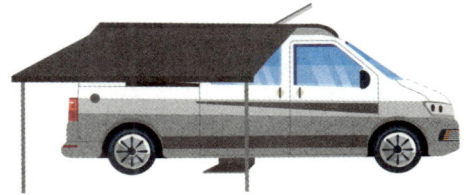

Distanz: 75 km

# DIE BRUNNEN VON NASSAU

### BRÖTSCHE, KUR, NASSAUER

**Ich hatte wenig geschlafen. Nicht, weil es der bisher lauteste Übernachtungsplatz meiner Reise war – nachdem die Biker das Furzen einstellten, hatten irgendwo im Tal Subwoofer zu wummern begonnen – sondern weil mich das Bevorstehende in Anspannung versetzte.**

Ich ließ Liesel boostern. Gewöhnlich hatte ich Wasser auf dem Gaskocher erhitzt, das reichte zum Abwaschen. Heute brauchte ich mehr. Auf einem Display über der Schiebetür konnte ich Heizung, Wasserversorgung und Batterieladestand regeln. Die Boosterfunktion erzeugte heißes Wasser binnen einer Viertelstunde.

Duschfertig betrat ich mein Kompaktbad. Hinter dem verdrehten WC klemmte der Duschvorhang, in die Decke war ein Führungsschienenkreis eingelassen. Ich zog rund um mich zu. Für 84 Kilo auf fast Eins neunzig reichte der Platz. Ich zottelte den Wasserhahn aus seiner Halterung, dank eines Schlauches daran wurde er zur Brause. Nun war es wie zu Hause. Herrlich!

Bevor das Duschwasser begann, über die Schwelle in die Küche zu laufen, setzte ich die Absaugpumpe in Gang.

Nach dem Frühstück bereitete ich das Equipment für den Tag vor. Fuhr die Markise per Handkurbel aus. Platzierte den Campingtisch. Stellte den Drucker darauf und eine Lampe ins Spülbecken. Fehlte nur noch der Laptop auf dem Herd. Und im Hintergrund ein Pferd.

Ich würde draußen vor der offenen Schiebetür stehen, dann war die Webcam des Laptops genau in der richtigen Höhe. Da ich zwar von der Markise geschützt im Halbdunkeln stand, die Kamera jedoch außer mir den hellen Hintergrund mit Koppelzaun und Stallgebäude im Anschnitt zeigen sollte, sorgte die Lampe im Spülbecken für Licht im Gesicht.

Der Drucker spuckte ratternd Blatt für Blatt meiner Vortragsnotizen aus. Mein weißes Hemd saß faltenfrei, eine Hose brauchte ich nicht, die Beine sah ja keiner. Ich trug trotzdem etwas untenrum.

Ich kontrollierte zum x-ten Mal die Internetverbindung. Wenn die zusammenbrach … Ich verscheuchte den Gedanken …

Auf einem Campingplatz wäre ich ungestört nur im Wohnmobilinneren gewesen. Stundenlang in einem Blechkasten bei Sonnenschein? Nein!

So, nun war alles klar fürs Webinar.

Wenn ich angespannt bin, neige ich zum Reimen.

»Wo bist du denn?«, fragte eine Teilnehmerin, die in ihrem Schlafzimmer vor einem frisch gemachten Doppelbett saß.

»Tja, was glaubt ihr?« Ich hatte inzwischen das Seminar-Du angeboten und freigestellt, mich in den Pausen zu siezen.

»Ich würde sagen…«, setzte der Radiomoderator in seiner Ferienwohnung auf Mallorca an, im Hintergrund rollten Wellen übers Mittelmeer, »du bist auf 'ner Ranch.«

»Gar nicht schlecht«, lobte ich. In meiner Kamerakontrollansicht sah ich, wie der Rappe anmutig in den Hintergrund schritt und am Gatter knabberte. Hatte er endlich meine Zuckerwürfel entdeckt.

»Oh, ein Pferd«, rief die Teilnehmerin aus dem Schlafzimmer. Ich gab mich überzeugend überrascht.

»Es nimmt mich Wunder«, ging die Schweizerin mit langen Vokalen, rollendem R und einem angeschnittenen Billy-Regal dazwischen, »dass du in der Pampa Empfang hast.«

Das wunderte mich auch. Das weiße Quaderlein, das mir ein Verkäufer in magentafarbenem Polo-Shirt für solche Zwecke empfohlen hatte, stand auf Liesels Dach und sorgte für schnelleres Internet, als ich es zu Hause hatte.

»Du bist in den USA, Wisconsin!«, mutmaßte der Moderator.

»Vielleicht.«

» - - -« Die Lippen der Österreicherin formten etwas, das »Spargel« bedeuten konnte.

»Miriam, Mikro!«

Ihre Lippen formten ein »Oh!«

»Jetzt?«, fragte sie.

Wir nickten.

»Spanien«, wiederholte sie.

»Durchaus möglich …«

Ob mein Standort eine Ranch in Wisconsin war oder eine Hacienda in Andalusien, ließ ich offen. Ich war ein Vagabund. Überall und nirgends zu Hause. Ein Mann mit einem Geheimnis.

Die Kopfhörer des Headsets auf den Ohren, das Mikro vor dem Mund legte ich los, sprach über Theorie und Praxis.

Und bemerkte den Mercedes-SUV erst, als er hinter mir hielt.

Ich drehte mich um. Ein schnauzbärtiger Mittsechziger und seine gleichaltrige, jedoch bartlose Gattin hoben die Hand zum Gruß. Die Pferdebesitzer. Die erst abends kommen sollten. Die Seitenscheibe sirrte herunter: »Guten Morgen, soll mer Ihne Brötsche mitbringe?«

»Das ist sehr, sehr nett. Ich habe schon gefrühstückt.«

»Weil mer fahre glaisch zum besten Bägger wait und brait.«

In meinen Kopfhörern lachten Menschen in vier Ländern.

»Ja, dann … nehme ich gerne Brötchen. Vielen Dank.«

Ich drehte mich zum Bildschirm um, auf dem ein Dutzend kleine Gesichter feixten.

»Möschte Sie Vollkornbrötsche oddä libbä Crossongs?«

Hessen: so höfliche wie hartnäckige Menschen.

»Ich nehme je eines.«

»So mach mer des. Also, bis speddär!«

Ich winkte und wendete mich wieder der Webcam zu. Nun ohne Geheimnis.

Die Geheimnisse des Humor-Handwerks und wie dieses Handwerk hilft, Informationen unterhaltsam zu verpacken, vermittle ich seit vielen Jahren in meinen Seminaren. Außer für Menschen aus den klassischen schreibenden Berufen arbeite ich als Coach und Gagschreiber für Spitzenpolitiker, Zahnärztinnen, Bauchredner, Wissenschaftlerinnen oder Offiziere der Bundeswehr, im Grunde für alle, die Menschen für sich gewinnen wollen. So wie die zwölf, mit denen ich – übers World Wide Web verbunden – den Tag verbracht hatte.

Vom Lehren und Lustigsein erschöpft, unternahm ich an diesem Nachmittag keine weiteren Reisemanöver mehr. Weswegen ich den folgenden Tag gleich anhänge.

In Route 95 empfiehlt Murray, sich Zeit für »The Brunnen of Nassau« zu nehmen. Ich hielt mich daran. Der nächste verlief anfangs genau wie der Tag davor. Von den freundlichen Hessen bekam ich zu essen, sie frühstückten dort, wo ich eigentlich Pferde vorgesehen hatte und ich stand wie gehabt sechs Stunden vor der Webcam. Nein, das stimmt gar nicht. Gegen Mittag kam Wind auf, der die Markise mehrmals anhob, Wolken schienen regnen zu wollen. Ich zog um zur aus-

Taunus: Bei Online-Seminaren auf den Hintergrund achten!

gestopften Bärin Bärbel, die zusammen mit weiteren Jagdtrophäen im Aufenthaltsraum neben dem Stall vom Waidmannsleben des Stallbesitzers kündete. Hier hätte mich die von Murray empfohlene Jagdjacke angemessen gekleidet.

Eines der stattlichen Geweihe an den Wänden hing direkt hinter meinem Kopf. Es reduzierte deutlich meine Seriosität.

Einer Redewendung zufolge muss vor dem Vergnügen gearbeitet werden. Das hatte ich gerade getan. Jetzt durfte ich mich wieder vergnügen. Was heißt vergnügen? Die letzten Tage hatte ich viel Neues über Deutschland gelernt. Wie bei den ersten Reisen ohne ökonomische Notwendigkeit hatte das Verlassen des Zuhauses der Bildung gedient.

Der zweite Zweck, den eine Reise in den ersten Jahrzehnten des Ferienmachens haben durfte, war – zumindest dem Anschein nach – die Verbesserung und Pflege der Gesundheit. Anders gesagt: Man fuhr zur Kur.

*Bei den Deutschen ist ein Ausflug in einen Kurort im Sommer existenziell und die Notwendigkeit eines Besuchs beschränkt sich auf keine Klasse, sondern durchdringt alle, von Kaisern und Fürsten bis hin zu Handwerkern und Ehefrauen der Bürger.*[73]

Keineswegs alle Deutschen zogen in Heerscharen in die Heil- und Kurbäder des Landes. Es war die wohlhabende Elite: der Adel und reiche Bürger nebst Familie. Die Mehrheit der Bevölkerung, Bauern, Tagelöhnern, Manufaktur- und Heimarbeiter(innen!), Angestellte und die Männer der mittleren und unteren Beamtenebene konnten sich um 1830 keine Reise, geschweige denn eine in die teuren Bäder, leisten.

Und doch: Das Reisewesen verdankt sein Erblühen im ersten Drittel des 19. Jahrhunderts neben der Erfindung des Sehenswürdigen, Orten, die einen Gewinn für die Gesundheit versprachen.

*Die Anzahl der Bäder und Mineralquellen in Deutschland beläuft sich jetzt auf mehrere Hundert und jedes Jahr wird die Liste länger mit Namen, die in England zwar selten zu hören sind, die aber ihre Anhänger haben.*[91]

Nicht John Murray war es, der die Heilquellen des Taunus in Britannien bekannt machte. Es war Sir Francis Bond Head. Sein zu Beginn der 1830er-Jahre erschienenes, in munterem Plauderton geschriebenes *Bubbles from the brunnens of Nassau* löste für einige Jahre einen Taunus-Boom besonders bei britischen Aristokraten aus.

Am späten Sonntagnachmittag verstaute ich mein mobiles Studio und verließ die Hofstelle für einen Kuraufenthalt. Der Weg führte mich zunächst durch Adolfseck, zu Murrays Zeiten mit ph und Standort der *Ruine einer Burg, die angeblich Graf Adolph von Nassau als Wohnsitz für eine geliebte Frau erbaute.*[74] Ohne es zu merken, tappte ich in Adolfseck in einen Hinterhalt. Dazu später mehr. Zunächst zum Schönen.

*Der Kurort Ems liegt sehr schön an der Lahn, eingezwängt zwischen dem Fluss und den Klippen der Bäderlei, die vom Ufer gerade weit genug entfernt sind, um Platz für eine Häuserzeile zu lassen. Es ist weder Stadt noch Dorf, sondern eine Sammlung von Herbergen, mit dem Kurhaus mittendrin.*[75]

Auf Liesels Kletterkünste vertrauend dieselte ich parallel zum Fluss am dem Kurhaus gegenüberliegenden Ufer der Lahn bergauf. Im Rücken der Villen mit Lahnblick, vor den Villen der zweiten Reihe, was der Straße den Namen gab: Villenpromenade. Sie mündete in einen Parkplatz, auf dem niemand parkte. Was ich nicht ahnte, zwei Stunden später würde ich diese Strecke erneut fahren. Unterirdisch.

Vorbei an der Talstation der Malbergbahn, eine Zahnradbahn, die seit ihrer Schließung 1979 vor sich hingammelt, spazierte ich hinab zur Lahn. Um auf den Uferweg zu kommen, musste ich die Wilhelms-allee überqueren. Ein stetig fließender Strom von Autos verhinderte das. Erst auf Höhe des Bad Emser Jobcenters, untergebracht in einer spätklassizistischen Villa namens »Monrepos«, hielt ein Wagen. Nicht irgendeiner. Ein Mercedes-Cabrio SL, von Kennern ob seiner Form *Pagode* genannt. Das blonde Haar der Fahrerin schützte ein gepunktetes Tuch vor Sonne und Fahrtwind, für den nötigen Grip am Volant sorgten beige Autohandschuhe. Eine Handschuhhand forderte mich auf zu passieren. Zum Dank lüftete ich kurz meine Kappe und deutete eine Verbeugung an. Die Fahrerin lachte strahlend weiß.

Vergangene Epochen – in Bad Ems verleihen sie der Gegenwart Glanz. Goldenen sogar, durch die Kuppel der Russischen Kirche, erbaut 1876 für die vormals vielen russisch-orthodoxen Kurgäste. Von dieser Vergangenheit zeugte auch das Hotel »Russischer Hof« am Ufer gegenüber.

Ins warme Licht der Abendsonne getaucht, entfaltete das Tal seine ganze Pracht. Mitten in der Lahn schoss eine Fontäne in die Höhe.

Bad Ems: Pracht der Vergangenheit

In ihrem Dunstschleier schimmerte ein Regenbogen. Schlauchboote mit Außenborder und kleine Elektromietboote glitten über den Fluss. Männer umfassten Frauen. Kinder winkten den Flaneuren am Ufer, ich winkte den Kindern.

Die Fassade des Kursaalhauses dominierte das Panorama. Eine Front aus 20 weißen französischen Rundbogenfenstern, unterbrochen von dreigeschossigen Mittelbauten.

Am kuppelgekrönten Ende bildeten große Lettern das Wort »Spielbank«. Das dazugehörige Etablissement ist Deutschlands ältestes. Am anderen Ende verbanden Kolonnaden das Kursaalhaus mit dem schlossähnlichen Kurhaus, heute ein Grand Hotel. Das erschien mir für den Auftakt meines Kurabends angemessen.

Elastischen Schrittes nahm ich die geschwungene Freitreppe hinauf zur Terrasse des Hotelrestaurants. An Zweiertischen schwiegen Männer in gestreiften Hemden, die Glatze altersfleckig, ihre ledrigen Gattinnen an. Junge kulleräugige Frauen, Rouge auf den gepolsterten Wangen und zwei Wulste statt Lippen, bekamen von Poloshirt-Mittdreißigern die Welt erklärt. Kellner trugen lautlos Teller umher.

Da draußen alle Tische besetzt waren, ging ich hinein und stand ein Weilchen im Halbdunkeln herum. Den dritten Kellner, der an mir vorbeitänzelte, sprach ich an.

»Guten Abend, ich würde …«

»Vorsicht bitte …«

»Hallo, schönen guten …«

»Klein' Moment …«, sauste der nächste davon.

Ob ich mich einfach an einen der vielen freien Tische setzte?

»Sie wünschen bitte!«, erschreckte mich von hinten ein Grauhaariger in schwarzem Anzug.

»Ich würde gerne bei Ihnen zu Abend essen.«

Sein Kopf, seine Pupillen blieben bewegungslos. Er hatte mich bereits von hinten gemustert.

»Sind Sie Gast des Hauses?«

»Ich wohne in einem Campingmobil«, sagte ich nicht. Nur: »Nein.«

»Ich bedaure, heute servieren wir nur für Hausgäste.«

Dabei hatte ich ein gestreiftes Hemd an und meine saubersten kurzen Hosen.

Zurück auf dem Erdboden entdeckte ich ein paar Meter weiter ein Bistro, das Flammkuchen feilbot. Im Schatten eines Promenaden- bäumchens und viel näher an der Lahn als auf der Hotelterrasse labte ich mich an Zwiebeln und Speck auf dünnem Teig und am Anblick der Promenierenden. Ob jung, ob alt, alle hatten sich herausgeputzt. Etwas aus dem Rahmen fiel der Sohn eines russischsprachigen Ehepaares. Der Fünfjährige trug Tarnfleckenuniform und Stahlhelm.

Im 19. Jahrhundert besuchten nicht weniger exzentrische Menschen Ems. Wer und wann ist auf Metallplatten hinter dem Kursaalhaus ein- gelassen: »Giacomo Meyerbeer, Komponist, zwischen 1834 und 1862; Zar Alexander I. von Russland, zwischen 1838 und 1876; Kaiser Wilhelm I., zwischen 1830 und 1837; Zarin Alexandra, Schwes- ter Wilhelms I, zwischen 1828 und 1859; William Gladstone, späterer englischer Premier- minister, im Jahr 1838, Nicolai Gogol, Schriftsteller, 1843 und 1847…«

Vorgeblich wegen der Ther- malquellen kamen Kaiser, Kö- nige und Künstler ins heute noch »Kaiserbad« genannte Ems.[XVI] Jede Quelle weist ihre eigene Mineralzusammenset- zung auf, woraus eine große

Bad Ems: Berühmt für seine extravaganten Gäste

Bandbreite an Behandlungsmöglichkeiten erwächst: Trinkkuren sol- len Herz-, Gefäß- und Kreislauferkrankungen vorbeugen und heilen, Badekuren bei Leiden des Stütz- und Bewegungsapparates oder rheu- matischen Beschwerden helfen, Inhalationen oder Nasenspülungen Entzündungen der Atemwege lindern.

Akut litt ich an nichts. Vorzubeugen konnte nicht schaden. Die Rö- merquelle in der Promenade sollte bei Verdauungsproblemen helfen. Mein Flammkuchen hatte gut geschmeckt, aber das hatte der Hohen- warslebener Kartoffelsalat auch.

Unter dem Dach eines Rundpavillons führten ein paar Stufen hinab. Ein Mosaikboden und Bögen in der umgebenden Wand sorgten für römisches Flair. Ob die Römer genau hier Heilwasser schlürften, weiß man nicht. Dass sie die hiesigen Quellen kannten, weiß man dagegen schon.

Die Lippen zum Karpfenmaul geformt, beugte ich mich unter den Auslass des Trinkbrunnens. Warmes Wasser plätscherte in meinen Mund. Es gibt Leute, die lecken gerne Schweißfüße. Denen hätte es geschmeckt.

Ein »Ups!« entfleuchte meinen Lippen, ob des im Blumenbeet vor der Spielbank festgefahrenen BMW-Cabrios. Ein Aufkleber auf der Windschutzscheibe verriet, der Wagen war nicht verunfallt. Er war der Hauptgewinn im »Auto Jackpot«. Ob man zu Kaiserzeiten im Kasino Kutschen gewinnen konnte?

Den nächsten Schreck jagte mir ein Standbild von Walter Ulbricht ein. Dass seine Frau Lotte gerne im Westen shoppte, war bekannt. Aber dass der erste Staatsratsvorsitzende der DDR in Bad Ems kurte nicht. Tatsächlich würdigte das Denkmal Zar Alexander II., einen eifrigen Ems-Besucher.

Zunehmender Baumbestand verdüsterte den Park. Im Schatten dichten Buschwerks verbarg sich, zur Hälfte in den Boden eingelassen, ein Toilettenhaus für Herren und Damen, Hunde mussten zum Austreten in ein entsprechend beschriftetes Areal direkt daneben.

Über die Kaiserbrücke und eine Treppe gelangte ich hinauf zu Liesel. Wir rollten die Villenpromenade bergab und kamen über Alexander- und Mainzer Straße auf die B260. Links ging's über die Bäderleibrücke zurück gen Hofstelle, rechts nach rechts.

Er schien nicht enden zu wollen. Der Malberg-Tunnel. 1,6 Kilometer durch den Felsen getrieben. Längster Straßentunnel von Rheinland-Pfalz. Er verläuft ziemlich genau unter der Villenpromenade.

Die Welt der Villen, Könige und Kaiser war auf der anderen Seite des Tunnels Rossmann, Netto und Tedi gewichen. Eine Reihe Reihenhäuser erreichte knapp die Länge des Kursaalgebäudes. Jedes Haus so breit wie zwei der französischen Fenster.

Ich steuerte eine Tankstelle an. Fütterte Liesel, ging bezahlen.

Die Frau hinter dem Kassentresen trug ein oft gewaschenes blaues Top mit Spaghetti-Trägern, das braune Haar war locker hochgebunden, im Scheitel brach Grau durch, das Dekolleté hatte in den letzten fünf Jahrzehnten viel Sonne gesehen.

Da Liesel die Tanksäule verdeckte und ich die Nummer nicht mehr wusste, zeigte ich hinaus und sagte: »Die da!«

»Das rollende Zuhause?«

Ich nickte.

»Ach, davon träume ich ja auch.«

»Ja, das ist schon schön.« Ich hielt meine EC-Karte an verschiedene Seiten des Kartenlesers.

»Wissen Sie – rechts ranhalten – für einen allein reicht das vollkommen aus.«

Ich hielt rechts ran. »Für einen ist es super, für zwei wird's schon ein bisschen kuschelig.«

»Naja, ich habe ja keinen.« Sie reichte mir den Bon. »Eines Tages mach ich meinen Traum wahr, dann fahr ich los.«

»Das machen Sie!«, sagte ich und fuhr zurück durch den Tunnel ins andere Bad Ems, wo das Jobcenter in der Villa »Monrepos« residiert. Auf Deutsch: »Meine Ruhe«.

Worum es sich beim ersten Teil von »The Brunnen of Nassau« handelt, hatte ich herausgefunden. Nun zur anderen Hälfte: Nassau.

Das Adelsgeschlecht der Nassauer existierte seit dem 11. Jahrhundert. Es verzweigte sich weit. Die südliche und die nördliche sind die wichtigsten Linien. Der südlichen gehörte der schon erwähnte Graf Adolf von Nassau an, der eine Burg für seine Liebste baute und zu dessen Herrschaftsgebiet große Teile des Taunus gehörten. 1292 wurde er zum römisch-deutschen König gewählt, was ihm weniger Macht über den Flickenteppich Deutschland verlieh, als der Titel vermuten lässt. Aus der nördlichen Nassauer Linie entwickelte sich ab 1568 das Haus Oranien-Nassau, das Königsgeschlecht der Niederlande. Zu Ehren von Wilhelm III. von Oranien-Nassau, Statthalter der Niederlande und zugleich König von England, Schottland und Irland, wurde 1689 die Hauptstadt der Bahamainseln Nassau genannt.

Die Keimzelle der Könige von Nassau, Nassau an der Lahn, hatte bis 1945 den Status eines Bades, eine Fliegerbombe explodierte ungünstig und ließ die Heilquelle versiegen. Andere Fliegerbomben zerstörten den Großteil der Innenstadt. Ein paar alte Fachwerkhäuser blieben stehen. Wie das sehenswerte Rathaus. Teile der mächtigen Stadtmauer inklusive Wachtürme überstanden den Feuersturm und auch das pummelige Steinische Schloss, das seinen Namen nicht wegen seines Baumaterials trägt, sondern wegen seiner Erbauer: der Reichsritter-Familie vom und zu Stein. Bekanntester Vertreter dieser Familie ist Abkömmling Heinrich Friedrich Karl. Der preußische Staatsmann, oft fälschlich als »Freiherr *von* Stein« tituliert, wuchs in Nassau auf und schrieb hier auch die »Nassauer Denkschrift«, die eine umfassende Staatsreform in Preußen in Gang setzte. Das Schloss gehört nach wie vor der Steinischen Familie.

Eine andere bekannte deutsche Familie ist ebenfalls in Nassau zu Hause. Und in vielen deutschen Haushalten. 1959 gründeten Günter und seine Frau Ingeborg hier ein Unternehmen, das ihren Nachnamen trägt: Leifheit. Beide sind verstorben. Das inzwischen zum Weltkonzern gewachsene Unternehmen lässt in aller Welt Küchenutensilien, Putz- und Wäschegerätschaften herstellen, seinen Firmensitz hat es bis heute im Ort.

Über der Stadt auf dem Gipfel eines Berges stößt der Turm der Burg Nassau beinahe an den Himmel. Unten in der Stadt stieß ich beinahe mit einem Trecker zusammen, dessen junger Fahrer mit Anhänger und Freundin kam, um vom örtlichen Italiener Pizza abzuholen.

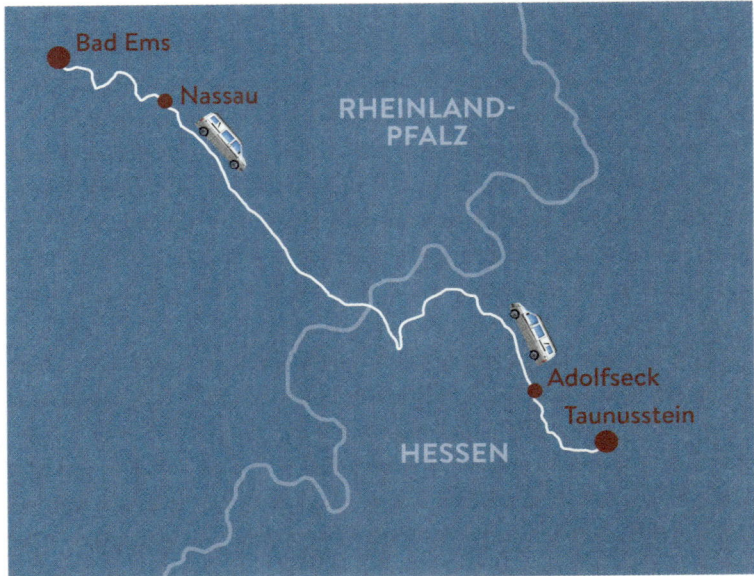

Distanz: 113 km

# KOBLENZ – FRANKFURT AM MAIN

## RÄUBER, SCHWEINE, TOPFSCHUBLADE

Am frühen Morgen verließ ich die Hofstelle und fuhr erneut durch Adolfseck. In »Reichards Reisehandbuch« von 1801 ist zu lesen, Pistolen seien ein gutes Verteidigungsmittel bei einem *Räuberanfall*. Allerdings möge man warten, *bis man das Weiße im Auge des Räubers erkennen kann*.[76]

Am Abend zuvor hatte ich in Adolfseck überhaupt nichts erkannt, ja nicht mal den Überfall bemerkt. An diesem Morgen um exakt 7:23 Uhr erkannte ich im Auge des Räubers das Rote. Ein Ratgeber für Fußreisende aus dem Jahr 1823 schlägt für solche Fälle vor, man solle eine Handvoll Sand bereithalten, die man dem Räuber ins Gesicht schleudere.[95]

Mir schleuderte man hinter einer bergabführenden Kurve in einer 30er-Zone einen roten Blitz ins Gesicht.

Waren Postkutschenreisende gegen Überfälle versichert, musste ich, da einmal 6, einmal 10 km/h zu schnell, zweimal fünfzehn Euro löhnen.

Dass ich ansonsten überaus umsichtig fahre, beweist die Tatsache, dass ich wenige Kilometer weiter – unter Beachtung des Wildwechsel-Verkehrszeichens langsamer fahrend als vorgeschrieben – ein Rehkitz nicht rammte.

*Die große alte Burg Hohenstein … thront auf dem Gipfel über einem hohen schwarzen Abgrund … Diese imposante feudale Festung … wurde im Dreißigjährigen Krieg eingenommen und geplündert. […] Es gibt viele andere alte Burgen zwischen den Tälern des Taunus wie Burg Schwalbach. Jede kann zum Ziel eines Tagesausfluges gemacht werden, insbesondere die der Grafen von Katzenellenbogen (Cat's Elbow)[XVII], die vormals das Land zwischen Rhein und Lahn – eine wilde und einsame Landschaft – besaßen.*[77]

Die genannten Burgen machen außer Freunden mittelalterlicher Mauern auch Wohnmobilisten Freude. Denn dem Traum vom Schlafen, wo man will, setzt das Gesetz allerlei Grenzen. Wild zu campen ist fast überall verboten. Die StVO bietet ein Schlupfloch, das sich bei Burg Hohenstein hoch über dem Ort Burg-Hohenstein nutzen lässt. Mit Blick auf die bröselnde Burg – ihr Baumaterial, der blätterteigartige Taunusquarzit, ist überaus witterungsanfällig, Reparaturen mit Zementmörtel beschleunigten zerstörende Prozesse – mit Blick auf die Bröckel-Burg also, lässt sich auf dem Besucherparkplatz ungestört eine bis zu zehnstündige Pause zur Wiederherstellung der Fahrtüchtigkeit einlegen, wie es die StVO erlaubt, sofern das Fahrzeug nicht mehr als 2,8 Tonnen wiegt. Andernfalls und bei längerem Aufenthalt drohen Bußgelder zwischen 10 bis 2500 Euro.

Wichtig: Nach Ertüchtigung und Burgbesuch nehme der Wohnmobilist oder die Wohnmobilistin die Straße Richtung Ort Burg-Hohenstein zurück und nicht, wie ich, den Weg links vor der Burg. Da geht es einspurig an parkenden Autos vorbei in engen Kurven steil bergab. Man schafft das nur mit guten Bremsen, einklappbaren Außenspiegeln und lautem »Uiuiuiui …!«

Noch verborgener vor Vorbeikommenden sind Fahruntüchtige hinter der Burg Schwalbach in Burgschwalbach. Die Burg ist leicht zu finden: einfach in Zollhaus-Hahnstätten am Bordell *Pussycats* rechts in die Burgschwalbacher Straße abbiegen, der weiter folgen, selbst wenn sie irgend-

Unterwegs: Bambi gerettet!

wann Bahnhofsstraße heißt, und schließlich links in die Schlossstraße fahren bis zur Burg. Die sieht so richtig ritterig aus. Hat einen runden Rapunzelturm und an den Ecken des Wohntraktes Türmchen mit spitzen Hauben.

Burgschwalbach: Burg Schwalbach

Nürnberg lautete heute mein Tagesziel und morgen Berlin. Weil das anstrengend werden würde, erlaubte ich mir eine zweite Kureinheit in einem Badeort, in dem Murray angeregt durch Sir Heads »Bubbles«-Buch 1835 seine Sommerferien verbrachte. Murray bat Head um einige Auskünfte über den Ort und bekam sie am 20. Juli 1835. *»Ich glaube, das Wasser wird Sie auf außerordentliche Weise verzaubern, wenn Sie nur vernünftig damit umgehen … Suchen Sie den Schweine-General auf … Beobachten Sie den alten Dr. Fenner, wie er die Promenade auf- und abpirscht … Beobachten Sie die deutschen Damen beim Salat essen und sagen Sie mir, wenn wir uns treffen, ob sie es nicht wie Kühe machen, die Kohl essen. Testen Sie (und lassen Sie es mich wissen), ob sie nicht zu allem Ja! Ja! sagen. Kaufen Sie ein paar Kirschen von den Frauen, die Sie unter der Traufe [des Gasthauses] ›Goldene Kette‹ sitzen sehen – essen Sie einige, während Sie das Wasser trinken und schauen Sie, ob es Sie nicht dazu bringt, im Galopp nach Hause zu rennen.«*[78]

Auf die Kombination Kirschen und Heilwasser würde ich verzichten, mit dem Hohenwarslebener Kartoffelsalat war dieser Punkt erledigt. Der alte Dr. Fenner, ein, wie Murray im Reiseführer schreibt[79],

Augenklappe tragender Kurarzt, würde nicht mehr leben. Blieben die Salat-Damen, der Schweine-General und natürlich das Wasser der Brunnen von Bad Schwalbach, das seit 1927 nicht mehr Langenschwalbach heißt.

*Aus ihrer eigentümlichen Lage, wie zwischen Hügeln versunken, ist [sie] kaum zu sehen, bis sie betreten wird. Diese kleine Stadt, wenn auch nicht frei von Schönheit in Lage und Umgebung, fällt dem Fremden daher normalerweise nicht auf.*[99]

Mir fiel der Parkplatz auf dem Schmidtbergplatz auf. Da stand schon ein Wohnmobil. Eine bunte Aufschrift verriet, hier reiste das Handpuppentheater *Lutzi Putzi*.

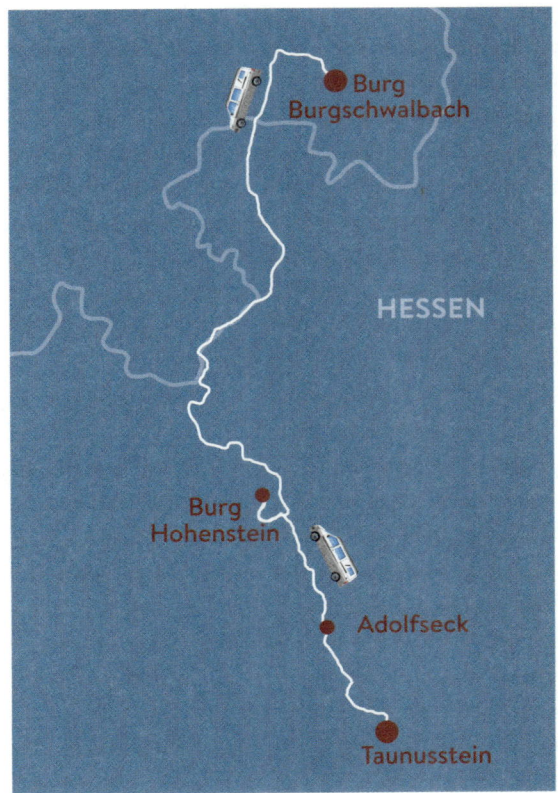

Distanz: 25 km

Um weder Lutzi noch Putzi zu wecken, schnallte ich das Eselchen besonders leise vom Heckträger.

Zur Bundesgartenschau vor wenigen Jahren brachte Bad Schwalbach seinen Kurpark auf Vordermann. Wege und Wiesen wurden neu angelegt und säuberlich eingefasst, die Fassaden der Trinkhallen gestrichen, der Teich gereinigt.

Die alten Villen, die den Park säumen, ließen die prunkvolle Vergangenheit erahnen. Den Eindruck trübte ein viergeschossiger verrotteter Betonbau, der mich auf den ersten Blick an ein Parkhaus erinnerte, wohl aber mal ein Hotel oder Klinikum war. Die »Klinik am Park« dagegen sah aus wie neu. Ihr älterer Teil verströmte dank sonnengelbem Putz, weißen Rundbogenfenstern und halbrunden Balkonen mit schmiedeeisernen Geländern Vorabendfernsehen-Luxus. Hier könnte das ZDF die »Schwalbach-Klinik« drehen, mit dem Heilwasserkuren verschreibenden Prof. Trinkmann.

Genau deswegen war ich ja da. Für eine kleine Kur.

*Der Tagesablauf der Gäste in den Bädern ist etwa wie folgt: Sie stehen bereits um sechs Uhr auf, begeben sich zu den Brunnen, um an der ihnen zugeteilten Tränke zu trinken, zwischen jedem Glas halten sie sich ständig in Bewegung. Das Wasser weckt anscheinend die Lust zu gehen ... Nach zwei oder drei Stunden dieser Übung haben sie sich ihr Frühstück verdient. Die Einnahme eines Bades nimmt eine Stunde des Vormittags in Anspruch, abends wird meist ein weiteres Wasser verordnet.*[80]

Kurgastgemäß war ich um sechs Uhr aufgestanden. Nun also Trinken und Bewegung. Murray empfiehlt den *Weinbrunnen, so benannt nach einer eingebildeten Ähnlichkeit mit Wein in seinem Geschmack ...* und den *Stahlbrunnen: beide enthalten Eisen, Kohlensäure und Sauerstoff in leicht variierenden Anteilen, aber der Weinbrunnen hat mehr stählerne Anteile als der Stahlbrunnen*[101].

Der Stahlbrunnen hatte vor allem geschlossen. Also Wein.

»Der Weinbrunnen ist in den Wintermonaten nicht permanent geöffnet«, informierte ein Schild an der Tür einer gläsernen Trinkhalle. Es war Juli. Ein anderes Schild vermeldete: »Die Außentrinkstelle des Weinbrunnens ist noch nicht in Betrieb.« Es war ein Juli, in dem auf der ganzen Welt besondere Hygienemaßnahmen galten.

So blieb mir nur, Champagner zu trinken. Aus dem munter sprudelnden Champagnerbrunnen. Einzig das Prickeln auf der Zunge ähnelte dem Edelgetränk. Oder es schmecken den Champagner nur Menschen, die daran leiden, wogegen das Wasser helfen soll: Harnwegsinfektionen.

Nach dem Trinkteil meiner Kur war wieder Bewegung angesagt. Ich radelte weiter. Und stieg kurz darauf staunend ab.

Bad Schwalbach: Prost!

»Vorsicht, junger Mann!« Ich fuhr herum. Hinter mir stand eine Dame in einem blauen Blümchenkleid, ein Stock sicherte ihren Gang, ein Hütchen schützte sie vor der Sonne. Rückwärtsgehend hätte ich sie beinahe umgeworfen.

»Verzeihung, ich war so fasziniert von diesem … Hotel.« Ein weißes, lang gestrecktes Gebäude, kühn in einer Halbkurve geschwungen. Ein sechsgeschossiger Kopfbau schloss es an einer Seite ab. Dort standen wir vorm Haupteingang. Das Vordach mit seinen abgerundeten Ecken erinnerte an Tankstellen der 1930er-Jahre.

»Ach, ja, das Hotel«, sie ließ den Blick über die Fassade des Kopfbaus schweifen, an der in meterhohen blauen Buchstaben EDEN PARC prangte. »Das ist Bauhaus«, sagt sie, »das einzige Hotel dieser Art in Deutschland.«

»Beeindruckend«, sagte ich. »Auch innen.« Ich ging einige Schritte auf die schaufenstergroßen Scheiben der Lobby zu. Sie trippelte mir nach. Trotz des Staubs auf den Scheiben war schwarzer Marmorfußboden zu erkennen, in verspiegelten Säulen brach sich das Licht, in der Mitte hing ein kegelförmiger Kristalllüster. Die gelben Lounge-Sessel an den Clubtischchen schienen eben erst verlassen worden zu sein.

»Zur Bundesgartenschau 2019 war es ein paar Wochen offen … dann wieder zu. Wie davor schon. Das war mal ein staatliches Kurhotel. Dann haben's Chinesen gekauft. Und die sind jetzt untereinander verkracht.«

»Sie wissen ja gut Bescheid ...«

»Ach, hören Sie auf«, sie winkte ab, »will ich gar nicht. Wenn man anfängt, über den Leerstand in Bad Schwalbach zu klagen, wird man gar nicht mehr fertig.« Sie setzte energisch den Stock auf und begann die Treppe zum Park hinabzusteigen. Ganz Dame, aber keine »Ja!Ja!«-Sagerin. Und ganz bestimmt keine, die Salat isst wie eine Kuh.

Und wer war nun der Schweine-General?

Wie in vielen Orten Deutschlands im 19. Jahrhundert zog durch Langenschwalbach, obgleich der Ort schon Kurbad war, jeden Morgen ein Mann, der sich durch Hornblasen ankündigte. Er holte von jedem Haus die Schweine ab, um sie zum Fressen in die umliegenden Wälder zu treiben. Zu Saueichen und anderen Bäumen.

Head hatte in seinem berühmten »Bubbles«-Buch über diesen Mann und sein Schweineregiment gespottet. Unter britischen Kurgästen erlangte *General Schwein* eine Prominenz, die Murray kritisch sah: *Es werden zu Recht Befürchtungen genährt, dass er durch die ihm zukommende Aufmerksamkeit der Eitelkeit anheimfällt und aufgrund seines inzwischen fast europäischen Rufes glaubt, er sei der größte Mann, nicht nur in Schwalbach, sondern in ganz Nassau. Er ist nie unterwegs ohne eine Schar von Bewunderern, fast so zahlreich wie die Herde, die er vor sich hertreibt. Die Engländer legen Wert darauf, mit ihm zu sprechen. Für einen unserer reliquienliebenden Landsleute hat er sich gar von seinem Horn getrennt und einem anderen seine Peitsche überlassen; und obwohl er dafür eine stattliche Gegenleistung erhielt, beklagt er sich jetzt unablässig, sie viel zu billig verkauft zu haben.*[81]

Was Murray verschweigt: Er luchste *General Schwein* die Peitsche ab, wozu ihm Head in einem Brief im November 1835 gratuliert: *Man sagte mir, Sie hätten es tatsächlich geschafft, des Schweine-Generals Peitsche erfolgreich nach Hause zu bringen! Sie werden mich eines Tages in der Albemarle Street klatschen hören, und wenn ich zu Ihrer Beerdigung noch lebe, werde ich Ihren Sohn bitten (statt einer Predigt), sie zwanzig- oder dreißigmal über Ihrem Grab knallen zu lassen. Es würde die Würmer für Monate von Ihnen fernhalten!*[82]

*Eine ausgezeichnete Makadamstraße, aber sehr hügelig, führt von Schwalbach nach Schlangenbad, ein weiterer der Brunnen von Nassau, in einer entzückenden, wenn auch versteckten Lage, fast begraben zwischen bewaldeten Hügeln.*[83]

So begraben, dass ich fast vorbeifuhr. Wohl auch, weil ich mit mir rang, ob ich wenden sollte. Im Vorbeifahren hatte ich in Wambach auf einem Straßenschild gelesen: *Bärstädter Straße*. Laut Navi führte diese tatsächlich nach Bärstadt, das genauso heißt wie der Wohnort von Peter Lustig und seinem Nachfolger Fritz Fuchs aus der Kindersendung »Löwenzahn«. Ein Selfie vor dem Ortschild wäre nett gewesen. Nicht zuletzt, weil ich seit vielen Jahren Drehbücher für »Löwenzahn« schreibe.[XVIII]

Dass unsere heutigen Bundesstraßen oft jahrhundertealten Verkehrswegen folgen, sollte inzwischen deutlich geworden sein. In einem unterscheidet sich ihre Wegführung zunehmend: Die Fernstraßen verlaufen immer öfter nicht mehr durch die Orte, sondern aus Gründen des Lärm- und Gesundheitsschutzes an ihnen vorbei. Und so muss, wer nach Schlangenbad will, die B260 verlassen, den Zubringer ein Stück in Gegenrichtung fahren, bis er, sie oder es – das Wohnmobil – auf die Rheingauer Straße gelangt, die sich einmal längs durch Schlangenbad schlängelt. Auf ihrer einen Seite reihte sich Kurklinik an Kurklinik, auf der anderen bildeten altehrwürdige Wohngebäude eine fast geschlossene Front, die Gitter an den Balkonen hatten einen neuen Anstrich nötig, an vielen Fassaden blätterte die Farbe.

Wenige 100 Meter hinter dem Hotel »Russischer Hof« parkte ich vor der historischen Caféhalle. Eine ehemalige Wandelhalle für Kurgäste und Hotelcafé des Kaiserhofes. In dem ist heute das Rathaus untergebracht. Das gusseiserne Ständerwerk der Caféhalle verkörpert die typische Kurbadarchitektur des 19. Jahrhunderts und ist eines der wenigen noch erhaltenen Originale.

*Das abgeschiedene kleine Tal von Schlangenbad bietet mehr Ruhe als jedes der Bäder von Nassau.*[84]

Vor allem täuscht Schlangenbad dem Besucher nichts vor. Bad Ems will überwältigen. Sein architektonischer Schwulst, eingebettet in ein sonnenbeschienenes Flusstal, beschwört die Zeit der Kaiser und Königinnen.

Bad Schwalbach hat aufgehübscht und ausgebessert, was im Gedächtnis bleibt, sind Leerstand und Verfall, wie bei einem altgewordenen Casanova, der zwar mit der Mode geht, aber kein Geld mehr für den Zahnarzt hat.

Und Schlangenbad? Vergangenes ist da, aber drängt sich nicht auf. Auch hier logierten Kaiserinnen und Könige, heute sind es Kassenpatienten. Der Niedergang von Hessens ältestem Kurort setzte schon Ende der 1830er-Jahre ein, die Briten, von Heads »Bubbles« angelockt, fuhren bald in andere, mondänere Bäder, Bad Ems bekam Eisenbahnanschluss und Schlangenbad blieben als Alleinstellungsmerkmal die Schlangen, nach denen es benannt wurde. Aufgrund besonderer klimatischer Verhältnisse lebt im Tal bis heute die Äskulap-Natter, sonst in mediterranen Gefilden zu Hause.

Acht Thermalquellen sprudeln in Schlangenbad. Eine davon lege ich wärmstens ans Herz. Das Wasser aus dem von der Pferdebachquelle gespeisten Schlangenbrunnen erinnert an prickelnde Kräuterlimonade. Lecker!

»Mist!«, schloss ich Klappfach drei und krabbelte auf dem Bett hinüber zu Nummer vier. Ich hatte schon kopfüber in der Materialkiste unter dem Bett gekramt, das Dachfach über den Vordersitzen aus- und eingeräumt und die Küche durchwühlt. Nirgends, nicht mal zwischen den Unterhosen, lag das Ladekabel fürs Handy. Andere schon: für die Kamera, fürs Laptop, für den mobilen WLAN-Router, für die Powerbank … Des Weiteren vermisste ich eine Socke, einen Teller und ein halbes Bein. Das meiner Trekkinghose aus Polyamid. Wie in einem derart überschaubaren Zuhause Dinge spurlos verschwinden konnten, war mir ein Rätsel. Wenigstens lernte ich bei meiner Hausdurchsuchung Neues über das Wohnmobil. Im Fußboden vor der Sitzbank verbarg sich ein Geheimfach. Und da dort meine ZeugdasnichtinderGegendrumfliegensoll-Gitterklappkiste stand, war es noch verborgener vor Diebesblicken. Verborgen blieb weiterhin das Kabel, das sich auch nicht in der ZeugdasnichtinderGegendrumfliegensoll-Gitterklappkiste befand. Über zwölf Prozent Akkuleistung verfügte mein Telefon noch. Im Super-Energiesparmodus, der nur zu telefonieren erlaubte, reichte das für vier Stunden Betriebsbereitschaft. Dass mich Googeline nach Nürnberg lotste, war damit ausgeschlossen. Frau Navi durfte wieder ran. Freudig wies sie mir den Weg nach Wiesbaden.

*Wiesbaden ist die Hauptstadt des Herzogtums Nassau und hat 9000 Einwohner. Es ist die Residenz des Herzogs und der Sitz seiner Regierung. Diesen Umständen verdankt es jedoch seinen gegenwärtigen Wohlstand nicht, sondern der Berühmtheit seiner Bäder und Mineralwässer.*[85]

Manchmal verblüfft es, wie treffend Murrays Städtebeschreibungen bis heute sind. Etwas Abstraktionsvermögen vorausgesetzt. Wiesbaden ist inzwischen Hauptstadt des Bundeslandes Hessen, hat nun gut 278 000 Einwohner, die Hessische Staatskanzlei ist Residenz des Ministerpräsidenten und seiner Regierung. Diesen Umständen verdankt es seinen gegenwärtigen Wohlstand als eine der kaufkraftstärksten Großstädte Deutschlands durchaus und weniger der Berühmtheit seiner Bäder und Mineralwässer. Regierung, Bundeskriminalamt, Statistisches Bundesamt und unzählige Landesbehörden bieten überdurchschnittliche und sichere Einkommen. Zudem haben Versicherer und Finanzinstitute hier ihren Sitz.

Um 1900 war Wiesbaden die Stadt der Reichen und Dienstboten, heute ist es die Stadt der Regierenden und Dienstleister.

Während ich versuchte, auf den vielspurigen Alleen der Innenstadt Frau Navis Ansagen korrekt zu interpretieren, fielen mir die vielen

Wohnhäusern auf, die mit Säulen und Erkern geschmückt den Pomp des 19. Jahrhunderts verströmten. Der steinerne Wohlstand Wiesbadens, um 1900 lebten nirgendwo im Kaiserreich mehr Millionäre als hier, entstammt einem Zeitraum von etwa 60 Jahren, rückwärts gerechnet ab Beginn des Ersten Weltkriegs. Im Zweiten wurde im Vergleich zu anderen Großstädten wenig davon zerstört. Ein bisschen wirkte Wiesbaden wie die gute Stube meiner Großeltern.

*Die Hochstraße zwischen Wiesbaden und Frankfurt ist vergleichsweise uninteressant; zwar beeindrucken durchgehende Alleen von Obstbäumen mit ihrer Fruchtbarkeit, ansonsten gibt es nichts Auffälliges, abgesehen vom Taunusgebirge, das die Landschaft auf der linken Seite begrenzt.*[86]

Die Bezeichnungen Autobahndreieck und Autobahnkreuz weisen einerseits auf das Zusammentreffen mehrerer Verkehrswege hin und versprechen andererseits eine gewisse Ordnung.

So gesehen hätte ich gewarnt sein sollen, als mir Frau Navi südlich von Frankfurt am Main den Schwanheimer Knoten ankündigte. Kopfhörerkabel, eine Woche in der Hosentasche getragen, ergeben ein Modell dieser Kreuzung von B40, B43, der Schwanheimer Straße, einer Eisenbahnüberführung und Abfahrten in den Industriepark Hoechst. Etwa ein Dutzend Brückenbauwerke und doppelt so viele Fahrbahnen gehören zu diesem Meisterstück deutschen Straßenbaus. Müßig zu sagen, dass Frau Navi keine Hilfe war, zumal neue Spurführungen infolge von Bauarbeiten den ursprünglichen Streckenverlauf außer Kraft setzten. Ich ärgerte mich nicht. Es machte Spaß, die Kurven mal links-, mal rechtsherum zu sausen, auf und wieder ab.

Der Spaß endete mit einem Rums.

Mein Kopf schnellte rechtsherum, was, erfolgt dies beim Rechtsherumlenken, die Gefahr birgt, das Steuer zu weit einzuschlagen. Ich riss es nach links, überfuhr eine durchgezogene Linie und zwei Fahrstreifen. Es scheppert.

Ein erneuter Blick nach hinten. In der Küche war die Topfschublade ausgefahren. Normalerweise gesichert durch einen Schnappverschluss, hatte der entweder nicht richtig zugeschnappt oder die Fliehkraft war stärker gewesen.

Meine beabsichtigte Reiserichtung ignorierend – ich hatte ohnehin die Orientierung verloren –, nahm ich die kommende Linkskurve mit Schwung. Die Schublade rumste zurück in ihre Ausgangslage. Und blieb dort ohne einen Ton stecken.

»Ha!«, triumphierte ich. Als wäre er für solche Momente gebaut worden, unterquerte ich in diesem Moment einen grün getünchten Betonbogen, die Form fließend, die Ecken abgerundet, außer um Triumphe zu feiern funktionslos.

Bei der nächsten Rechtskurve zeigte sich, ich hatte zu früh jubiliert. Die Topfschublade war nicht eingeschnappt, sondern hatte Freude am Rumsen gefunden. Sie fuhr wieder aus. In Rechtskurven. Und ein. In Linkskurven. Anzuhalten und ihr Einhalt zu gebieten war unmöglich.

Die Wegweiser am Straßenrand halfen kein Stück bei der Orientierung. »Tor K 801«. Oder: »H 590 – Tor Süd-West«. Welches von beiden führte wohl nach Nürnberg? Ebenso wenig weiter half »FAC Tor 2-20, Car Rental Return, The Squaire frei«.

Scheppernd und rumsend irrlichterte ich durchs Knotengewirr. Und schaute mir den Flughafen Frankfurt von hinten an.

Irgendwann erwischte ich die A3 Richtung Nürnberg und hoffte, gegenüber der Murray'schen Landstraßenstrecke zwei Stunden Zeit zu gewinnen.

Die Bundesautobahn 3 ist Deutschlands zweitlängste Autobahn. Das Teilstück bei Frankfurt gehört zu den meistbefahrenen Streckenabschnitten der Republik. Was an diesem Nachmittag nicht zutraf. Niemand fuhr. Alle standen. Ich mittendrin. Das erlaubte mir das verkehrssichere Verschließen meiner Topfschublade.

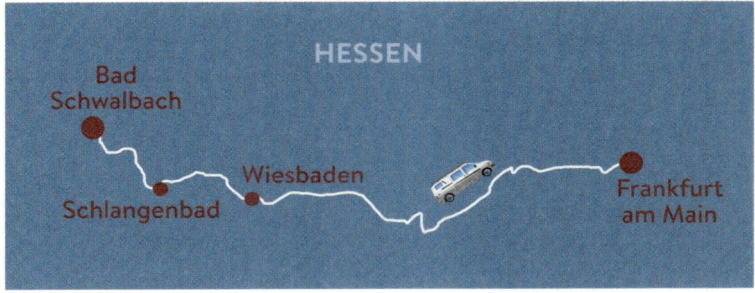

Distanz: 125 km

# FRANKFURT AM MAIN – NÜRNBERG

## KÖNIG, BAYERN, EISENBAHNEN

Ab Frankfurt wechselte ich. Vom Handbuch »Northern Germany« zum Handbuch »Southern Germany«.

Murray zufolge würde sich mein Entschluss, mit der eigenen Bettdecke und im Wohnmobil zu reisen, hier als besonders kluge Entscheidung erweisen, denn *der Reisende in Süddeutschland darf keineswegs damit rechnen, auf solch prächtige gut ausgestattete Hotels zu treffen, an die er sich am Rhein, in Frankfurt oder Baden gewöhnt hat. Außer in den Hauptstädten sind die Gasthäuser im Allgemeinen auf niedrigen Gewölben gebaut, der Eingang dient Mensch und Tier und oft durchdringt sie stickiger Stallgeruch. Die extreme Geringschätzung von Sauberkeit und Reinlichkeit, die dem Engländer zutiefst widerwärtig ist, verdient höchsten Tadel. Die Deutschen selbst scheinen sich dessen nicht bewusst zu sein. Es ist zu hoffen, dass ihr verstärkter Umgang mit Engländern eine Vorliebe für Sauberkeit und größere Wertschätzung dieser hervorbringt*[87].

In Stockstadt, etwa 40 Kilometer östlich von Frankfurt, musste man den Pass vorzeigen. Zu Murrays Zeiten. *Die Unterschrift des bayerischen Ministers ist jetzt unverzichtbar für Einreisende nach Bayern.*[88] Das gilt heute natürlich nicht mehr, kann jedoch – wenn man manchen politischen Kreisen Glauben schenkt – schneller wiederkommen, als man es sich vorstellen mag.

Aktuell verabschiedet nur ein Schild aus Hessen und ein anderes heißt in Bayern willkommen.

Wie bei allen Ländern stellt Murray dem Kapitel *Bavaria* einführende Hinweise voran. Zum Passwesen, zur geltenden Währung und ihrer Einteilung, wieviel Lohn und Trinkgeld Kutscher bekommen und zum Zustand der Straßen.

*Die Straßen in ganz Bayern sind im Allgemeinen schlecht; so wahrlich lobenswert die Förderung der schönen Künste durch den gegenwärtigen*

*König ist, würde er seinem Lande doch*
*deutlich nachhaltigeren Nutzen bringen, wenn er*
*einen Teil seiner Ausgaben für die Verbesserung der Straßenbaukunst in*
*seinen Herrschaftsgebieten verwendete.*[89]

Es ist König Ludwig I. von Bayern, den Murray hier tadelt. Dabei
verdankt Bayern dem Monarchen einiges: Seit Ludwigs Hochzeit mit
Therese von Sachsen-Hildburghausen 1810 wird auf der Münchner
Theresienwiese das Oktoberfest gefeiert. Er initiierte die prachtvollen
Bauten an der Münchner Ludwigstraße, ließ Feldherrnhalle, Sieges-
tor, Universität, Glyptothek, Alte Pinakothek und einige prägende
Bauwerke mehr errichten, die entweder seine Vorliebe für die Architektur des antiken Griechenlands oder die italienische Renaissance widerspiegeln. Außerdem veranlasste er 1825, das bis dato meist *Baiern*
geschriebene Königreich ab sofort ausschließlich anders zu schreiben.
Mit dem griechischen Ypsilon.

Ich streifte das bayerische Aschaffenburg, bei dem ich in jungen Jahren gerne nach dem ersten A kichernd ein R hinzudachte, querte bei
Wertheim einen Zipfel Baden-Württemberg und kam südlich vorbei
an Würzburg. *Die engen Gassen, überhängenden Häuser und spitzen*
*Giebel zeigen das Alter der Stadt; aber die privaten Gebäude sind denen*
*von Nürnberg an Pracht unterlegen.*[90] Da ich mich ungern mit Zweit-
klassigem abgebe, hielt ich nicht an und weiter auf Nürnberg zu.

Murrays Route dorthin verlief in einem Bogen nördlich um Würzburg herum, er veranschlagte für diese 250 Kilometer 24 Stunden im Eilwagen. Im Auto hätte ich über B27, 26 und 8 Googeline zufolge fünf Stunden gebraucht. Ohne Pause. Für 230 Kilometer A3 rechnete sie zweieinhalb Stunden aus. Ich brauchte mit zwei Staus eine Stunde mehr und musste die Campingplatzaufseherin telefonisch nötigen, länger Dienst zu tun. Zwar können Spätankommer ihre Anmeldung am folgenden Morgen nachholen. Doch wäre ich schon weg gewesen. Ich. Liesel würde in Nürnberg bleiben.

Wo mein Ladekabel geblieben war, fand ich beim Suchen der Sonnencreme heraus. Es steckte in einem der Fächer hinter dem verschiebbaren Badspiegel. Ich erinnerte mich dunkel, mein Telefon zuletzt im Bad aufgeladen zu haben, weil ich an den drei anderen Steckdosen des Wohnmobils andere Geräte geladen hatte. Ich verband mein Handy mit der Steckdose überm Herd. Die Ladekapazitätsanzeige begann zu steigen … Hach, seufzte ich, es trinkt …

»Bist du da wieder ganz allein?«, fragte die Hasenfrau. Keuchend. Das Videobild wackelte. Seit Neuestem rannte sie zweimal die Woche durch Friedrichshain.

»Nein, nicht ganz.« Ich schwenkte das Handy und zeigte ihr den rostfleckigen Bulli eines jungen Pärchens aus Cottbus. Unter den hohen Bäumen des Campingparks verloren sich die wenigen Wohnmobile und Caravans. Ich war der Einzige, der unmittelbare Nachbarn bekommen hatte.

Sie lachte, weil sie wusste, wie ich das fand. »Vielleicht sind sie nett.«

»Hm …«

»Du bist ein Kriegsgram.« Gelegentlich zielte sie am deutschen Ausdruck vorbei. Und traf umso genauer.

»Wann kommst du morgen an?« Ihr Videobild zeigte ein Stück Berlin in sich wiederholenden Halbkreisen.

»Was machst du da?«

»Jumpin' Jacks«, keuchte sie.

Ich stellte sie mir beim Hampelmann-Machen vor…

»Halloo …? Wann du ankommst?«

»Kurz nach zwölf. Um zwei bekomme meinen Pieks. Und dann mal abwarten, was passiert.«

Zu Murrays Zeiten wäre nicht möglich gewesen, was ich am nächsten Morgen tat. Wobei »zu Murrays Zeiten« ein unscharfer Zeitbegriff ist, umfasst er – Murrays Reiseaktivitäten zugrunde gelegt – eine Spanne zwischen 1829 und Ende der 1880er-Jahre. In dieser Zeit wurde erfunden, was für die meisten unverzichtbar zum modernen Leben und auch zum Reisen gehört: der Fotoapparat, das Telefon, das Auto und das Fahrrad. Damals am nachdrücklichsten verändert und vorangetrieben wurde das Reisen durch eine britische Erfindung, die eng mit Nürnberg verbunden ist. Und König Ludwig I.

Bis 1835 brauchten die Deutschen für eine Strecke wie von Spandau nach Köpenick, von Dortmund nach Essen oder von Hamburg nach Elmshorn zu Fuß – Pausen eingerechnet – einen Tag, per Kutsche mehr

als einen halben. Von Hamburg nach Italien zu reisen dauerte Wochen, zumal die Kutschen bei der Überquerung schmaler Bergpässe zerlegt und in Einzelteilen hinübergetragen werden mussten. Die Passagiere gingen zu Fuß oder ritten. Und nicht zu vergessen, es kostete ein Vermögen.

Dann wurde die Zeitmaschine erfunden. Sie hat mehrere Väter. Von Müttern weiß man nichts. Fest steht, Erfinder aus Großbritannien haben den größten Anteil daran. Sie erfanden die Dampfmaschine und stellten sie auf Räder. Ab 1825 entstand auf der Britischen Insel ein System aus Schienen, Lokomotiven, Wagen, Bahnhöfen – das Eisenbahnnetz. Fränkische Kaufleute wollten eine Eisenbahnstrecke für den meistbefahrenen Handelsweg in Bayern bauen, den Abschnitt zwischen Nürnberg und Fürth. Die 1833 gegründete Aktiengesellschaft sammelte dafür das nötige Geld ein, Namenspate für die Eisenbahn sollte König Ludwig I. werden, nicht zuletzt, weil das Projekt staatliche Rückendeckung brauchte. Und Genehmigung. Ludwig fand die Eisenbahn erst ein bisschen doof, favorisierte er doch den Ausbau der Wasserwege durch Kanalbau. Schließlich erteilte er seine Zustimmung und mithilfe britischer Unterstützung durch Techniker und Technik entstand Deutschlands erste Eisenbahnstrecke. Die Eröffnung zum Namenstag des Königs im August 1835 klappte wegen technischer Schwierigkeiten nicht. Am 7. Dezember war es dann so weit. Gezogen von einer vom britischen Lokomotiven-Pionier Robert Stephenson gelieferten Lok, schön deutsch »Adler« getauft, bewältigte der aus neun Wagen bestehende Zug dank Dampfkraft die sechs Kilometer lange Strecke zwischen Nürnberg und Fürth ohne Zwischenfall. Ludwig I. schaute sich das Wunderwerk erst im August des Folgejahres an und war beeindruckt, dass – mit drei Wagen und unter Volldampf – die Strecke in unter sechs Minuten zurückgelegt werden konnte.

Die 430 Kilometer von Nürnberg nach Berlin in unter drei Stunden zurückzulegen, davon träumten die Zugreisenden um 1840 nicht mal. Mit beeindruckenden Zahlen[91] kann die frühe Eisenbahngeschichte dennoch aufwarten: Von 1840 bis 1910 wuchs das deutsche Eisenbahnnetz von 500 auf 63 000 Kilometer. Preußen erkannte in dem neuen Transportmittel die Möglichkeit, seine weit verstreut liegenden Provinzen zu verbinden. Deutschlands Zersplitterung wurde überraschend zum Fortschrittstreiber. 1850 beförderten die deutschen Eisenbahnen 200 000 Menschen, 1880 2,5 Millionen und im Jahr 1913 beeindruckende 1,3 Milliarden.

Raum und Zeit schrumpften. Statt einer Woche brauchte man von Berlin nach Köln nur noch 14 Stunden.

Die Zahl derer, die mithilfe der dampfenden Zeitmaschine auf eine Vergnügungstour gingen, Touristen also, wuchs mit zunehmender Verästelung des Streckennetzes. Immer öfter entschied ein Bahnhof darüber, ob ein Kur- oder Ferienort auf- oder wie Schlangenbad abstieg. Andere, bis dahin touristisch unerschlossene Gebiete machten erst durch Schienenanschluss Karriere als Feriengebiet. Durch Einsatz von Schlaf- und Speisewagen wurde die Eisenbahnnutzung noch komfortabler. Panoramawagen mit extragroßen Scheiben ermöglichten Sightseeing von der Schiene aus. Im Orient-Express und ähnlichen Zügen machte man Urlaub in der Eisenbahn. Und gut 100 Jahre nach der Fahrt der ersten deutschen Eisenbahn begann der Bau von Wagen, in denen sich speisen und schlafen ließ und die auf der Straße fuhren.

Distanz: 251 km

# NÜRNBERG –
# REGENSBURG

## BREMSEN, BRUNNEN, KANONENKUGELN

»Lieselchen, da bin ich wieder!«, schob ich die Seitentür
auf. Ein Schwall heißer Luft traf mich. Der Kühlschrank
lief auf Hochtouren. Die Bäume des Campingparks
hatten weniger Schatten gespendet als erhofft.

Ich öffnete alle Fenster und verschloss sie sogleich mit den Gaze-
gittern, die aus dem unteren Teil des Rahmens gezogen werden konnten. Allerlei Getier sirrte umher. Die Mücken kamen von nebenan. Am
Campingpark schlängelte sich der Langwasser-Bach vorbei. Überhaupt
zeichnete die Umgegend viel Wasser aus. Vom benachbarten Freibad
»Stadion« schallte Jauchzen herüber, Großer und Kleiner Dutzendteich
lagen wenige Spazierschritte entfernt. Gleich daneben glitzerte der Silbersee. Eine mit Grundwasser vollgelaufene Baugrube für das größte
Stadion der Welt, ein NS-Bauprojekt, das über Spatenstich, Grube und
Grundmauern nie hinauskam.

Ich leierte die Markise aus ihrer Dachkassette und stellte meine
Außenmöbel unters Sonnendach. Eigentlich war zusätzlicher Schatten
nicht mehr nötig, die Sonne stand schon tief, doch markierte das Dach
meinen Grund und Boden. Andere taten das durch einen Rasentep-
pich vor ihrem Mobilheim, der zudem verhinderte, beim Wechsel vom
Außen- in den Innenbereich Schmutz hineinzutragen. Ich versuchte,
durch Ausziehen der Schuhe vorm Reingehen, den Dreck drinnen zu
reduzieren.

Barfuß blieb ich auf der ausfahrbaren Stufe stehen, ließ den Blick
schweifen über die Einbauschränke, das hängende Hubbett, die schmale Tür zum Badlein, die drehbaren Sessel, mein Terrässchen. Einmal
umgedreht, alles überblickt. Nach einer Nacht in meinem Berliner Zuhause wurde der Unterschied umso deutlicher. Kein Laufen über den
Flur in dieses oder jenes Zimmer, kein Treppensteigen oder Aufzug-

fahren, kein Zuviel von zu Vielem. Ein Schritt, ich war in der Küche. Griff hierhin und dorthin. Setzte einen Topf mit Wasser auf, schälte Kartoffeln, schnippelte Tomaten und Zwiebeln, ließ Butter in der Pfanne zergehen, briet die bissfest gekochten Kartoffelscheiben kross, gab Speck- und Zwiebelwürfel dazu, mengte zwei Eier unter für die Bindung, die Tomaten für die Frische und Pfeffer für die Würze. Zum Schluss ließ ich zwei zerrupfte Käsescheiben über allem zergehen – fertig war eine kulinarische Kreation aus meinen Studentenzeiten: die Holzfällerpfanne.

»Guten Appetit«, wünschte das Spätzli.

»Hanke-hö«, antwortete ich, den Mund voller zu heißer Bratkartoffeln. Spätzlis wirklichen Namen hatte ich bisher nicht mitbekommen. Ihr Begleiter hieß Günter. Bei der zweiten Silbe blieb ihre Stimme immer oben, so dass jedem Rufen ein kleiner Vorwurf innewohnte. »Gün-ta!«

Auch das hatte ich nicht zu Hause. Ständig neue Nachbarn. In meiner ersten Nacht in Nürnberg war das Pärchen aus Cottbus nicht zu mir, sondern zueinander nett gewesen und ich lernte, alte VW-Busse haben Mängel bei der Schalldämmung.

Heute also Günter und »Spätzli«. Anfang 60. Er in armeegrünen Cargohosen und Holzfällerhemd, sie in weißen Caprihosen und einem Leoprint-Oberteil, das weit über die Hüften reichte. Sie schliefen unterm Aufstelldach eines schwarzen Land Rover Defender. Dessen vordere Türen zierte eine Weltkugel mit Panamerica-Schriftzug, blitzblanke Riffelbleche schützten die Seitenschweller, ein Auspuffschnorchel gestattete, Flussfurten zu durchfahren. An allen Seiten des Wagens war Outdoorausstattung angehängt: Müllsack, Wassersack, faltbares Spülbecken, Kochbar, Sonnendach und Esstisch.

»Und«, ich wies auf die Vordertüren, »schon die Panamerica gefahren?« Für viele die ultimative Traumstraße zwischen Feuerland im Süden Argentiniens und Nordamerika.

Das Spätzli lachte. »Noi, mir bleibet in Württemberg und Bayern.« Sie sah zu Günter. »Des isch genug Abenteuer, gell?«

Er reagierte nicht.

»Gün-ta …!?«

Eine Stunde später knipste ich in meinem kleinen, kompakten Heim das Licht aus. Diagonal im Bett ausgestreckt, kuschelte ich mich in meine Decke, die, 60 Zentimeter neben dem Herd liegend, gut parfümiert worden war vom rustikalen Zwiebel-Speck-Aroma meiner Holzfällerpfanne.

Nach einer sehr ruhigen Nacht leerte ich am nächsten Morgen routiniert Fäkalien- und Grauwassertank, füllte frisches Wasser auf. Verließ den Campingpark. Nach wenigen Hundert Metern parkte ich Liesel zwischen den Trucks pausierender Trucker, Vagabunden wie ich, und stieg in den Sattel.

Vom Campingpark – der zu einer Kette solcher Einrichtungen gehörte, die der Wohnmobilausstatter Knaus in ganz Deutschland betreibt – sind es Luftlinie vier Kilometer in die Nürnberger Altstadt oder was davon übrig ist. Was von jenen übrig ist, die die verheerenden Bombenangriffe auf Nürnberg provozierten, steht in unmittelbarer Nachbarschaft des Campingparks, ja, er liegt eigentlich mittendrin zwischen der *Großen Straße*, einer anderthalb Kilometer langen Aufmarschstraße aus Granitplatten, und dem ehemaligen *Stadion der Hitlerjugend*. Inzwischen ausgebaut zum Max-Morlock-Stadion und Heimat des 1. FC Nürnberg. Hitler hielt in dem Stadion die Rede, in der er die Jugend aufforderte, »flink wie Windhunde, zäh wie Leder und hart wie Kruppstahl« zu sein[92].

Ich radelte in Bernhardinertempo zum Zeppelinfeld.

Wo vor 85 Jahren SS, Wehrmacht und Hitlerjungen an der Haupttribüne vorbei paradierten, wackelten Motorradnovizen durch einen Parcours. Ein Fahrschullehrer gab Anweisungen per Funk. Auf der Tribüne marschierten zwei junge Engländer die steinernen Stufen im Stechschritt hinab, das Stufenmaß wurde extra dafür ausgelegt. Man kann auch bequem darauf liegen, wie die Frau, die sich links von Hitlers Redekanzel barbusig sonnte.

Ich radelte eine Runde durch das Innere der Großen Kongresshalle. Dach und Inneneinrichtung wurden nie fertiggestellt. In den Nischen des Außenrings standen Kutschen und bunt bemalte Budenwände, Deko für den Nürnberger Christkindlesmarkt. Eine Seniorengruppe lauschte den Erläuterungen eines … ähm … Führers zur Historie dieses gigantischen Hufeisens aus rotem Ziegelstein, dessen mühsam gemauerten Wänden außen Granitplatten zu einschüchternder Wucht verhalfen.

Ich radelte zum Tor hinaus, sauste am Silbersee entlang. Die Warn-schilder mit den Totenköpfen am Ufer nahm ich nur schemenhaft wahr. Da kreuzte ein Schwan meinen Weg, ich zog die Bremshebel an die Lenkergriffe, das Eselchen galoppierte fast unbeeindruckt weiter. Ich riss den Lenker herum, verlor die Balance, sprang aus dem Sat-tel, das Eselchen schlitterte ein Stück über die Uferwiese. Ich saß. Er-schrocken. Nicht über den Sturz, der lief kontrollierter ab, als es sich anhört. Aber! Nach dem Krieg nutzte die Stadt die ehemalige Baugru-be als Giftmülldeponie. Bis heute ist der Silbersee stark mit Schwefel-wasserstoff und anderen Chemikalien verseucht. Wer in den See fällt oder darin schwimmt, wirbelt Gift aus den tieferen Wasserschichten auf. Von den aufsteigenden Dämpfen ohnmächtig geworden und er-trunken sind mehrere Dutzend Menschen, weshalb die Stadt nach dem Baden auch das Kahnfahren verbot. Im März des Jahres 2021.

Aufstieg und Fall gehören zu Nürnberg wie Christkindlesmarkt und NS-Erbe. Schon Murray arbeitete sich daran ab: *Die einst größte und wohlhabendste aller freien Reichsstädte, Residenz der Kaiser, Sitz der*

Nürnberg: Wahnsinn in Stein

*Landtage, Mittelpunkt des Handels zwischen Asien und Europa, wich-*
*tigste Manufakturstadt Deutschlands, Heimat der deutschen Freiheit und*
*Kunst, die Wiege der schönen Künste, der Poesie (in seinen ungehobelten*
*Anfängen freilich) und von unzähligen nützlichen Erfindungen, die ab-*
*wechselnd umworbener Verbündeter und gefürchteter Rivale souveräner*
*Fürsten war, verkam ab der zweiten Hälfte des 17. bis Anfang des 19.*
*Jahrhunderts zu einer langweiligen Provinzstadt.*[93]

Rums! Das saß. Wie ich auf der Wiese. Ich sammelte mich, schnapp-
te mein störrisches Eselchen und stieg wieder auf. Wie Nürnberg. *Es*
*hat jedoch in den letzten Jahren eine beträchtliche Wiederbelebung des*
*Wohlstands erlebt und bleibt trotz aller Veränderungen ... als Stadt fast*
*unverändert und bewahrt, wahrscheinlich mehr als jede andere in Euro-*
*pa, die Aura längst vergangener Zeiten.*[114]

Ein Satz, der geradezu prophetisch die Zeit nach 1945 beschreibt.

Es gehört zum Nürnberger Schatz wahrer Legenden, dass in einem
Bauwettbewerb nach dem Zweiten Weltkrieg überlegt wurde, ob man
die kümmerlichen Häuserreste nicht einfach planieren und die Stadt an
anderer Stelle neu bauen sollte.

Es kam anders. Der Wiederaufbau hatte das Ziel, die historische
Stadtstruktur und die Dachlandschaft der Vorkriegszeit wiederher-
zustellen, die Nürnberg seine charakteristische Silhouette verliehen.
Hieß konkret: die historischen Plätze, Sichtachsen und Gässchen er-
halten sowie Kirchtürme und mittelalterliche Wehranlagen, insbeson-
dere die Kaiserburg, wieder errichten. Dazu wurden einige markante
Profanbauten in altem Gewand und der Rest vereinfacht aufgebaut.
Das Kulissen-Nürnberg überzeugt. Oder um es mit Murray zu sagen:
*Der Fremde, der innerhalb seiner Mauern angekommen ist, könnte sich*
*in ein fernes Jahrhundert zurückversetzt fühlen, wenn er sich durch die*
*unregelmäßigen Straßen schlängelt und die malerischen, giebelförmigen*
*Häuser betrachtet. Seine Kirchen und anderen öffentlichen Gebäude,*
*Male der Frömmigkeit und Nächstenliebe seiner Bürger, sind einzigartig*
*vollkommen.*[114]

Auch der unmittelbar folgende Satz über Nürnberg trifft zu: *Den*
*Kriegsstürmen, den Belagerungen, insbesondere der Erneuerungsbewe-*
*gung, welcher sich die Einwohner früh anschlossen, entkam es unver-*
*sehrt.*[114] Na ja, fast ...

In der Langen Gasse, im Norden der Altstadt, fand ich eine ausreichend lange Parklücke. Ob es das Kopfsteinpflaster von Bad Gandersheim war oder nutzungsbedingter Verschleiß oder beides, das meinen Fahrradbremsen das meiste ihrer Wirkung genommen hatte, vermochte ich nicht zu sagen. Mithilfe von Liesels Bordwerkzeug gelang es mir, wenigstens den vorderen Bremsbacken die alte Bissfestigkeit zurückzugeben, indem ich ihren Abstand zur Felge verringerte.

Im Alter von vier Jahren hatte ich, von Stützrädern unterstützt, meine ersten Runden auf einem Fahrrad gedreht und in den folgenden 40 Jahren keinen Helm getragen. Zum 44. bekam ich einen zum Geburtstag. Von ihr.

Heute setzte ich ihn erstmals auf. Eine weise Entscheidung. Zwischen meinem Startpunkt und dem Zielort lagen 28 Meter Höhenunterschied, die ich – gefühlt zumindest – komplett in der Tetzelgasse bewältigen musste. In rasender Fahrt ratterte ich das Pflaster Richtung Altstadtmitte hinunter. Stärkere Bremsversuche bewiesen einerseits den Erfolg meiner Reparaturarbeiten am Vorderrad und unterstrichen andererseits die Notwendigkeit, einen Helm zu tragen. Denn ich drohte bei starkem Bremsen vornüberzukippen.

Durch kurzes, rhythmisches Anziehen der Bremshebel – den für hinten benutzte ich aus Gewohnheit – hielt ich das Tempo halbwegs unter Kontrolle, wenngleich das meinem Fortkommen eine Ruckartigkeit verlieh, wie sie Tauben zeigen, die zu Fuß gehen.

*Auf dem Marktplatz (Haupt Markt) steht die katholische Kirche oder Frauenkirche, sehenswert wegen ihrer überbordenden Steinmetzarbeiten. […] Besondere Aufmerksamkeit verdient auch The Beautiful Fountain (Schöner Brunnen) auf demselben Platz. Dieser elegante gotische Obelisk … ähnelt in seiner Form den Kreuzen, die zum Gedenken an Königin Eleanor in England errichtet wurden; er wurde zur gleichen Zeit und von den gleichen Architekten wie die benachbarte Frauenkirche ausgeführt.*[94]

Das stimmt nicht ganz. Zum einen, weil nicht sicher ist, wer für die Gestaltung des 1396 fertiggestellten Brunnes verantwortlich zeichnet, zum anderen, weil Heinrich Beheim, von dem Murray glaubt, dass er's war, zwar eine Vorhalle der Frauenkirche entwarf, nicht jedoch das ganze Gebäude. Was Murray bei seinem Nürnberg-Besuch besichtigte, war entweder der bereits restaurierte Originalbrunnen oder die erste

Kopie von 1835. Was heute da steht, stammt aus dem Jahre 1901. Damit ist der Schöne Brunnen – während des Krieges betonummantelt – so ziemlich das einzige Bauwerk am Hauptmarkt, das vollkommen unzerstört die Bombardements im Januar '45 überlebte.

»Excuse me, would you take a picture of me?«

Auf dem Hauptmarkt wimmelte es vor Menschen. Die einen bummelten, die anderen kauften an Marktständen ein. Um ein Foto von sich machen zu lassen, wählte die Frau mit dem osteuropäischen Akzent den langen Mann mit dem Fahrradhelm auf dem Kopf. Vielleicht hatte sie gesehen, dass ich mein Fahrrad vor dem Brunnen knipste und

Nürnberg: Möglichst nicht von Fremden fotografieren lassen.

schloss daraus auf besondere Fotografierfähigkeiten. Oder sie hatte erkannt, dass wir beiden die Einzigen waren, die nicht zu zweit oder in Gruppen umherschlenderten.

Sie erklärte mir, was ich auf ihrem strasssteinbesetzten Handy drücken sollte, und stellte sich in Positur, dabei ein Bein vors andere setzend. Das macht schlanker.

»With church and fountain please!«, rief sie und ich ging deswegen einige Schritte zurück. Nach meinen ersten Klicks stürzte sie auf mich zu und kontrollierte meine Fotos. »Not good. You can't see my face.«

Entweder waren Brunnen- und Frauenkirchenturmspitze ganz drauf oder ihr Gesicht war groß genug abgelichtet. Wir einigten uns darauf, dass ich die 19 Meter hohe Brunnenspitze abschneiden durfte, die weiter entfernte Kirche aber ganz drauf sein musste. Und ihr Gesicht natürlich. Die zweite Session stellte sie zufrieden.

»Would you also take a picture of me?!«, nutzte ich die Gelegenheit.

Bereitwillig nahm sie mein Handy. *Das Problem, dass ab einer ge-wissen Nähe des Fotografierenden zum Fotografierten die Brunnen-spitze nicht mehr aufs Bild passt, versuchte sie zu lösen, indem sie das Handy schief hielt, um die Bilddiagonale zu nutzen. Trotzdem schnitt sie die Brunnenspitze ab. Und meinen linken Fuß. Was besonders scha-de war, ist er doch der schönere von beiden.*

Ich radelte bald hierhin, bald dorthin und fand heraus, dass der Satz *hinter der Frauenkirche befindet sich der Gänsemarkt, versehen mit einem entsprechenden Brunnen, nämlich einer bronzenen Bauern-figur, die unter dem Arm zwei Wasser speiende Gänse trägt*[95] nicht mehr stimmt. Der Gänsemarkt wurde vegitarisiert und trägt nun den Namen Obstmarkt. Der Gänsebrunnen zog nach dem Krieg in den Hof hinters Rathaus. Er heißt offiziell Gänse*männchen*brunnen und strahlt etwas sehr Heiteres aus.

Auf dem Rückweg kam ich an der Egidienkirche vorbei. *Ein moder-nes Gebäude im italienischen Stil, fertiggestellt 1718.*[96] Ein Satz, der lehrt, dass um 1835 gut 120 Jahre alte Kirchen als modern galten. Heute gilt St. Egidien als Nürnbergs älteste Barockkirche. Was daran liegt, dass sie aus dieser Zeit die einzige ist. Das meiste ihrer Bausubstanz stammt allerdings aus den 1950er-Jahren. Murray meinte, *sie ist nicht sehr be-merkenswert*[120]. Falsch!

An Sommertagen zur Mittagsstunde scheint die Sonne, wenn sie scheint, durch den Eingang. Wer darin stehenbleibt, wirft einen großen Schatten auf den Pilaster links vom Altarraum und kann sich selbst segnen.

Essen wäre jetzt ein Segen gewesen. Angesichts der vorangeschrit-tenen Zeit und der bevorstehenden Strecke, beschränkte sich mein Mittag auf ein selbst gemachtes Schinkenbrot. Ich nahm mir vor, am Abend in Regensburg üppig bayerisch zu speisen. Dort hatte ich per E-Mail eine Übernachtung auf einem an der Donau gelegenen Cam-pingplatz angefragt.

Aus Nürnbergs Norden schlug ich mich in den Südosten durch, um über die B4 zur ersten Wegmarke der Route, nach Feucht, zu gelangen und durchzufahren.

Die *ansehnliche Anhöhe, namens Gruner Berg, zwischen Feucht und Neumarkt*[97] konnte ich nur erahnen. Dass es sie gibt, ließ der Hinweis auf das »Gewerbegebiet Am Grünberg« hinterm Ortsausgang von Postbauer-Heng vermuten. Wie Feucht eine Marktgemeinde. Eine Besonderheit im bayerischen Kommunalrecht. Damit verbunden ist nicht etwa das Recht, Märkte abhalten zu dürfen, wie es im Mittelalter für Städte wichtig war, sondern es drückt, zum Beispiel wegen einer hohen Zahl an Dienstleistungsangeboten, eine Zentrumsfunktion gegenüber den umliegenden Orten aus. Wer zum Markt erhoben wurde, ist keine Gemeinde mehr, der untersten kommunalen Verwaltungseinheit, aber auch noch keine Stadt. Bayern hat rund 400 solcher Mitteldinger.

In Neumarkt in der Oberpfalz hielt ich für eine Radelrunde. In dieser properen bayerischen Kreisstadt (und zwar eine laut Ortsschild »Große Kreisstadt«!) ist Wohnmobilisten der Parkplatz am Residenzplatz zu empfehlen. Menschen ohne Wohnmobil können nach wie vor im von Murray erwähnten Gasthof *Goldene Gans* nächtigen und dabei gleich überprüfen, ob die Betten immer noch unbequem sind und *die Laken so feucht, dass man sie beanstanden*[122] muss. Vielleicht hatte Murray auch einfach nur zu viel von dem bis heute im Hause gebrauten Gansbräu konsumiert.

»Wos? A Kanonenkugel? Des is des erste Wort, des i davon hör. Des erste Wort!« Die alte Dame, die in einem schmucken Einfamilienhaus gegenüber von St. Willibald in Deining wohnte, strich ihr weißes Haar zurück. Dabei hatte meine Frage die Haare gar nicht durcheinandergebracht.

Ich zückte den Murray: »Da steht's!« Weil es Englisch war, übersetzte ich: »Deining … Bernadotte und die Franzosen wurden hier 1796 von den Österreichern unter Erzherzog Karl zurückgeschlagen und über die Berge nach Neumarkt getrieben.« Ich hob den Zeigefinger. »Die Kirche trägt noch heute eine Spur des Geschehens in Form einer über dem Eingang eingelassenen Kanonenkugel.«[122]

»Wos für a Bernadott?«

Sollte ich ihr am Gartenzaun bei 35 Grad im Schatten die Bedeutung Deinings für Europa auseinandersetzen? Vielleicht hätte es sie mit Stolz erfüllt, dass ihr Heimatort von den Kanonenkugeln der Weltgeschichte gestreift wurde. Und den Koalitionskriegen.

So werden eine Reihe militärischer Auseinandersetzungen zwischen Frankreich und europäischen Mächten genannt. Sie erwuchsen aus der Französischen Revolution, die ab 1789 den feudal-absolutistischen Ständestaat fortfegte. Die neu installierte Staatsform Republik missfiel naturgemäß den übrigen Monarchen Europas. Österreich und Preußen sowie einige kleinere deutsche Staaten beschlossen, dem umstürzlerischen Treiben in Frankreich militärisch Einhalt zu gebieten. Bevor es dazu kam, erklärte Frankreich der Koalition den Krieg. Damit begann 1792 der Erste Koalitionskrieg. Erst feierte die Koalition Erfolge, dann die Franzosen. Großbritannien, die Niederlande und Spanien schlossen sich der Koalition an, Preußen und auch Spanien verließen sie wieder. Ab 1796 tat sich ein französischer General namens Napoleon Bonaparte mit beeindruckenden Siegen, besonders in den Italienfeldzügen, hervor, was Österreich zu einem Friedensschluss mit Frankreich nötigte und 1797 den Ersten Koalitionskrieg beendete.

Die folgenden Auseinandersetzungen zwischen Frankreich und dem Rest Europas sind auch als Napoleonische Kriege bekannt. Wie die endeten, besang ABBA.

Und Deining?

Dafür begeben wir uns in den August des Jahres 1796. Der französische General Bernadotte, der später durch Adoption König von Schweden und Norwegen wurde, plante nach zwei Tagen Aufenthalt in Neumarkt – der Stadt mit den feuchten Laken – mit seinem 6000 Mann starken Korps südwärts nach Regensburg zu ziehen. Bei Deining stieß er auf österreichische Truppen unter Führung von General Nauendorf, einem aus thüringischem Adel stammenden Sachsen. Der wich vor der französischen Übermacht Richtung Süden nach Daßwang zurück.

Inzwischen hatte der österreichische Erzherzog Karl, von Ingolstadt kommend, die Straße Regensburg–Neumarkt erreicht. Den Erzherzog und seine Mannen in der Nähe wissend, griff General Nauendorf am 21. August die Franzosen an und trieb sie hoch bis Batzhausen, auf halber Strecke zwischen Daßwang und Deining gelegen. In der Nacht zum 22. August zog Bernadotte seine Truppe weiter zurück. Nach Deining. Dort führte eine strategisch wichtige Brücke über die Laber, die er unbedingt halten wollte. Nun aber war Erzherzog Karl mit 28 000 Mann da. »Hurra!«, brüllten die Österreicher und begannen Deining zu bombardieren.

Nach heftigem Widerstand gab Bernadotte auf und verschwand am Abend aus Deining Richtung Neumarkt mit sicherlich nicht mehr 6000 Mann.

Achtzehn Deininger Gebäude schossen die österreichischen Haubitzen in Schutt und Asche. Der Pfarrhof brannte aus und die Kirche musste eben auch etwas abbekommen haben.

»Gibt es hier noch eine andere Kirche im Ort?«, fragte ich die alte Dame.

»A andre Kirch?«

Ich überlegte, ob ich mich für die Ungeheuerlichkeit anzunehmen, es gebe in Deining neben der katholischen eine weitere Konfession, entschuldigen sollte.

»Na …« schüttelte sie den Kopf. »Hier gibt's nur die.« Was nicht stimmte, ganz am Ortsrand steht ein evangelisches Kirchlein, das wie ein Schwedenhaus aussieht und altersbedingt keinen einzigen Krieg erlebte.

»Waren's do scho drinnen?«, wies sie auf die makellose gelbweiße Kirche.

»Die Tür ist zu.«

»Na, da müssen's auf die andere Seit'.«

Ich bedankte mich und ging auf die andere Seite. Dort war offen. Wenn ich schon nicht den Feuchtigkeitsgehalt der Laken in der »Goldenen Gans« in Neumarkt geprüft hatte, wollte ich wenigstens der Sache mit der Kanonenkugel auf den Grund gehen.

Innen wirkte St. Willibald genauso makellos wie von außen. Die Farben der Deckenmalerei leuchteten, auf den Heiligenfiguren und der üppigen Orgel glänzten die Vergoldungen. Über keiner Tür steckte eine Kanonenkugel.

Im Pfarrbüro erhielt ich die Auskunft, die Kirche sei in den letzten 200 Jahren öfter erneuert worden. Wenn es die Kanonenkugel je gegeben habe, wäre sie inzwischen bestimmt »wegrenoviert«.

Zur Sicherheit und weil sie am Straßenrand stand, stoppte ich bei der Kirche von Daßwang, womöglich hatte Murray was verwechselt. St. Mariä war eingerüstet. Ob sie gerade Kanonenkugeln wegrenovierten? Nein. Und wenn, nur welche aus dem Zweiten Weltkrieg. Die Kirche stammt aus dem Jahr 1935.

»... vielen Dank für Ihre Buchungsanfrage. Leider müssen wir Ihnen mitteilen ...«, begann die Mail vom Campingplatz aus Regensburg, die ich um 17:34 Uhr im Schatten der Daßwanger Kirche las.

Ich atmete tief durch. Ein merkwürdiger Tag.

Gut geschlafen, gestürzt, Bremsen erfolgreich repariert, seltsam fotografiert worden, Gänsebrunnen gefunden. Keine Kanonenkugel. Kein Stellplatz. Die Regelmäßigkeit von Auf und Ab kam aus dem Tritt.

Natürlich konnte ich in meinem Wohnmobil überall schlafen. Theoretisch. Aber ich kannte mich. Ich würde mich unwohl dabei fühlen. Würde die halbe Nacht lauschen, ob jemand kommt. Das hat wenig mit Angst zu tun, ich bewege mich einfach lieber im Rahmen des Erlaubten. Sofern ich weiß, was erlaubt ist und was nicht. Wir erinnern uns: Zur Wiederherstellung der Fahrtüchtigkeit darf man nur in Wohnmobilen bis 2,8 Tonnen Gesamtgewicht schlafen. CUV und klassische Wohnmobile sind mit vollen Tanks und Reisegepäck meist schwerer.

Mir wurde schon öfter vorgehalten, ich sei sooo deutsch. Ich weiß nicht genau, was das sein soll. Vielleicht gehört korrekt schlafen dazu ...

»Ja, des stimmt«, beantwortete die junge Frau meine telefonische Frage, ob sie eine Übernachtungsmöglichkeit anböte. Auf zahllosen Webportalen offerieren Gartenbesitzer, Bäuerinnen oder Hotels Stellplätze auf ihrem Grund und Boden. Mal mit Stromanschluss, mal ohne. Mal mit, mal ohne schönen Blick. Ich hatte das »Bräustüberl« in Schierling, südlich von Regensburg, ausgeguckt. Das klang nach einem deftigen Abendessen. Zudem brauten sie dort seit 1578 Pils und waren damit die Ersten in Bayern.

Erlebnisvoll und hitzemüde schummelte ich das letzte Stück und rapumpelte über die A93 Richtung Bad Abbach. Die Abfolge Betonplatte-Fuge-Betonplatte versetzte mich zurück in die Zeit meiner Kindheit, deren Fahrten in den Urlaub von diesem Rhythmus bestimmt wurden.

Schierling: Brauerei-Idyll

»Ich stehe jetzt neben der Brauerei«, einer gelb verputzten hohen Halle, »mit Blick auf die Thaimassage«, einem ehemaligen Ladengeschäft, dessen Schaufenster komplett mit dem Foto eines auf dem Bauch liegenden halb nackten Paares zugeklebt war. Die Frau am Telefon wusste genau, wo ich stand. »Ja, dann fahren's einmal rechts um die Brauerei und rechts ums Hotel herum und dann halten's vor dem blauen Tor.«

Ich fuhr zweimal rechtsherum.

»Stehen's am besten so, dass Sie die Zufahrt frei halten.«

Ich parkte dicht an einer Hauswand, die die Hitze des Tages abstrahlte. Auf einem Platz, den eine Straßenkurve einfasste. Im Schatten des Brauereischornsteins und eines glänzenden Kühlturms, der alle paar Minuten zischte.

Die Abwärtstendenz des Tages wurde steiler.

»Des tut mir arg leid«, sagte die Frau am Telefon nämlich, »mir ham koan Koch.« Was bedeutete, das Bräustüberl-Hotel hatte offen, das Bräustüberl nicht. Kein bayerisches Essen.

Ich nahm eine Dusche und kehrte wohlriechend gegenüber in der Centro Bar ein. Aus dem internationalen Speisenangebot Döner, Pizza,

Hamburger, wählte ich Letzteren. Wenigstens war mein braunes Erfrischungsgetränk bayerisch. Produziert und abgefüllt im Coca-Cola-Werk Fürstenfeldbruck.

Ab 22:10 Uhr versuchte ich einzuschlafen. Bis 4:33 Uhr gelang es mir nicht. Es ist denkbar, dass ich zwischenzeitlich ein paar Minuten wegnickte, ich war nur zu müde, mich daran zu erinnern. Und selbstverständlich machte ich den Männern aus dem Osten Europas, die in der Zimmervermietung auf der anderen Straßenseite wohnten, keinen Vorwurf. Wer auf den Baustellen der Umgebung arbeitet, möchte die vom schwer verdienten Geld erworbenen Gebrauchtwagen seinen Freunden bis Mitternacht vorführen inklusive Musikanlagen.

Hätte ich, nachdem die Arbeiter schlafen gegangen waren, von den durch Schierling ziehenden, so ansteckend lachenden Nachtschwärmerinnen verlangen sollen, statt auf High Heels barfuß übers Kopfsteinpflaster zu gehen? Und sollte die Brauerei meinetwegen über Nacht die zischenden Kühlaggregate ausschalten? Ein gesetzeskonformer Stellplatz garantiert keinen ruhigen Schlaf.

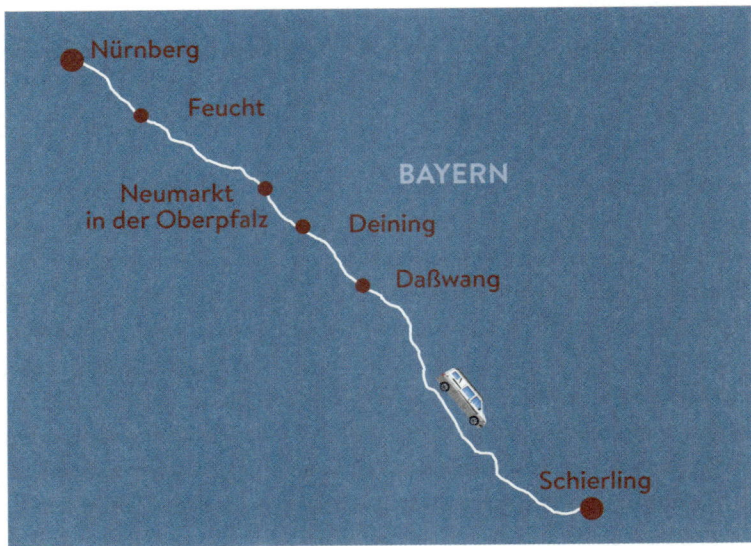

Distanz: 141 km

# REGENSBURG – AUGSBURG

## PAPIERHANDSCHUHE, INDUSTRIE-IDYLL, APFELBÄUME

**Um kurz nach fünf startete ich gen Regensburg und erlebte einen Sonnenaufgang, der die aus dem Computer generierten in Werbeanzeigen für Wohnmobile um ein Vielfaches übertraf.**

Wie bei Feucht vermeidet jeder, der auf seinen guten Ruf bedacht ist, bei Schambach Witz und Wortspiel. In Murrays Route von Nürnberg nach Regensburg folgt der Ort auf Daßwang. Dabei ist es überaus unlogisch, von Daßwang ins davon südwestlich gelegene Schambach am Schambach zu fahren, wenn man eigentlich in den Südosten nach Regensburg will.

Am einfachsten ist es, der unterhalb von Laaber an der Laber verlaufenden B8 zu folgen. Wer Autobahn lieber mag, nimmt die A3 und erreicht Regensburg über seinen 13. Stadtbezirk Kumpfmühl-Ziegetsdorf-Neuprüll.

Und was macht Schambach interessant? Der Reisende habe laut Murray von einem Hügel dort einen schönen Blick auf die Donau. Viel wichtiger, weil mein erstes Tagesziel betreffend, sind Murrays folgende Sätze: *Am linken Flussufer liegt die Vorstadt Stadt am Hof, die 1809 von Franzosen vollständig niedergebrannt wurde. Eine steinerne Brücke von 1092 Fuß Länge, erbaut 1135–46; ist die einzige über die Donau [von hier] bis zum Schwarzen Meer, sie verbindet [Stadt am Hof] mit Regensburg und obwohl sie unbequem eng und steil ist und ein ernsthaftes Hindernis für die Flussschifffahrt darstellt – die breiten Pfeiler können zu einem Sturz führen oder eine Stromschnelle verursachen – ist es ein überaus respektables Bauwerk, besonders, wenn man bedenkt, dass es vor 700 Jahren errichtet wurde.*[122]

Unterwegs: Guter Morgen

Im fünften der schon erwähnten Koalitionskriege zerstörten die Österreicher Stadt am Hof, heute Stadtamhof. Bayern stand damals durch den Rheinbund auf Seiten Napoleons. Das muss reichen, sonst wird's zu kompliziert.

Um 6:15 Uhr lotste Googeline Liesel und mich auf den Oberen Wöhrd, eine der Regensburger Donauinseln.

Üblicherweise wird eine Brücke von einem ihrer beiden Enden her betreten. Bei der Steinernen gibt es eine dritte Möglichkeit. Sie besteht in einem Steg, der vom Oberen Wöhrd im rechten Winkel auf die Brücke zuläuft und sie etwa in ihrer Mitte erreicht. Auf meinem Eselchen ritt ich über den Steg auf das inzwischen fast 1000 Jahre alte Bauwerk.

Im Radeln wollte ich ein Foto vom prächtigen Regensburger Stadtpanorama knipsen, das sich in der wellenfreien Donau spiegelte. Ich nahm die rechte Hand vom Lenker, zum einen, weil ich Rechtshänder bin, zum anderen, weil nur der linke Bremshebel wirkte. Da merkte ich es zum ersten Mal.

Wie widerlich!

Ich ließ links los. Auch dieser Griff klebte. So sehr, dass ich beim Handlösen den Lenker verzog. Freihändig radelte ich weiter. Schoss

Fotos von der Stadt und filmte meinen eigenen Schatten auf der Brückenbrüstung.

Die machte nicht den Eindruck über 900 Jahre alt zu sein.

Wie die ganze Brücke eigentlich. Hunderte Frühjahrshochwasser, vor allem aber einige Pfeiler sprengende Wehrmachtssoldaten, Gerumpel von Straßenbahnen und den sie später ersetzenden noch schweren Bussen, eindringendes Streusalz und die US-Army, die in vier der 14 sichtbaren Brückenbögen Sprengkammern einbaute und damit die Substanz erheblich schwächte, setzten der mittelalterlichen Donauquerung zu. Bei der großen Sanierung zwischen 2010 und 2018 wurde eine Menge der gut 300 Meter Brücke erneuert, seitdem dürfen sie nur noch Fußgänger und Fahrradfahrer benutzen.

Da es auf der Altstadtseite erstens durch den historischen Brückenturm und zweitens bergab über Kopfsteinpflaster ging, war ich gezwungen, wieder meine Klebegriffe anzufassen. Hatte dem Gummi die gestrige Hitze zugesetzt? Hatten Schierlinger Schurken in der Nacht etwas darüber geschüttet?

Regensburg: Kirch- und Geschlechtertürme

Für den Moment war es praktisch, am Lenker zu kleben, denn das bucklige Pflaster drohte, ihn mir aus den Fingern zu reißen.

*Was für den Wohlstand von Augsburg und Nürnberg sorgte, war dem Glück von Regensburg in gleichem Maße abträglich.*[98] Die Lage an der Donau, die über Wien bis zum Schwarzen Meer verläuft, die Steinerne Brücke, die Menschen erlaubte, die Donau unkompliziert zu überwinden, und die damit verbundenen Händlerströme sorgten für frühen Reichtum der Freien Reichsstadt Regensburg. Im 11. Jahrhundert war sie mit rund 40 000 Einwohnern die größte deutsche Stadt. Der Fernhandel reichte von Paris bis Kiew. Unmengen Waren wurden umgeschlagen und zwischengelagert, Geldgeschäfte abgewickelt und die Heere des Zweiten und Dritten Kreuzzuges brachen von hier auf ins angeblich Heilige Land.

Wie in Augsburg und Nürnberg bestimmten Patrizier, ortsansässiger Adel, der seinen Wohlstand dem Handel verdankte, in Räten vereint die Geschicke der Stadt. Später beanspruchten einzelne Patrizierfamilien die alleinige Führung. Ihr Machtbewusstsein unterstrichen die Patriziergeschlechter durch den Bau trutziger Hausburgen aus dem teuren Material Stein und in der Errichtung von sogenannten Geschlechtertürmen, die in ihrer Gestalt Haustürmen wie dem in Erxleben glichen, jedoch hier eine völlig andere Funktion hatten. Für Wohnzwecke eher unpraktisch, wurden sie oft als Warenlager genutzt. Hauptsächlich sollten sie zeigen, wer den längsten hat.

Neben den Patriziern residierten in Regensburg die bayerischen Herzöge der Wittelsbacher. Sie hatten unter anderem das Münz- und Geleitrecht und verpfändeten es teuer an die Patrizier. Zünften und Handwerkern missfiel das zunehmend diktatorische Gebaren der Patrizier, sie wollten politisch mitreden. Und zu guter Letzt saßen in der Stadt die Fürstbischöfe des Hochstifts Regensburg, die den Bau des Domes verantworteten, dessen beide Türme natürlich noch länger waren als die der Patrizier.

Eine Handvoll Mentos in einer Cola-Flasche sind weniger explosiv als die Atmosphäre im spätmittelalterlichen Regensburg.

Die innerstädtischen Auseinandersetzungen, die Verlagerung von Handelswegen und die Pest leiteten ab dem 14. Jahrhundert den Niedergang der Stadt an Donau, Naab und Regen ein. Hinzu kam die Verwicklung in allerlei Kriege. Die Stadt ging in den folgenden Jahrhunderten mehrmals pleite.

»Sind die zwei recht?«, fragte die Bäckereiverkäuferin. Probeweise steckte ich meine Hand hinein. In eine der Papiertüten, um die ich gebeten hatte. Die Größe passte. Zum Dank erwarb ich eine Mohnschnecke und einen Milchkaffee. Mein Frühstück. Das Gebäck war schnell verzehrt, der Kaffee zu heiß.

Daher widmete ich eine der Papiertüten vom Handschuh zur Isoliermanschette für den Kaffeebecher um. Die andere Tüte schützte meine Finger vorm klebrigen Gummi meines linken Lenkergriffs. Den Becher in der rechten Hand radelte ich gemächlich durch die Goliathstraße, tagsüber Fußgänger-, um diese Zeit Lieferzone. Kleintransporter und Lkw brachten Waren, nahmen Müll mit und machten ziemlichen Lärm.

Ein paar frühe Fußgänger strebten ihren Arbeitsplätzen zu. Genau wie die Radfahrer, die von vorn oder hinten kommend an mir vorbeirasten. Ich erreichte das Ende des Kohlenmarktes und schlürfte einen Schluck Kaffee, den hohen Uhrenturm des Alten Rathauses bewundernd, ursprünglich wohl auch ein Patrizier-Geschlechtsteil. Da schoss von rechts ein Radfahrer heran.

Was ich nicht bedacht hatte: Die Passform meines Tütenhandschuhs reichte aus, um meine Finger zu umhüllen, das Papier spannte und störte aber beim Griff nach dem Bremshebel.

Ich hopste vom Sattel, landete beidfüßig und kam, kurz bevor wir kollidierten, zum Stehen. Nur der Milchkaffee wollte weiter. Ein Drittel platschte auf den Rathausplatz, ein Drittel war sehr, sehr heiß.

Überhaupt rüttelt Regensburgs historisches Pflaster Radelnde unablässig durch. Zur Entschädigung dürfen sie einige Durchfahrten der fürstlichen Schlossgebäude als Abkürzung benutzen. Fürstin Gloria von Thurn und Taxis, die gar keine Fürstin ist, weil es die offiziell nicht mehr gibt, lief mir nicht über den Weg. In Anbetracht meiner beschränkten Bremsfähigkeit gut für sie. Mit Schatzkammer, Marstall, Rokokopalast, Schlosspark und Schloss Emmeran – in ein paar seiner Räume wohnt Familie Doppel-T – bilden die Thurn-und-Taxis-Liegenschaften ein eigenes Viertel. Die dicht stehenden, gedrungenen Gebäude fügen sich nahtlos ins Stadtbild ein.

*In seinem jetzigen Zustand wirkt [Regensburg] düster.*[126]

Womöglich war die Stadt bei Murrays Besuch weniger saniert. Die zwischenzeitliche Erneuerung der alten Gemäuer hat an dieser Wirkung wenig geändert. Selbst die Fröhliche-Türken-Straße wirkte trotz Sonnenscheins unfröhlich. Der Straßenname hat nichts mit fidelen Gästen vom Bosporus zu tun. Er geht auf einen Herrn Türk zurück, der hier ein Gasthaus betrieb.

Im Schatten der hoch aufragenden Patrizierburgen und Speicherhäuser mit ihren kleinen Fenstern und augenscheinlich dicken Mauern hoppelte ich auf meinem Eselchen durch die Gassen und raschelte ein wenig, da ich links weiterhin Tüte trug, jetzt aber mit Daumenloch.

Ein paar Lichtblicke in der Altstadtdüsternis bieten die sich oft überraschend auftuenden Stadtplätze. Beispielhaft seien der Neupfarrplatz mit der evangelischen Neupfarrkirche genannt, zur der der graue Koloss des Kaufhofs einen beeindruckenden Kontrast bildet, und natürlich der Domplatz samt dem im Zuckerbäckerstil der Gotik erbauten Regensburger Dom. Hier verboten sind: Alkohol, laute Musik, Urinieren und das Betreten des Bauwerks zwischen 22 und 6 Uhr. Ein anderes Schild klärt über die Judensau auf. Ein A4-Blatt großes Relief an einem Pilaster in gut drei Meter Höhe. »Dargestellt wird ein Schwein, an dessen Zitzen sich Juden zu schaffen machen.« Ursprünglich wies das Relief auf das nahe mittelalterliche Judenghetto hin. »Diese Skulptur als steinernes Zeugnis ihrer Epoche muss im Zusammenhang mit ihrer Zeit gesehen werden.«

Unbedingt. Und doch gehört sie zur Geschichte Deutschlands, die nicht nur Dichter und Denker bestimmten.

*Regensburg ist einer der Orte, von denen man sagen kann, dass sie bemerkenswerter sind für das, was sie waren, als für das was sie sind.*[126]

Für das, was Regensburg war – einer der wichtigsten Handelsplätze

Europas – und für das, was es deswegen noch hat – Deutschlands größten mittelalterlichen Stadtkern – gehört es zum UNESCO-Weltkulturerbe.

Wer sich ein bisschen Zeit nimmt, wird am Rand der Altstadt urige Kneipen und eine lebendige Studentenszene entdecken. Und in seinen neueren Stadtteilen finden sich Licht und Luft und eine – dank der angesiedelten Industrie – gut verdienende Einwohnerschaft.

Es schlug viertel neun, da schnallte ich das Eselchen wieder aufs Lieselchen. Sightseeing zwischen sechs und acht hat eine ganze Reihe Vorteile. Keine anderen Touristen, meist kostenfreies Parken bis neun, tolles Licht und in heißen Sommern angenehme Morgenfrische. Gut, Museen haben zu und die meisten Geschäfte. Kein Licht ohne Schatten.

*Eine ausgezeichnete Straße nach Regensburg entstand durch Ausheben der Felsen und durch Sprengung einer 180 Fuß hohen Klippe, die das Ufer[gestein] des Flusses zerschmetterte. Das erlaubte dem Ingenieur, die Straße über die gefallenen Trümmerteile zu bauen; an den Bau unter Karl Theodor erinnern eine monumentale Tafel und zwei steinerne Löwen am Wasser.*[99]

Da ich Route 178 umgekehrt fuhr, befand ich mich zwar auf der beschriebenen B16, aber in Richtung Saal an der Donau, bei Murray noch *Postsaal*.

Ursprünglich verlief die Straße wegen des Teufelsfelsens nah an der

Donau und vor allem fast auf Wasserspiegelhöhe. Stieg die Donau um nur wenige Zentimeter, überflutete sie die Straße. Im Winter türmten sich Eisschollen. Auf Anordnung von Kurfürst Karl Theodor begann daher 1792 der aufwendige Neubau einer höher liegenden Straße. Dem Kurfürsten zu Ehren meißelte man eine zehn Meter hohe Inschrifttafel in den Felsen und stellte zwei Löwenskulpturen auf. Mich erschreckten sie ein bisschen, weil sie unvermittelt hinter einer Kurve auftauchen. Original an den liegenden Leuen sind nur die Köpfe, der Rest ist nachgebildet. In den letzten Kriegstagen 1945 waren die Löwenskulpturen gesprengt worden, um aus den Trümmern eine Panzersperre zu bilden.

»Eins, zwei, drei, vier, fünf … zehn, sechzehn, siebzehn … neunundzwanzig, dreißig …«

Bisweilen erwecke ich den Anschein, autistische Züge zu haben. Die Wartenden auf dem Bahnsteig von Saal an der Donau sahen von ihren Handys auf, ein paar tuschelten.

Schon zum zweiten Mal marschierte ich zwischen den Gleisen, den Zeigefinger rhythmisch schwingend, an einem Autotransportzug entlang. Sein Anfang mit der Lok verlor sich inzwischen in flimmernder Ferne. »… achtunddreißig, neununddreißig, hm-hm, hm-hmhmhm, ja, zweiundvierzig«, murmelte ich zufrieden. Nun zählte ich die Autos je Wagen. »Hm, hm, hm, hm, hm, hm.« Sechs. Machte zusammen 252 fabrikneue Fahrzeuge der Marke Kia.

Ich hätte mich, wäre ich ohne anzuhalten weitergefahren, tagelang geärgert, das nicht herausgefunden zu haben. Später fand ich heraus: Es standen dort keine 252 Autos. Es waren bis zu 28 000. Ins »Gewerbegebiet Hafen«, halb Kehlheim, halb Saal an der Donau, kommen sie per

Lkw aus den süddeutschen Autowerken, per Schiff aus Ungarn und per Zug aus Tschechien und der Slowakei. Von dort gehen sie zu Händlern in der ganzen Republik.[100] Die Parkfläche des Autolagers von Saal beträgt ein 5000stel des Saarlandes.

Mit dem Murray zu reisen, führt zu Sehenswertem verschiedener Art. In sich geschlossenen Welten, wie das Kurviertel von Bad Ems oder in eine Welt der Gegensätze. Die muss nicht immer voller Spannung sein, die kann auch spannend sein. Oder bemerkenswert. Oder Schrobenhausen.

Mir fällt kein Grund ein, der touristisch Reisende dorthin verschlagen sollte. Es sei denn, sie hören auf einen seit 130 Jahren toten Briten. Oder lieben Spargel.

Inzwischen auf der B300, passierte ich Geis(s)enfeld[XIX] und Pörnbach und rief kurz nach dem Orteingangsschild von Schrobenhausen »Huch!«

Ein barockes Kirchlein wurde optisch fast erdrückt von einem fensterlosen Wellblechkoloss. Ein glänzender Metallschornstein ragte daraus hervor. Ein zweiter aus roten Ziegeln stand daneben. Disney könnte aus dieser Kirchen-Klotz-Konstellation einen Film machen: Die Schöne und der Klotz. Mit Schorni und Stony als lustige Sidekicks.

Saal an der Donau: Zweimal durchgezählt

Beim Näherkommen erkannte ich, dass zwischen der St. Salvator-Kirche und dem Werk noch ein paar Häuser standen. Sie wirkten winzig im Vergleich zu den Industrieanlagen.

Ich parkte im Klostergarten von Schrobenhausen. Entgegen dem anheimelnden Namen nichts als ein großer Parkplatz mit Stellmöglichkeiten für Wohnmobile.

Ich stieg aus und stöhnte: »Ähhh.« Im Lieselinneren waren es dank Klimaanlage 24 Grad, draußen dank Sonne 15 mehr. Ich klebte meine Hände an die Griffe des Eselchens und strampelte los. Der Fahrtwind fühlte sich an wie ein Föhn auf Höchststufe. »Boah ...«, erhöhte ich die Zahl meiner Lautäußerungen auf drei.

Spargelstadt nennt sich Schrobenhausen wegen der umliegenden Anbaugebiete. Deswegen ist hier auch das – jawohl – Europäische Spargelmuseum beheimatet. Neben Spargel produziert man in Schrobenhausen Marschflugkörper und Panzerabwehrlenkwaffen. Und Kartoffelstärke.

Ich lenkte mein Eselchen zum Jakobusweg, eine Pilgerstrecke, die auf denselben Jakob zurückgeht wie der berühmte nach ihm benannte Weg. Was daran erinnert, dass außer Handel, Krieg und Not der Glaube ein weiterer Grund war, auf Reisen zu gehen. Schon vor mehr als 2000 Jahren wanderten Menschen zu angeblich heiligen Stätten. Und das ganz ohne Ibuprofen. Obwohl es um Glaubensstärkung oder Buße ging und nicht wie bei Urlaubsreisen um Vergnügen, Erholung und Sehenswertes, entstand mit dem Pilgertum eine Reiseinfrastruktur, deren wirtschaftliche Bedeutung Parallelen zur sich später herausbildenden Tourismusindustrie aufweist. Heute verschwimmen die Grenzen mehr und mehr. Wohl nicht umsonst findet man Pilgerziele und -wege in allen Weltreligionen. Und in immer mehr Regionen. Der Pilgerweg zwischen Augsburg und Schrobenhausen entstand 2005. Er führt innere Einkehr Suchende direkt am Zaun des LEIPA-Werks vorbei. Jenes, dessen Werksgebäude mich hatte »Huch!« rufen lassen.

Rechts von mir brummelten Hummeln über Blumenwiesen, links dampften und zischten dicke Rohre. Da zupften auf Koppeln Pferde Grashalme, dort bretterten Radlader durch ein Labyrinth aus haushohen zersausten Altpapierstapeln. Transportbänder verschwanden auf sechsgeschossiger Höhe in der Produktionshalle und Schafe im Schatten ihres Unterstandes. Zwei Welten und ein Wanderweg dazwischen.

Die Paar, ein brauner Bach, auf dem weiße Enten schaukelten, floss quer durch beide Welten.

Aus einer 1847 in Schrobenhausen gegründeten Papiermühle entstand Europas größter Altpapierverwerter. Seit 1993 mit einem zweiten großen Standort in Schwedt an der Oder. Der Aufsichtsratsvorsitzende der LEIPA kommt von der SPD. Es ist der ehemalige Brandenburger Ministerpräsident und kurzzeitige Parteichef Matthias Platzeck.

Über die begrünte historische Wallanlage radelte ich hinüber ins Stadtzentrum.

Blau, gelb und rot leuchteten die Giebelwände der Häuser an der Lenbachstraße, die sich zu einem Marktplatz spreizte. In der Milano-Eisdiele holte ich mir mein Mittagessen. Eine Kugel Amarena-Kirsch, eine Kugel Walnuss. Und weil das nicht reichte, hielt ich ein paar Radelminuten später an einem Metzgerwagen. Der pries »Bayerischen Döner« an: Laugen-Brot mit Leberkäse, Schweinespeck, Weißkraut und Zwiebeln. Werbespruch: »Probiert's as, gspiert's as.«

Weil ich »gspiert's« fälschlich als »speien« übersetzte, kaufte ich lieber Pfefferbeißer.

Der Nachmittag war für Augsburg vorgesehen. Danach sollte es 100 Kilometer weiter ins Allgäu gehen. Schon seit zehn Stunden saß ich nun abwechselnd hinterm Steuer und im Sattel. Länger als eine Stunde geschlafen hatte ich vor anderthalb Tagen. Ich fällte eine Entscheidung.

Nach der Übernachtungspleite von Schierling hatte ich mich am Morgen bei einem anderen Stellplatz-Portal angemeldet und »Übernachten unter Apfelbäumen« gebucht. Die Kommunikation verlief schriftlich über das Portal, die Übernachtungsgebühr wurde über meine Kreditkarte abgebucht.

Trotz Autobahnbenutzung brauchte ich zwei Stunden in die Anhöhen oberhalb von Aichstetten. Die letzte Straße verlor zunehmend an Breite, wand sich durch Wälder, durch Wiesen und führte derart dicht an Bauernhäusern vorbei, dass ihren Bewohnern der erste Schritt aus der Tür den Fuß kosten konnte. Oft standen auf dem Grund der Ge-

Schrobenhausen: Industrie-Idyll

höfte ein oder zwei Camper. Ihre Fahrer kannten ähnliche Plattformen wie ich.

Mein Weg endete auf einem kiesbestreuten Platz zwischen einem weißen Einfamilienhaus aus dem Katalog und einem mächtigen Bauernhaus aus alten Zeiten gegenüber. Ein windschiefer Stall lehnte sich dagegen. Ich kletterte vom Fahrersitz. Streckte mich. Atmete tief ein.

Aus dem Halbdunkel des Stalls schlurfte eine Gestalt.

*Niemand sollte ans Reisen denken, bevor er Bekanntschaft mit der Sprache des Landes gemacht hat, das er besuchen möchte. Dies sollte die erste, da beste Vorbereitung auf eine Reise sein. Es wird sich für ihn als so gut wie eine doppelte Geldbörse erweisen – wie zwei Paar Augen und ein Paar Ohren, denn ohne sie nützt ihm das eine Paar, das er besitzt, wenig.*[101]

Gut aufs Allgäu vorbereitet rief ich dem alten Mann entgegen: »Grüß Gott«. Und schob hinterher, dass ich über »Vansite« einen Stellplatz gebucht hätte.

*Der Engländer ist unfähig, sich in der Landessprache zu erklären. Dadurch sind die deutschen Dienstboten ungewöhnlich langsam darin, etwas richtig zu verstehen.*[102]

»Wos willsch?« Sein Ohrläppchen berührte fast die rechte Schulter. Die linke zog er unnatürlich nach oben. Ein beiger Fedorahut, wie ihn Indiana Jones in einer dunkleren Variante trägt, verlieh ihm trotz seiner Verwachsungen eine Verwegenheit, die ahnen ließ, vor mir stand der einstmals begehrteste Bauernsohn auf den Aichstetter Höhen.

»Wo ist denn die Annegret?«, erkundigte ich mich nach meiner Stellplatzstellerin. Auf der Plattform wurden nur Vornamen verwendet. Falls er mich sonst nicht verstand. Annegret sollte er kennen.

Der Alte schniefte, sein rechter Daumen spannte einen Hosenträger. Er ließ ihn auf sein graues Hemd schnappen. »Do musch num gau.« Sein Kinn deutete eine Richtung an.

»Ah, ja. Und da ist die Annegret?« Vor einigen Jahren reiste ich länger durch die Schweiz und lernte zwei Dinge für die Verständigung mit Dialektsprechern. Erstens: Ihnen zu vermitteln, dass sie sich meinetwegen nicht quälen mussten, Hochdeutsch zu sprechen, wenn ihnen das schwerfiel, und zweitens: Nicht zu versuchen, die einzelnen Worte zu verstehen, sondern den Inhalt zu erschließen aus Tonfall, Gesprächslogik und durch Wiederholen dessen, was ich verstanden zu haben glaubte.

Er zuckte eine Schulter: »Wönn's itta am strawanza isch.«

Okay, klappt nicht immer.

»Ja, das … das wäre wohl ungünstig«, hielt ich für eine passende Reaktion. »Dann probier' ich mal da drüben mein Glück. Vielen Dank und einen schönen Tag.«

»Jo.«

*In der Tat ist es überraschend, wie einige [Reisende] überhaupt zurechtkommen.*[132]

Ein Fensterchen in Rautenform gab der weißen Plastik-Haustür etwas Charakter. Ein Fußabtreter hieß willkommen. Das Namensschild war selbst getöpfert, der Stiefelkratzer eine Dackelsilhouette. Ich drückte den weißen Klingelknopf. Es gongte. Kein Hund bellte. Kein Kind trappelte. Nur Stille. Ich gongte ein zweites Mal. Und ein drittes. Die Frage, ob ich erneut gongen oder besser gehen sollte, nahm mir die Tür ab. Sie schwang auf.

Ein Mittdreißiger gähnte mich an. Sein nackter Bauch hing über einer dieser blau gemusterten Unterhosen mit Eingriff und dunklen Nähten. Ich grüßte in Landessprache und sagte meinen Annegret-Spruch auf.

Er entschuldigte sich für seinen Aufzug, murmelte etwas von Nachtschicht. Annegret sei nicht da. Wo die betreffenden Apfelbäume standen, wusste er aber.

Pfefferbeißer kauend saß ich in meinem Campingstuhl. Trank Malzbier. Blickte über grüne Hügellandschaft. In der Ferne muhten Allgäuer Kühe. Die Sonne fingerte durch das Blattwerk der Apfelbäume. Ihre Zweige schaukelten sanft im Abendwind und zerkratzten Liesels Dach. Speis und Trank führte ich mir mit der rechten Hand zu, die linke schlug nach den Bremsen, die mit ihren Stechborsten kleine Wunden in meine Haut rissen. Hinter mir wurde ein Motorengeräusch

lauter. Eindeutig ein Diesel. Vom Hof her jagte ein alter VW-Bus her-
an. Die Fahrertür von anderer Farbe, Rostflecken an den Radkästen.
Weitere Camper? Nein, Annegrets Mann auf dem Weg zur nächsten
Nachtschicht.

Tief und fest schlief ich unter den Apfelbäumen und erwachte erst
durch einen Vogelmann, der in den Zweigen über der offenen Dachluke eine seiner schönsten Morgenarien anstimmte. Bald darauf ging
die Sonne auf. Ich brachte meinen Kreislauf mit einer kalten Dusche
in Schwung. Nicht im Bad. Ich zog den Brauseschlauch durchs Fenster
nach draußen und duschte an der frischen Luft.
Anders als geplant, fuhr ich ja gestern an Augsburg vorbei. Deshalb
wollte ich heute dorthin zurück und auf dem Weg Orte besuchen, die
eigentlich auf der nachfolgenden Route Augsburg-Lindau lagen. Und
dann, nachdem ich Augsburg angeschaut hatte, für den Rest des heißen
Tages unter die Apfelbäume zurückkehren, um am nächsten Morgen
zum Bodensee zu fahren.
Es würde anders kommen. Ganz anders.

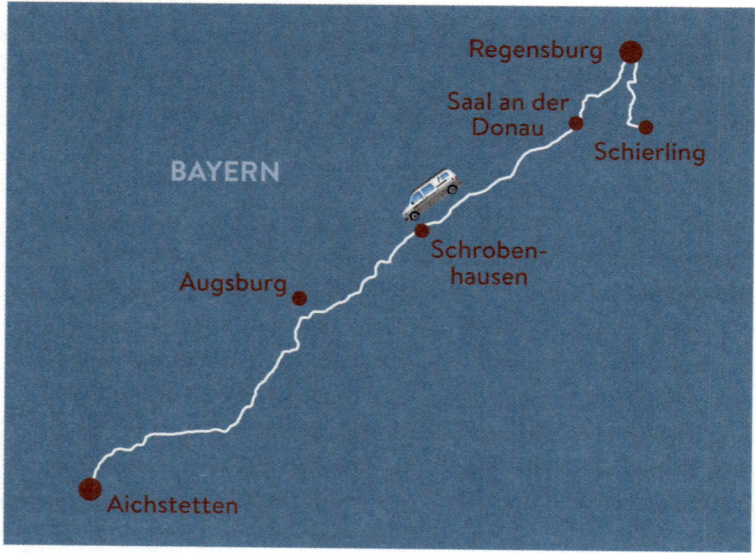

Distanz: 295 km

# AUGSBURG – LINDAU I

## KANONEN, MASERATI, FEDERBETT

**Samstags um kurz nach sieben ist Memmingen nicht
so still, wie man meinen möchte. Maunzen schallte
durch die Straßen. Auf einem der schmalen Bürgersteige
stand, schwarz mit weißen Pfoten, eine Katze.
Auf der Fahrbahn eine zweite, ganz schwarz.**

Beide warfen ihren Kopf in den Nacken, leckten über ihr Maul, hielten den Schwanz gesenkt und riefen einander Dinge zu, die nur sie verstanden.

Die Bürgersteigkatze trat auf die Fahrbahn. Die war nicht sehr breit, zwei Wohnmobile kämen hier nicht aneinander vorbei. Die Fahrbahnkatze schlich davon. Gemächlich verfolgt von der anderen.

Auf dem Schrannenplatz plätscherte Wasser in ein Brunnenbecken. Sieben Tauben nahmen darin gurrend ihr Morgenbad. Eine achte landete.

Von den Dächern der pastellfarbenen Häuser am Platz trällerten Amseln. Eine besonders laute saß auf der Weinstube zum Goldenen Löwen. Da!

Ich nestelte mein Handy hervor. Versuchte meine zitternden Finger unter Kontrolle zu bekommen, das Foto durfte nicht verwackelt werden. Im Giebel links neben dem zweiten Fenster von oben stand eine Jahreszahl. 1647. Und darüber wölbte sich eine Halbkugel aus der Wand. Eine Kanonenkugel!

Die hatte Murray übersehen.

Durch Deutschland zu reisen heißt, regelmäßig auf die Spuren dreier Kriege zu stoßen. Außer Sichtbarem bestehen die Spuren dieser Zeiten in Verschwundenem. Am präsentesten ist uns, was im Zweiten Weltkrieg verschwand, selbst wenn es hie und da wieder im alten Gewand aufgebaut wurde. Von den Zerstörungen während der Auseinandersetzungen zwischen Frankreich und den übrigen europäischen Mächten war schon zu lesen. Sie offenbaren sich oft in geschlossenen Stadtbildern, die aus der Epoche danach stammen. Sofern sie wiederum die ihnen folgenden unbeschadet überstanden.

Die Kanonenkugel im Giebel des Goldenen Löwen, eine von 5000, die 1647 auf Memmingen niedergingen, stammt aus jenem Deutschland prägenden Krieg, der bisher noch nicht wirklich zur Sprache kam. Dem Dreißigjährigen. Begonnen als religiöse Auseinandersetzung – beim Prager Fenstersturz 1618 warfen Protestanten Vertreter des katholischen Landesherrn aus dem Fenster der Prager Burg – mündete er im Kampf um Territorien. Wie in den meisten Kriegen ging es letztlich um Macht und Einfluss. Obwohl die habsburgisch geführten katholischen Länder Österreich und Spanien mit Frankreich, Dänemark, den Niederlanden und Schweden fochten, fanden die Schlachten überwiegend auf dem Boden des Heiligen Römischen Reiches Deutscher Nation statt.

Wie für viele deutsche Städte wurde der Dreißigjährige Krieg für die Reichsstadt Memmingen mehrmals zu einer schweren Belastung. 1630 errichtete der böhmisch stämmige Feldherr Wallenstein, der im Dienst des deutschen Kaisers und der Katholischen Liga stand, sein Hauptquartier mit Tausenden seiner Männer in Memmingen.

Schlafplätze und Nahrung für Mensch und Tier stellte wie üblich die Stadtbevölkerung. Ebenso üblich war, dass sie Geld, Gold und Schmuck abgab, damit Wallenstein sein Heer finanziell unterhalten konnte. Weil diese Zeit offenbar schöner war, als es klingt, veranstaltet Memmingen alle vier Jahre die Wallenstein-Festspiele. Bei diesem größten Historienspektakel Europas ziehen Tausende Memminger und Historien-Fans aus dem ganzen Land eine Woche lang als Soldaten, Händler, Marktfrauen und Dirnen verkleidet durch die Stadt und schlafen in alten Zelten.

Da Memmingen im Dreißigjährigen Krieg auf der einen und hin und wieder auf der anderen Seite stand, wurde die Stadt mehrmals belagert. Zuletzt 1647 von katholischen Truppen, während sich hinter den Mauern eine schwedisch-protestantische Streitmacht verschanzt hatte. Ein Jahr später beendete der in Osnabrück geschlossene Westfälische Friede das drei Jahrzehnte währende Hin und Her, das ganze

Landstriche entvölkerte, in Memmingen die Einwohnerzahl von 2000 auf 400 reduzierte und im Giebel des Goldenen Löwen eine Kanonenkugel zurückließ.

Von der »Weinstube zum Golden Löwen«, der ältesten in der Stadt, kam ich zum »Gasthaus z. gold. Hasen«, an dem noch ein Schild vom dort zuletzt gastierenden Ristorante Toscana kündete. Das Gasthaus »Goldenes Rad« stand ebenso leer. In den Fenstern verblasste Werbung für »live Fußball auf Groß-Leinwand«.

Verfallende und hergerichtete historische Bausubstanz wechselten sich ab. Es überwog der Anschein von Ordnung und Sauberkeit. Bei Gebäuden und Menschen. Man traf sich morgens auf dem Markt, frühstückte an Tischchen vor Bäckereien und war sorgfältig frisiert.

Das pittoreske Hier und Jetzt der Altstadt nahm mich gefangen und versetzte mich in die ferne Vergangenheit. Die un-

Memmingen: Silbernes Rad
vor Goldenem

mittelbare spielte keine Rolle mehr. Ein Problem.

Ich wusste nicht mehr, aus welcher Richtung ich gekommen war, und hatte mir die Straße, in der Liesel stand, nicht gemerkt. Ich scrollte durch meine ersten Fotos von Memmingen, entzifferte ein Straßenschild, ließ mich von Googeline dorthin bringen und dann von wiederkehrenden Erinnerungen leiten. Zwanzig Minuten – so groß ist Memmingen nun auch wieder nicht – brauchte ich, um das Stadttor zu finden, durch das ich in die Stadt geradelt war. Es heißt Lindauer Tor. In ihm steckt eine weitere Kanonenkugel.

*Neun Meilen südöstlich von Memmingen liegt die abgeschiedene Benediktiner-Abtei Ottobeuren, sie hat palastartige Ausmaße.*[103] Ein Grund, einen Schlenker zu machen in die Marktgemeinde Ottobeuren.

Schon von Weitem beeindruckt die leuchtend weiße Basilika St. Alexander und Theodor. Meiner Ankunft zu Ehren läuteten die Glocken, glaubte ich zunächst. Ich hielt auf dem reisebusfreundlichen und damit auch wohnmobiltauglichen Parkplatz, wo sich das Geläut als Ruf zur Morgenmesse um acht entpuppte. Gebeugte Mütterchen eilten stockgestützt zum Hauptportal, Ehepaare schritten gemächlich dahin und eine junge Frau joggte vorbei.

Von Nahem zeigte der spätbarocke Bau mehr Grau als Weiß und Säulen in Altrosa. Die Sockelmauer war keine, sondern täuschend echt aufgemalt. Auch einige Sims- und Säulenverzierungen waren in Malerei ausgeführt. Die stattlichen Gebäude des Klosters schlossen hinter der Kirche an.

Vor der Kirche hielt eine große Blumenwiese jegliche architektonische Konkurrenz fern und die langen Wege darin glichen den endlosen Gängen, die Könige und Diktatoren gerne in ihren Residenzen anlegen, um Besucher auf dem Weg zu ihnen demütiger werden zu lassen.

Im überbordend bunten Inneren der Basilika hatte die Messe gerade begonnen. Ein Pater singsangte in Latein. Dann setzte sich die Gemeinde. Ich zählte 30 Gläubige. Zwölf davon waren weißhaarig, vier hatten eine Vollglatze. Ich hatte mich noch gar nicht gesetzt, da standen alle wieder auf. In Anbetracht von Tag und Uhrzeit war die Zahl der Anwesenden recht groß und nicht repräsentativ für Deutschland.

Obwohl ihre Dominanz in Staatshaushalt, Tourismus und Fernsehgremien anderes vermuten lässt, gehören Kirchen und der Besuch der Heiligen Messe für die meisten Deutschen, ausgenommen an Weihnachten, nicht mehr zu den Lebensnotwendigkeiten. Besuchten bis Mitte der 1970er-Jahre über elf Millionen regelmäßig katholische Gottesdienste, waren es 2019 zwei Millionen Gläubige[104].

Wir waren eben im Begriff uns zu setzen, da polterten hinter uns weitere Besucher durch die Tür. Ein Ehepaar und ein gescheckter Spaniel. Wenige Augenblicke später – wir standen gerade auf – eilte eine grauhaarige Frau auf Paar und Hund zu und verwies sie der Kirche.

Nicht überall liebt Gott alle Geschöpfe.

»Guten Morgen! Freiluftgeduscht, herumgeradelt, im Gottesdienst gewesen. Und du so?«, schrieb ich an einem geschlossenen Bahnübergang. Der Zug kam. Eine Antwort nicht. Vielleicht schlief sie noch.

»Mein Hase«, las ich eine Stunde später, »war einkaufen, Akku hatte keine Puste mehr. Aber jetzt hüpft er wieder wie ein junges Reh im Wasser.« Manchmal lag sie bei deutschen Redewendungen knapp daneben, manchmal veränderte sie sie bewusst. Woran man merkte, wann sie was machte, hatte ich bisher nicht herausgefunden. Ich mochte beides und versandte einen erhobenen Daumen.

»Was machst du gerade?«, fragte sie.

»Ich liege im Kofferraum.«

Andere Lebensgefährtinnen hätten nun drei Fragezeichen geschickt oder ein erschrockenes Emoticon oder gar angerufen. Meine schwieg. Entweder war dem Akku schon wieder die Puste ausgegangen. Oder die ferne Familie rief an. Das ging vor.

Dass ich unter dem Bett meines Campers lag, hatte nichts damit zu tun, dass ich regelmäßig unverschuldet in Gegenden gerate, in die ich gar nicht will.

Oder vielleicht doch ein bisschen.

In Augsburg hatte ich beim Wechsel von der B17 auf die B300, beide autobahnähnlich, die falsche Abfahrt genommen, war durch Gewerbegebiete gerumpelt, wieder zurückgekommen auf die B17 oder 300, jedenfalls auf eine breite Straße. Von der nahm ich, vom Herumkurven müde geworden, die Ausfahrt »Messe«. Im spärlichen Schatten junger Bäume parkte ich zwischen anderen Fernfahrern. Milchiger Dunst verbarg die Sonne. Die Luft trug schwer an tropischer Feuchte. Trotz oder wegen offener Fenster wurde es auf dem Bett unerträglich heiß. Da fiel mir ein: Hatte ich tagsüber unterm Bett hantieren müssen, traf mich immer ein Schwall Kellerkühle.

Nach oben isoliert durch die Matratze, ohne Fenster und bodennah herrschten im Gepäckabteil klimatisch deutlich bessere Bedingungen. Ich kroch aufs Staufach, in dem Gasflasche und Frischwassertank steckten, und bettete mich auf die beschichtete, keinen halben Meter breite Hartfaserplatte, die ihrem Namen Ehre machte. Dafür kühlte sie schön. Bei Eingang der ersten Nachrichten aus Berlin schreckte ich hoch und stieß mir an der Bettunterseite den Kopf. Nun schwieg die Hauptstadt. Ich dämmerte weg.

Nach einer Viertelstunde hatte mein Körper den Wohnmobilkeller derart aufgeheizt, dass ich noch derangierter unterm Bett hervorkam, als ich drunter gekrochen war. Murray hilf!

Murray half.

Mit dem ersten Satz, der bei ihm zu Augsburg steht: *Hotels: Drei Mohren (3 Moors), gut, angemessen und komfortabel, große Zuvorkommenheit, der Keller ist umfangreich mit italienischen und anderen Weinen ausgestattet.*[105]

Er zählte weitere Herbergen auf: *Lutz, Goldene Traube, Weißes Lamm.* Meine Internetrecherche ergab: Keine davon existierte mehr. Das traf auch aufs *Drei Mohren* zu. Das trägt seit 2020 einen neuen Namen. Damit man es trotzdem findet, steht im Suchmaschineneintrag in Klammern noch der alte. Das Hotel betont stolz seine 500-jährige Geschichte. Hieß: Es bot sich mir die Chance, in einem von Murray empfohlenen Hotel zu nächtigen. Mehr noch: Womöglich hatte er selbst dort bei seinem Augsburg-Besuch im Oktober 1831[106] geschlafen.

Das Li-La-Lieselchen-Lied vor mich hinsummend tuckerte ich in die Innenstadt. Meine Hochstimmung resultierte nicht allein aus dem Murray-Bezug zum Hotel. Mich belebte mindestens ebenso die Aussicht auf ein richtiges Bett, ein richtiges Bad und waagerechtes Schlafen. Deutliche Indizien dafür, dass ich an Camping-Müdigkeit litt.

Fünfzehn Minuten später erreichten Liesel und ich *eine der vornehmsten Straßen Deutschlands, die durch ihre Breite und Länge beeindruckt*[107].

Inzwischen hat Deutschland beeindruckendere Straßen bekommen. Die für eine historische Altstadt überdurchschnittliche Breite der Maximilianstraße fiel gleichwohl auf.

Unter den Blicken der Gäste in den umliegenden Cafés hielt ich direkt vorm Eingang. Man sah mich alle Jalousien zuziehen, inklusive die der Windschutzscheibe, und hörte mich eine Weile rumoren. Ich machte mich hotelfein. Wenn ich schon verschwitzt war, dann wenigstens in frischen Sachen.

In wenigen Augenblicken würde ich ja duschen können. Nein, ich würde vielleicht sogar baden!

Wobei, was schrieb Murray über bayerische Hotels?

*In den Zimmern offenbart die Art der Waschgelegenheit, die gewöhn-*
*lich auf eine flache Auflaufform, eine Karaffe oder einen Wasserbecher*
*sowie ein Taschentuch anstelle eines Handtuchs beschränkt ist, die Ge-*
*wohnheit der Deutschen diesbezüglich und zeigt, auf welche einfache*
*Weise ihr Waschwunsch befriedigt wird.*[108]

Im gedämpften Licht der wohltemperierten Eingangshalle äußerte
ich an der Rezeption den Wunsch, ein Zimmer zu buchen.

*Die Zahl der guten Zimmer in einem Gasthof, besonders in einem*
*Landgasthof, ist im Allgemeinen begrenzt.*[109]

Ich merkte gleich, dass ich nicht in einem Landgasthof war.

»Möchten Sie Classic, Superior oder Executive?«, fragte die
Rezeptionistin.

»Was ist denn der Unterschied?«

Der Preis, das wussten wir beide. Sagten wir aber nicht. »Nun, das
Classic hat achtzehn Quadratmeter, das Superior dreißig und das Executive vierzig.«

Wer seit zehn Tagen auf gut neun Quadratmetern lebt, ist mit Classic
zufrieden. Sagte ich aber nicht. Sondern: »Wie unterscheidet sich die
Ausstattung?«

Ich wollte keinesfalls ein Zimmer, in dem ich mich mit Wasser aus
einer Karaffe waschen und mit einem Taschentuch abtrocknen musste.

»Kingsize-Bett haben alle. Außerdem Föhn, Minibar und Bio-
Klimaanlage. Und das Kissenmenü. Außerdem verfügen Executive und
Suite über eine Regendusche.«

»Ich hätte gerne eines mit Badewanne.«

»Die haben auch einige unserer Classic-Zimmer.«

»Gut, dann nehme ich das.« Es kostete so viel, wie alle Camping-
platz-Übernachtungen der Reise zusammen.

»Wir würden Sie nach hinten raus unterbringen, die Straße ist zur-
zeit abends recht belebt.« Eine bezaubernde Untertreibung, wie sich
herausstellte.

»Einverstanden.«

»Darf ich Ihren Wagen parken lassen?«

»Hm«, machte ich, um Zeit zu gewinnen.

»Wir haben ein Parkhaus.«

»Und ich habe ein Wohnmobil.«

Nun macht sie »Hm«.

Ich wurde zu einer ernsten Prüfung der von Murray gelobten Zuvorkommenheit in diesem Hotel.

Die zweite Rezeptionistin schaltete sich ein: »Er könnte vor dem Hintereingang …«

»Da steht unser …«

»Und wenn wir den …«

»Also, ich darf nicht. Ich bin noch nicht fünfundzwanzig.«

»Du hast aber schon viel länger einen Führerschein.«

»Trotzdem, so sind die Regeln.«

Sie einigten sich.

Gleich darauf fuhr man hinter dem Hotel den hauseigenen Maserati weg und ich meinen Ducato hin. Italiener gegen Italiener.

Das Hotel besaß nicht nur einen hauseigenen Maserati. Auf meine Frage, ob mir jemand ein paar Fragen zur Geschichte des Hauses beantworten könne, sagte die, die noch keine 25 war: »Da haben Sie Glück, heute ist unser Historiker im Hause. Sollen wir einen Termin vereinbaren?«

Murray hatte nicht übertrieben.

In Windeseile packte ich im Wohnmobil eine Übernachtungstasche. Stopfte mir Schinken- und Käsescheiben in den Mund, mein Mittagessen, und nahm oben eine Dusche. Das Zimmer zu würdigen, blieb kaum Zeit, ich eilte hinunter in die Hotelhalle.

»Entschuldigung«, fragte ich die ältere der Rezeptionistinnen, »wie sieht denn der Herr aus, mit dem ich verabredet bin?«

»Wie ein Historiker!«, platzte die jüngere heraus und hielt sich sogleich die Hand vor den Mund. »Also, ich meine … Sie werden ihn erkennen.«

Ich erkannte ihn im Lesesalon, einem zur Hotelhalle offenen Raum mit Bücherwand. Er sah aus, wie eine Mensch gewordene Ausgabe von Professor Primus von Quack, dem klugen Gelehrten aus Entenhausen. Nur dass der Sakko, Schlips und Weste trägt und untenrum nichts. Meine Verabredung war am ganzen Körper bekleidet, obenrum mit einem hellblauen Kurzarmhemd. Natürlich arbeitete Dr. Wiercinski nicht hauptberuflich als hauseigener Historiker, sondern war ein ganz gewöhnlicher Leiter eines Ballonmuseums.

»Jetzt zu Ihnen …«, sagte er. »Wie heißt der Mann? Murray. Hm. Nie gehört. Interessant. Sehen Sie mal, ich hab Ihnen hier die alten Gästebücher mitgebracht. Vielleicht finden wir ihn … Ach, schauen Sie hier Napoleons Schwester, er selbst war ja nie im Hause, auch wenn es da Gerüchte gibt …, können wir aber nicht nachweisen. Und hier das ist … das ist der Nikolaus.«

Ich prustete heraus. Weil ich mir vorstellte, wie in der Hotelhalle der bärtige Mann mit Sack und Rute …

»Zar Nikolaus …«

»Ja, natürlich.« Ich fand meine Contenance wieder.

»Das war ja so: Wenn die mit ihrem ganzen Hofstaat kamen, dann war das Hotel voll. Das hatte ja noch einen Stall für hundertfünfzig Pferde hier gehabt.« Er holte weit mit den Armen aus. »Wenn Sie nachher mal nach nebenan ins Schaezler-Palais gehen, in den Garten, da bekommen Sie eine Vorstellung, wie weit nach hinten das Hotelgelände eigentlich ging.«

Wir beugten uns übers Gästebuch. In dem nun ich eine Entdeckung machte. »Ach, Paganini!«

»Jaja der auch … Oder in der Neuzeit … Ich habe das selbst miterlebt, da kam die Nena. Auch mit Hofstaat …«

Von vielen der Prominenten die das »Drei Mohren« besucht hatten, standen signierte Fotos im Bücherregal. Ein Fach teilten sich Herbert Grönemeyer, Richard Wagner und Max Raabe, ein anderes der junge Mozart und Nina Hagen, von ihr im Bilderrahmen kein Foto, sondern ein handschriftlicher Gruß: »Danke für die göttliche Gastfreundschaft! I love you, Augsburg!« Zu Mozart konnte Dr. Wiercinski berichten, dass den Mozarts das *Drei Mohren* zu teuer wurde und sie bei ihren nächsten Besuchen im *Weißen Lamm* logierten. Das Murray ebenfalls empfahl.

»Ja, und da … das ist interessant, da war …« Er muss lachen. »Da war Beethoven auch. Dem war's hier auch zu teuer. Und Goethe war einmal hier mit der Herzogin Amalia. Und als er noch mal allein in Augsburg war, ist er auch ins Lamm. Konnt' sich's hier nicht leisten. Von daher ist es denkbar, dass ihr … wie hieß er?«

»Murray …«

»Dass der hier gar nicht übernachtet hat.«

So ging es hin und her. Und vor allem hin. Er wusste alles übers Haus, weil er ein dickes Buch darüber geschrieben hat.

»Sagen Sie«, sagte er nach einer schnell vergangenen Stunde, »das fand ich jetzt so nett mit Ihnen. Wenn Sie mögen, führ' ich Sie ein wenig durch die Stadt … wir könnten uns in einer halben Stunde … ich müsste vorher noch etwas im Archiv … aber dann, wenn Sie wollen …«

Klar wollte ich.

Mein Stadtführer war kein Einheimischer. In Bonn geboren, studierte er Kunstgeschichte, klassische Archäologie und italienische Sprach- und Literaturwissenschaft in Saarbrücken und an der FU Berlin. 2012 kam der Kunsthistoriker nach Augsburg, ein Jahr später wurde er Leiter des ältesten Ballonmuseums der Welt und des größten Europas. Wohl nicht sehr schwer zu erlangende Rekorde. In dem Museum in Gersthofen, nördlich von Augsburg, wird die Geschichte des Heißluft- ballonfahrens vorgestellt.

Ich stellte mir auf meiner Reise öfters vor, in Begleitung von Murray durch Städte zu ziehen. Was ich ja tat, mit Murray in Buchform. Wie es wäre, mit Murray in Menschenform eine Stadt zu durchstreifen, davon bekam ich eine Ahnung auf meinem Spaziergang mit Dr. Wiercinski. *Augsburg, eine Stadt mit 31 208 Einwohnern (18 500 Katholiken und 11 200 Protestanten, die trotz der unterschiedlichen Religionen in voll- kommenster Harmonie zusammenleben) steht in dem Winkel, den der Zusammenfluss von Wertach und Lech bildet.*[110] Die Einwohnerzahl hat sich knapp verzehnfacht, ansonsten sagte mein Begleiter dasselbe. Und auch, dass die Stadt von den Römern gegründet ursprünglich *den Namen Augusta Vindelicorum erhielt. Den Höhepunkt des Wohlstands erreichte sie als freie Reichsstadt im 15. und 16. Jahrhundert, als sie in Bezug auf Bevölkerung und Handel zu den ersten Europas zählte.*[141]

»Zu Luthers Zeiten waren Augsburg, Regensburg und Nürnberg die drei größten Städte Deutschlands. Nürnberg ist ja eher so rund gebaut und Augsburg so ein ewig langes Ding.« Weswegen wir uns auf in Laufweite befindliche Sehenswürdigkeiten beschränkten. Wie die Palais der Fugger in der Maximilianstraße. Zu jedem wusste er Baugeschichte und Erbauer zu nennen und wie gut die Restaurierung von diesem oder jenem gelungen war. Augsburg hatte im Zweiten Weltkrieg einiges abbekommen. Wusste er mal etwas nicht, sagte er »Na, ich komm gleich drauf ...« Kam aber meist nicht drauf. Was nicht schlimm war. Schon worauf er kam, reichte für eine Vortragswoche.

Augsburg *war der Hauptort des Handels zwischen Nordeuropa, Italien und der Levante*[XX]. *Es zeichnete sich auch durch die Perfektion seiner Leinenherstellung aus, die ihresgleichen suchte.*[141] »Heute gibt's hier davon noch Dierig.« Ein 1805 in Augsburg gegründetes Wäscheunternehmen, heute bekannt für die Bettwäschemarken Fleuresse und Kaeppel. »Von denen habe ich auch Wäsche.« Solche Sätze hörte man von Murray nicht. »Dierig gehört zu den wohlhabenden Unternehmern in der Stadt, produziert natürlich nicht mehr in Augsburg, sondern in Fernost.« In Augsburg engagiert sich Dierig im Immobiliengeschäft. *Augsburgs Prinzipale waren buchstäblich Prinzen.*[141] »Die Nachkommen der Fugger-Familie und der Welser haben auch noch Besitz in der Stadt. Ansonsten hat die Industrie riesige Probleme. Roland ist insolvent, Osram wurde übernommen und Fuji ist futschi.« Er lachte. Ich machte mit.

Und dann standen wir vor dem Augsburger Rathaus.

*Das Rathaus am einen Ende der Maximilianstraße ist das schönste Gebäude der Stadt, ein Bürgerpalast italienischer Architektur auf deutschem Boden; erbaut von Elias Holl, 1620.*[111] »Das ist für damalige Verhältnisse gigantisch. Ein Hochhaus. Für die Leute war das, wie wenn wir heute nach New York kommen.« Erst 1917 wurde mit dem nach seinem Architekten benannten Behrensbau, einem Industriekomplex in Berlin-Oberschöneweide, ein höheres nichtkirchliches Gebäude in Deutschland errichtet. Da das Augsburger Rathaus zu den bedeutendsten Renaissancebauten nördlich der Alpen gehört, untersteht es der Haager Konvention zum Schutz von Kulturgut bei bewaffneten Kon-

Augsburg: Renaissancehochhaus

flikten und darf nicht beschossen werden. Allerdings erst seit 1954, weshalb es 1944, von Spreng- und Brandbomben getroffen, bis auf die Außenmauern niederbrannte.

Was heute da steht, ist ein besonders im Inneren vereinfachter Nachbau.

Die Minuten verflogen, Augsburg ließ staunen. Hier sollte Luther seine 95 Thesen widerrufen und tat es nicht. Hier verlief die Grenze zwischen Schwaben und Bayern, Benediktiner, Fürstbischöfe und freie

Reichsstadt teilten Augsburg unter sich auf. Die Harmonie, von der Murray schreibt, hielt selten lange. Bis heute.

Am frühen Abend kehrten wir zum Hotel zurück. Tausendstimmiges Gemurmel erfüllte die Maximilianstraße. Von der päpstlichen Basilika St. Ulrich und Afra am einen bis zum Rathaus am anderen Ende der Straße drängten sich Menschen. Die meisten in den Zwanzigern oder jünger. Alle 50 Meter standen Polizisten in Overalls. Fürs Erste bestanden ihre Aufgaben in streng gucken und Glasflaschen konfiszieren. Ist die Straße seit Jahren Augsburgs Feiermeile mit vielen Bars, spielte an diesem Abend Deutschland bei der Fußball-EM.

»Huh, hier ist aber was los. Ich hoffe, Sie haben ein Zimmer nach hinten raus.« Das hatte ich.

Bevor wir uns verabschiedeten, wollte ich eines noch wissen. »Wie kam es zur Umbenennung des Hotels?«

»Tja, 2019 hat die Augsburger Jugendgruppe von Amnesty eine Petition gestartet. Wollte das *Drei Mohren* in *Drei Möhren* umbenennen.« Er lacht diesmal nicht.

Claas Henschel, Inhaber des Lehrstuhls für Europäische Kulturgeschichte an der Uni Augsburg, unterstützte eine Umbenennung. Mohr sei von schwarzen Menschen nicht selbst gewählt, sondern eine Fremdbezeichnung. Zudem fuße der Reichtum der Augsburger Patrizierfamilien Fugger und Welser auch auf ihrer Beteiligung an der Kolonisation Südamerikas und der Karibik im 16. Jahrhundert. Die Fugger hatten in Brasilien Zuckerplantagen, von Sklaven bewirtschaftet, und lieferten Kupfer und Zinn, gegen das in Westafrika Sklaven eingetauscht wurden. Die Welser betrieben Plantagen auf Santo Domingo in der Karibik und handelten mit Sklaven.

Kulturhistoriker Wiercinski bereicherte die Debatte mit seiner These, dass das »Drei Mohren« sich auf den Heiligen Mauritius bezieht. »Ein um 1000 hochverehrter Heiliger. Afrikaner. Ich habe eine Darstellung seines Wappens gefunden, da sind drei Mohrenköpfe drauf. So würden wir das heute nicht mehr sagen. Aber daher kam der Name.« Das Hotel selbst bezog sich auf drei abessinische Mönche, die im 15. Jahrhundert im Hause Zuflucht fanden. Drei entsprechende Büsten hingen viele Jahre an der Fassade des Hotels.

»Das ging damals in der hiesigen Presse hoch her. Böse Leserbriefe gegen die Umbenennung. Flammende Artikel dafür. Irgendwann hat die Hotelleitung kapituliert.« Er deutet auf das Schild der Hotelbar. »Heißt 3M.«

»Und die Betreibergesellschaft des Hotels *Drei Mohren GmbH*.«

»Na ja, für Amnesty ist der Kampf gewonnen. Es gibt natürlich Menschen, die fragen, was sich dadurch verbessert für die Menschen in Afrika und die Kinder in den Gruben, die für unsere Handys und E-Autos seltene Erden fördern.«

Seit Sommer 2020 heißt das Hotel nach der Straße, in der es steht »Maximilian's«.

Nach unserer Verabschiedung merkte ich, von der Energie, die mich bis eben durch Augsburg trieb, war nichts mehr übrig. Die Restaurants waren bis auf den letzten Platz besetzt. Wollte ich essen gehen, bayerisch gar, musste ich weiter weg nach einer Möglichkeit suchen.

Ich würde mir Essen aufs Zimmer kommen lassen.

Was immer Öko-Klimaanlage bedeuten mochte, sie sorgte für Kühle in meinem Zimmer. Die stechende Sonne sperrte ich durch Zuziehen der dicken beigefarbenen Vorhänge aus, das hellste im Raum, ansonsten dominierten Braun- und Goldtöne.

Auf dem Schreibtisch unterm Fernseher drängten sich französischer Weichkäse, dunkle Weintrauben, Cocktailtomaten, Baguettebrötchen, feiner Kochschinken, direkt gepresster Blutorangensaft. Kurz: das Beste, was Küche und Kühlschrank meines Wohnmobils hergaben. Teller und Besteck hatte ich außerdem aufs Zimmer geschmuggelt. Sogar ein Schokoeis am Stiel fand ich im Gefrierfach. Es war jetzt in der Minibar zwischengelagert. »Guten Appetit«, wünschte ich mir.

Nach dem Essen drehte ich draußen eine Runde. Es war lauter geworden in der Maximilianstraße und voller. Die Hitze des Tages wurde zur Hitze der Nacht. Die Menschen lachten, balzten und die Polizei nahm hin und wieder welche fest.

Ich nahm nach meiner Rückkehr ein Bad.

Hüllte mich anschließend ins hauseigene Frottee. Schlurfte fünf Pantoffelschritte und stand vor meiner Schlafstatt.

*Ein deutsches Bett ist nur für einen gemacht; es kann einer offenen Holzkiste ähnlich sein, oft kaum breit genug, um sich umzudrehen, und selten lang genug für einen Engländer von mäßiger Statur, um sich darin hinzulegen.*[112]

Mein Kingsize-Bett war lang genug, sogar für jemanden, der wie ich von überdurchschnittlicher Länge war. Mehr noch: Es war breiter als lang. Hier konnte nicht nur einer schlafen, hier passten drei bis vier hinein.

*Die Kissen reichen fast bis zur Hälfte nach unten und bilden einen solchen Winkel mit dem Bett, dass es kaum möglich ist, in voller Länge zu liegen oder eine andere als eine halbe Sitzhaltung einzunehmen.*[145]

Ich schlüpfte aus meinen Frottee-Pantoffeln und legte mich probeweise an die Stelle, an der ich die Nacht zu verbringen plante. Murray hatte nicht ganz unrecht. Es war mir kaum möglich zu liegen. Wegen des Kissenmenüs. Vorspeise war ein straffes, schmales Kissen, Hauptgang ein rechteckiges, weiches und zum Nachtisch gab's ein braunes Kuschelkissen. Da es, obwohl vier reinpassten, ein Bett für zwei war, standen mir insgesamt sechs Kissen zur Verfügung. Um nicht die ganze Nacht eine halbe Sitzhaltung

Augsburg: Kein Mangel an Kissen

einnehmen zu müssen, schob ich fünf Kissen zur Seite und begnügte mich mit der Vorspeise.

*Vorhänge fehlen immer.*[145]

Nein, da hatte ich ja die dicken blickdichten beigefarbenen.

*Anstelle der Decken wird einem manchmal ein leicht aufgedunsenes Federbett angeboten, bei kaltem Wetter tritt man es wahrscheinlich weg, so dass man … beim Erwachen erfroren ist.*[145]

Meiner Überversorgung mit Kissen stand ein Mangel an Bettde-

cken gegenüber. Es gab nur eine. Was, da ich nur einer war, zu genügen
scheint. Jedoch handelte es sich um eine, die die drei bis vier ins Bett
passenden Personen komplett zu bedecken vermochte. Alternativ ließ
sich daraus ein Zelt bauen. Ein gut gedämmtes, denn die dicke Fül-
lung hatte Federbett-Qualität und reichte, um sibirische Winternächte
zu überleben. Nur schlief ich nicht in Russlands Norden, sondern in
der Augsburger Maximilianstraße. Der Wetterbericht prophezeite die
wärmste Nacht des Jahres.

*Sollte [das Federbett] bei warmem Wetter in seiner Position bleiben,*
*droht man zu ersticken ...*[145]

Die deutsche Sitte, unter dicken Decken zu schlafen, bewegte die
Briten. Und so zitiert Murray einen seiner Zuträger:

*Mr. Coleridge hat seine Abscheu vor einem deutschen Bett notiert und*
*erklärt, »er würde lieber seine eigene Decke wie ein wilder Indianer um*
*sich tragen, als sich diesem abscheulichen Brauch zu unterwerfen«.*[145]

Dabei schläft es sich selbst im Hochsommer recht angenehm unter
einem Federbett, sofern man die Klimaanlage voll aufdreht. Erst 1911
erfunden, kam Murray leider nicht mehr in den Genuss ihres positiven
Einflusses auf das Schlafen unter deutschen Bettdecken.

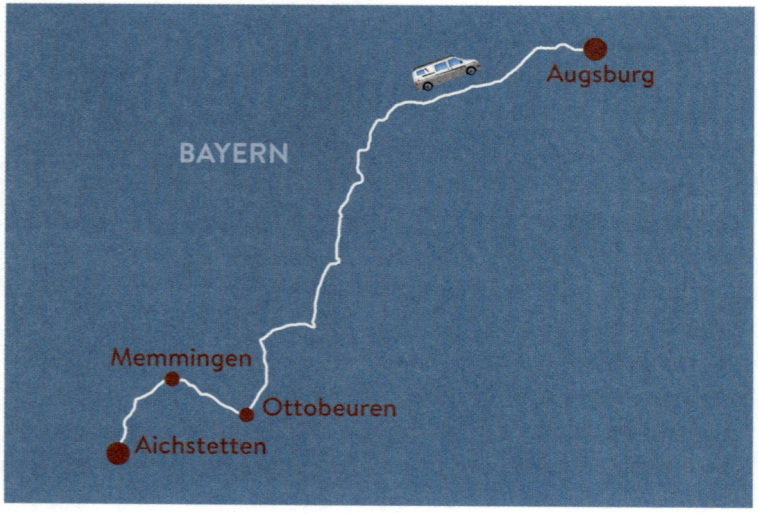

Distanz: 123 km

# AUGSBURG – LINDAU II

## KOCHEN, CAMPER, DONNERWETTER

**Lautsprecherdurchsagen, Schäferhundgebell und Hubschraubergeknatter standen in später Nacht Sprechchören gegenüber, in denen die Polizei beschimpft wurde. Ich verstand nur die Hälfte, Fenster und Vorhänge dämpften.**

Als ich nach einem üppigen Frühstück etwas zerknautscht startete, hallte durch die Maximilianstraße das »Sch-Sch« vieler Besen. Liesel war dafür putzmunter und unbeschädigt, genau wie das Eselchen.

Der Weg nach Wangen war, wie von Murray beschrieben, *hilly*. Hügelig. Ich fuhr durch bis Leutkirch, wo ich eine Runde durch die Altstadt radelte – eine schmutzige Ausgabe von Memmingen.

Mein heutiges Ziel lautete: Seele baumeln lassen am Bodensee.

»Am Bodensee« zu sein, behaupten mehrere Campingplätze. Von manchen ist der See tatsächlich zu sehen. Die bei Konstanz liegen direkt am Ufer. Und der bei Lindau ebenso. Für eine Nacht zu reservieren, erlaubten sie nicht. Für eine Woche schon. Die Chance, einen Platz zu bekommen, stiege, je eher ich da sei. Diese telefonische Auskunft passte zu meinen neuen Reisegewohnheiten. Weniger Quantität, mehr Qualität und ausreichend Pausen. Mich weniger zu verfahren, gehörte ursprünglich auch zum Plan. Ich strich das wieder, Überforderung frustriert ja nur.

Vor mich hinträumend hörte ich Frau Navi, die für die Überlandstrecken zuständig war, nur halb zu, weshalb ich die B12 eine halbe Stunde lang in die falsche Richtung fuhr. Positiver Nebeneffekt: Ich lernte, in der Mitte zwischen Lindau und Kempten liegt Isny. Bei Stadt-Land-Fluss eine schöne Alternative zu Ingolstadt und Ilmenau.

Um zwei in Lindau angekommen, reihte ich mich in die Menge der Wartenden vor dem Anmeldegebäude ein, das eher einer Schalterhalle glich. Hinter den vier Schalterfenstern wurde die Warteschlange effizient und freundlich abgearbeitet.

Nachdem mein Übernachtungsgefährt und -zeitraum sowie mein Gesundheitszustand geklärt waren, kam die übliche Frage: »Wie viele Personen?«

Nach meiner üblichen Antwort bildete ich mir mal wieder ein, beim Gegenüber ein Stirnrunzeln wahrzunehmen. »Aber ich habe ein Fahrrad dabei«, versuchte ich einen Scherz.

Der Anmeldevorgangsabwickler nahm das zum Anlass, mir den Europaradweg zu empfehlen, der gleich vor dem Campingplatz verliefe. Fünf Kilometer nach links: Insel Lindau, fünf Kilometer nach rechts: Bregenz. Österreich.

Von den mir angebotenen drei Stellplätzen entschied ich mich für den im Schatten eines hohen Baumes, Blick aufs Wasser, fünf Wohnmobillängen bis zum Ufer des Bodensees.

Den nannte Murray *Lake of Constance. Seine Ufer sind meist flach, aber fruchtbar und mit Häusern und Dörfern gesprenkelt, während sich über seinem Südufer der silberne Umriss der Appenzeller Alpen erhebt*[113].

Genau auf die schaute ich. Heute waren die Berge im Vordergrund fast schwarz, die hinteren lugten mit schneebestäubten Spitzen hervor. Rechts beschrieb das Ufer einen Bogen, so dass die Insel Lindau mit ihrem Leuchtturm und den beiden steinernen Löwen, die die Hafeneinfahrt markierten, im rechten Winkel zum Campingplatz lag. Würde ich in Lindau jemanden kennen, hätte ich Lichtzeichen geben können.

Strom anschließen, Luken hochkurbeln, Tisch, Stuhl und Höckerchen raus – Routine inzwischen. Ich war immer noch nicht bayerisch essen gewesen. Aber jetzt gleich wieder los? Bis morgen Mittag stand Faulenzen auf dem Programm. Keine Aufregung, kein Rumfahren, nur Nichtstun. Essen musste ich trotzdem. Also begann ich, den Kochvorgang einzuleiten.

Ich ruckelte mein Bett nach oben, ging auf die Knie und schob meine rechte Hand auf dem Staufach, auf dem ich in Augsburg gedöst hatte, hin und her. Mein Zeigefinger fand das gesuchte Loch, ich hakelte ein und hob den Deckel des Gasflaschenstaufachs heraus. Darin stand der Gasdruckbehälter in einem gasdichten Plastikfass. Ich schraubte den Fassdeckel auf. Legte ihn auf den Staufachdeckel, wollte das Gas andrehen und stellte fest, es war schon auf. Na toll, ich war seit dem Kaffeewassermachen gestern Morgen in Aichstetten 297 Kilometer mit offener Gasflasche über Stock und Kopfstein gefahren. Alte Campinghasen zucken hier die Schultern, weil sie ihre Gasflasche den ganzen Urlaub nicht zudrehen. Manche Fachkräfte aus der Installateursbranche halten das für lebensgefährlich. Andere winken ab. Ich drehe ab. Normalerweise.

Ich begann die Deckel in umgekehrter Weise zu verschließen. Den Fassdeckel schaffte ich bereits nach dem dritten Verkanten zuzudrehen. Gasflaschenfassstaufachdeckel drüber, aufstehen und Bett wieder herunterruckeln. Mein Rührei mit Tomaten war in der Hälfte der Zeit fertig.

Dunkel zeichneten sich Äste und Blätter über mir gegen den milchig-
weißen Himmel ab. Dank Bodensee rührte ab und zu Wind die Schwüle um. Durch die Gaze der Dachluke schaute ich den Zweigen beim
Schaukeln zu und sank in einen späten Mittagsschlaf.

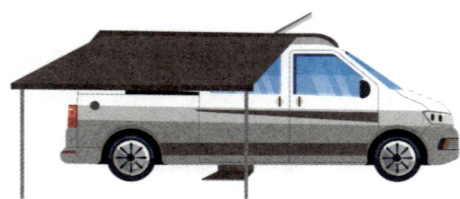

Ein Knarzen weckte mich. Böen fegten durch die offenen Fenster.
Silbernes Licht lag über allem.

Ich stand auf und leierte die sich blähende, knarzende Markise in
ihre Kassette, räumte die Campingmöbel ein.

»Na«, sah die Nachbarin von ihrem Kreuzworträtsel auf, »geht's
schon weiter?«

»Nein, nein. Ich mache nur alles wetterfest.«

Sie lachte kopfschüttelnd und widmete sich sieben waagerecht.

Zum Baden war es zu ungemütlich, für einen Rundgang nicht. Ob
außer mir noch andere allein reisten?

Wie überall war in Lindau das Paar die dominierende Camperkon-
stellation. Überwiegend gemischtgeschlechtlich. Die gleichgeschlecht-
lichen verbanden alle denkbaren zwischenmenschlichen Bindungen.
Die Gruppe der über 60-Jährigen, die sonst die Mehrheit bildete, hatte
in Lindau viel Konkurrenz von jüngeren, oft Eltern mit ein bis zwei
Kindern. Die tollten am Strand herum, bauten aus Treibholz, das in der
Bucht jährlich tonnenweise angespült wird, Burgen oder fochten Stock-
schwertkämpfe. Baden durfte kein Kind mehr, dafür war das Wasser zu
bewegt. Nur zwei junge Männer sprangen von den Steinpackungen am
Ufer Kopf voran in die Wellen. Die Sonne fingerte in Streifen durch die
Wolken. An den Ufern rund um den See blitzten rote Warnlampen auf.
Die Boote nahmen Kurs auf den nächstliegenden Hafen.

Da der Campingpark Lindau zu den klassischen Urlaubs- und
Durchreisezielen gehörte, waren viele U30-Pärchen vertreten, die von

Sex im Bulli bei Sonnenuntergang geträumt hatten und stattdessen aufs Sanitärgebäude guckten.

Ein solches gab es auch für Hunde. Eine Shiba-Hündin hatte keine Lust, dort in der Wanne geduscht zu werden, sie hopste heraus und aus der Tür und einem Zweig hinterher, den der Wind aus einer Baumkrone gebrochen hatte. Die aufgeregten »Lilly, hierher!«-Rufe ihrer Besitzerin gingen im Rauschen der Bäume unter.

Die einfachste Möglichkeit, Campende zu kategorisieren, ist: Zelt, Wohnwagen, Wohnmobil. In Lindau hatte man die Zelte auf eine Wiese ganz hinten zwischen Grauwassergully und Bahndamm verbannt. Zwei Biker, noch in schwarzen Lederhosen, lagen im Schatten ihrer Harleys neben einem Iglu-Zelt. Eine vor Kurzem angekommene Gruppe Radler juchzte und es war unklar, ob sie gerade aufbauen oder Gleitschirm fliegen wollte.

Da Wohnmobile oft nur für eine Nacht kamen, standen sie separiert von den Wohnwagen-Nutzern, die gern länger blieben. Manche tranken ja monate- oder jahrelang an derselben Stelle Bier. In Lindau waren Dauercamper allerdings eine Minderheit.

Lindau: Bodensee wütend

Ein älteres Ehepaar trug seine Campingstühle ins Vorzelt. Praktisch diese Zelte, da sie den Wohnraum verdoppelten. Die Wohnwagen unterschieden sich hauptsächlich in Länge und Vorzeltfarbe. Den hybridesten Haufen bildeten Wohnmobile. Alles, was der Markt bot, war vertreten. Ganz oben in der Hierarchie die Vollintegrierten. Weiße Wohnkästen, die zwei Handbreit über die Räder ihres Fahrgestells ragen und wie betrunkene Elefanten über Landstraßen schaukeln, immer gesteuert von der Generation Ü60 und nie von einer Frau. Erster Donner grollte, ein Ehepaar, beide Ü70, verstaute seine E-Bikes. Er setzte das Vorderrad auf den Boden der Heckgarage ihres Vollintegrierten, sie war von der anderen Seite in die Garage gekrochen und zog, während er das Hinterrad anhob, das E-Bike quer unters Bett. Ein eingespieltes Team.

Teilintegrierte sehen von vorne aus wie Liesel und tragen hinterm Fahrerhaus einen breiteren Kofferaufbau. Sie prägen das Bild des klassischen Wohnmobils und sind deshalb auf Stellplatzhinweisschildern als Piktogramm abgebildet.

Die CUV wurden schon ausführlich besprochen, hier ließe sich noch die Unterkategorie »selbst ausgebaut« einführen. Was auch für die Kategorie Kleinbus gilt. Allen voran die Camper-Varianten von VW. Fehlt ihnen ein Hoch- oder Hubdach, verbringen die Besitzer den Indoorteil ihres Campingurlaubs gebückt oder liegend.

Wie die beiden jungen Frauen, die auf ihrem Busbett versuchten, durch die offene Hecktür ein Foto von sich und den Wellen zu machen, die gegen die Steinpackungen klatschten.

Ein Blitz zuckte. Aus dem Bus kam Kreischen und Kichern. Ich fürchtete mich still.

Wie auf jedem Campingplatz entdeckte ich auch auf dem Lindauer einige Sonderfälle: ein Luxuswohnmobil von Reisebusgröße mit ausfahrbaren Seitenwangen. Einen schwarzen Land Rover Defender, der noch rangierte. Einen himmelblauen Käfer, zu dem ein rotes Wohnwagen-Ei gehörte, kaum höher als der Wagen. Sein Besitzer trug einen dieser Strohhüte, die man Kreissäge nennt, außerdem Knickerbocker und eine rote Fliege. Er hatte bis eben – Sturmböen und Donner trotzend – auf einem Klappstühlchen die FAZ gelesen. Da mehr und mehr Tropfen aufs Papier platschten, räumte er zusammen.

Ich war also nicht der einzige Alleinreisende. Und viel weniger nerdig.

Ich trabte in die Richtung, in der ich Liesel vermutete. Kam dabei näher an dem Defender vorbei.

»A bissle … no a bissle … STOPP!«, drang zwischen Donnern und Brausen an mein Ohr. Die Stimme kannte ich.

»Jetzt bischt zu weit!«, rief sie. »I hab doch gsagt: a bissle!«

»Woher soll i wissen«, bellte der Mann, »was a bissle is? Sag's doch in Zentimetern!«

»Woher soll i wissen, wie viel Zentimeter des sind?«

Günter und Spätzli versuchten die Vorderräder ihres Defenders auf gelben Keilen zu platzieren. Regen peitschte. Ein Blitz flammte auf. Der Donner machte fast taub.

Das Spätzli stieg zur Beifahrertür ein. Den Oberkörper aus dem Seitenfenster hängend rollte Günter zurück und setzte neu an. Im Vorbeirennen sah ich das Spätzli im Inneren gestikulieren. »Günta!«

Ihm klebten die nassen Haare wirr in der Stirn. Über die Schulter brüllte er: »Noi! Dr muss grade stehen!«

Alleine zu campen ist vielleicht gar nicht so schlecht.

Distanz: 174 km

# LINDAU/FRIEDRICHS-HAFEN – STUTTGART

## STORCH, SOMMERTÜTE, RAMBOHAHN

»Ih-ah-Eselchen, du saust mit deinem …« Und da fehlte
mir der Reim. Kurz nach halb sieben war ich aufgestanden, hatte meine über Nacht nicht trocken gewordenen
Sachen über die Außenspiegel gehängt, Kaffee und
Müsli am wieder harmlos vor sich hin plätschernden See
eingenommen und war kurz vor acht losgeradelt.

Der Radweg zur Insel Lindau folgt parallel dem Seeufer, mal durch
Büsche und Bäume, mal durch ein Grundstück vom Wasser getrennt,
wie dem der Villa Leuchtenberg. Ein ehemaliges Zollhaus, ausgebaut
zur Villa mit Turm. Berühmt wurde das prächtige Haus durch die
schweizstämmige Unternehmerfamilie Schindler, die sich ab 1820 in
Österreich als Textilfabrikanten einen Namen gemacht hatte. Vater
Schindler schenkte seinem Sohn Cosmus die Villa am deutschen Bo-
denseeufer. Dessen Bruder Friedrich Wilhelm erkannte früh die Bedeutung von Elektrizität und versah seine Spinnerei in Bregenz-Rieden
mit elektrischer Beleuchtung. Der Strom kam aus dem eigenen Kraft-
werk. 1887 verlegte der geborene Schweizer von Österreich aus eine
Leitung zum Bruder in Deutschland und so wurde Villa Leuchtenberg
das erste vollständig elektrifizierte Privathaus Süddeutschlands und das
Ganze eine hübsche Bodensee-Geschichte.

»Ih-ah-Eselchen, du hast ein großes …« Hach, was nur?

Nachdem ich in Augsburg in einer von Murray empfohlenen Herberge genächtigt hatte, wollte ich heute seine Lindauer Empfehlungen
anschauen. Die Altstadt auf der Insel hatte keine wesentlichen Welt-
kriegsschäden erlitten und stand wegen ihres gut erhaltenen Gesamt-
zustandes unter Denkmalschutz.

Wie immer führte Murray seine Übernachtungstipps mit ihren deutschen Bezeichnungen auf. *Krone, Sonne, Goldene Gans, Storck.* Storck?

Vielleich hieß der Wirt so und hatte sich später mit Schokoladen-Riesen einen Namen gemacht.

Fast alle empfohlenen Gasthäuser befanden sich in der engen Ludwigstraße, in die viergeschossige Bebauung kaum Sonnenlicht ließ.

Die »Krone« war leicht an der schmiedeeisernen Krone zu erkennen, die an einem Ausleger hing. Im Text auf einer Erklärplakette schwang Stolz mit: »Haus zur Krone – Als ältestes Gasthaus der Stadt um 1443 erbaut, beherbergte es Kaiser u. Könige, u.a. den berühmten französ. Gelehrten Michel de Montaigne«. Seine Schriften über die möglichst vorurteilsfreie Betrachtung des Menschen beeinflussten Shakespeare, Voltaire, Descartes und viele andere.

Heute beherbergt das Haus keine Gäste mehr, sondern 17 Mietparteien. Aus den Namen ging nicht hervor, wie viele davon blaublütig sind oder wenigstens Gelehrte.

Das »Gasthaus zur Sonne« trug diesen Namen zurecht, da es zwar in der Ludwigstraße steht, aber gleichzeitig am Reichsplatz und somit viel Licht abbekam. Heute weist nichts auf die frühere Bestimmung des Hauses hin. Ohne städtische Denkmalliste hätte ich es nicht gefunden. Fremde kommen nach wie vor regelmäßig in die ehemalige Sonne, nämlich dann, wenn sie in der dort befindlichen Möbelwerkstatt »Classic Interieur« fertigen

Lindau: Krone zum Wohnen

zu lassen wünschen. Blieben die »Goldene Gans« und das Gasthaus »Storck«. In beiden wird bis heute bewirtet. Die »Goldene Gans« trägt jetzt den Namen »Rössle-Stuben« und wird von einem international erfahrenen Mann und seiner Frau betrieben. Das steht so auf der Website: »Nach der langjährigen saisonalen Arbeit meines Mannes (Kellner, Barkeeper) im Ausland, haben wir uns mit der Rössle-Stuben selbstständig gemacht. Mein Mann verfügt über 40 Jahre Berufserfahrung.«

Ich hätte dort bayerischen Krustenbraten essen können, wäre morgens um neun schon offen gewesen.

Das Gasthaus Storck trug auch einen anderen Namen. Immer schon, und ich war sehr, sehr stolz darauf, dass ich ganz alleine den wirklichen Namen herausfand.

Dass Gasthäuser Namen tragen, kommt uns normal vor. Tragen Wohnhäuser Namen, haftet ihnen entweder etwas Vornehmes an, denken wir an die Villa Monrepos in Bad Ems, oder der Name spiegelt den Hauscharakter wider. Besonders niedliche heißen zum Beispiel »Schwalbennest«. Wohnanlagen erhalten zur besseren Vermarktung Namen und nicht zuletzt sind Hausnamen für Unterkünfte in Urlaubsregionen beliebt, womit wir letztlich wieder bei Gast-Häusern sind.

Früher, das heißt im Mittelalter, war der Hausname dagegen Standard und diente der Unterscheidung, Orientierung und Adressierung. Bei der Nummerierung von Häusern war Paris Vorreiter in Europa. Und Vorbild. 1507 wurden die Häuser rund um Notre-Dame nummeriert. Auch die Fuggerei in Augsburg, eine Wohnsiedlung für sozial schwache Familien, erhielt 1519 schon Hausnummern. Doch erst im 18. Jahrhundert begann eine flächendeckende, strukturierte Kennzeichnung durch Zahlen. Grund war nicht etwa, die Brief- oder Paketzustellung zu erleichtern, die Mehrheit der Menschen konnte nicht schreiben. Vielmehr half das Nummernsystem bei der Einquartierung von Soldaten, die Städte mussten ja regelmäßig für durchziehende Truppen Quartiere stellen. Außerdem konnten leichter Steuern eingetrieben werden, man behielt einen Überblick bei der Brandschutzversicherung und über die Bevölkerung, wenn der Staat seine Bürger zählte.

Lindau: Rätsel gelöst!

Die fühlten sich durch die Nummerierung überwacht und empfanden die Zahlen im Gegensatz zu manch anheimelnden Hausnamen als zu unpersönlich, weshalb Hausnummern gern abgekratzt oder überstrichen wurden.

Alte Gasthausnamen sind nicht nur ein Mittel des Marketings. Sie sind letzte Zeugen der Hausnamen-Zeit. Bei der Benennung von Gasthäusern bedienten sich die Wirte gerne in der Tierwelt. Beliebt und gerne golden waren: Adler, Gans, Hase, Hirsch, Lamm, Löwe ...

Murray hat ja nicht immer alle angegebenen Herbergen selbst besucht. Hin und wieder nahm er Empfehlungen reisender Landsleute auf. Derjenige, der ihm vom »Storck« berichtete, übermittelte ihm wohl in englischer Aussprache den deutschen Namen von Gasthof und Brauerei »Zum Storchen«.

Oder Murray war selbst da und hat die Frakturschrift am Hausgiebel falsch interpretiert. Oder er hat Storch doch übersetzt. Der heißt auf Englisch Stork. Wenn auch ohne ck!

Naja, ein bisschen Stolz, das Rätsel gelöst zu haben, bleibt. Den »Storch« befand Murray (oder einer seiner Zuträger) übrigens für *nicht sehr gut*[114]. Hat sich hoffentlich geändert. Heute wird dort unter dem Namen »Schmid und Hops« wieder Bier gebraut und ausgeschenkt.

Nach meiner Rückkehr auf den Campingplatz in Lindau (oder bei Lindau – hängt davon ab, ob die Gemeinde oder die Inselstadt Bezugspunkt ist) badete ich im Bodensee, füllte und leerte Liesels Wassertanks und verließ mittags den am schönsten gelegenen und deshalb teuersten Campingplatz meiner Reise.

*Friedrichshafen – nur ein einziges Wirtshaus, eine Kaschemme der übelsten Art.*[115]

Also in Lindaus Nachbarstadt würde ich nicht Mittagessen. Besser klang – und hier bekam meine Storck/Storch-Theorie von der mündlichen Namensweitergabe wieder Futter –, was Murray zu *Mörsburg* schreibt. Das heißt nur so, wenn es ein Engländer ausspricht. Gemeint ist natürlich Meersburg, *eine Fahrstunde von Friedrichshafen westwärts liegt dort der schön gelegene Gasthof »Das Schiff«, großzügig und luftig, mit zuvorkommendem Personal*[153].

Die Bilder auf der Website des Hotels und Restaurants »Zum Schiff« versprachen von der luftigen Terrasse eine herrliche Aussicht auf den Bodensee.

Bereits auf dem Weg nach Meersburg bot die B31 großartige Ausblicke, regelmäßig unterbrochen von Hopfen, der an meterhoch gespannten Drähten den Brauereien Bayerns und Baden-Württembergs den Stoff liefert, aus dem die Schäume sind.

Die von Murray angegebene Stunde für die 17 Kilometer von Friedrichshafen nach Meersburg benötigt eine Pferdekutsche. Oder ein Wohnmobilkutscher, der eine Umleitung fahren muss und dabei einen Pfeil übersieht.

Statt direkt aus Osten näherte ich mich Meersburg deshalb aus Westen von Unteruhldingen her. Das hatte ein Reptilienhaus, Pfahlbauten und einen großen Parkplatz mit Wohnmobil-Stellplätzen zu bieten. Von dort führte ein Radweg weiter. Sollte ich jetzt bei glühender Hitze kilometerlang radeln? Ich war gerade frisch bodenseegebadet!

Also nahmen Liesel und ich weiter Kurs auf Meersburg.

Hätten wir mal nicht.

Das »Schiff« war ein riesiger rechtwinkliger Kasten unterhalb der Burg Meersburg, gleich neben dem Tor in die Altstadt. Ich erhaschte einen Blick auf enge Gassen, steile Anstiege und Touristen, die hinauf oder hinunter keuchten. Meine Fahrt endete auf dem Platz vor dem Stadttor. Anlieger durften passieren, sofern ihr Auto klein genug war.

Auf dem durchaus großen Parkplatz vor den Toren Meersburgs war Wohnmobilen der Aufenthalt ausdrücklich verboten. Dennoch standen dort drei CUV, deren Fahrer vielleicht hofften, dass man sie für Lieferwagen hielt.

Während ich überlegte, ob ich ebenso darauf hoffen sollte, blieb ein weiß-blau Uniformierter vor einem der CUV stehen und zückte einen Block. Auf Zehenspitzen schlichen wir hinter ihm davon.

Dass Tiere eine große Rolle in der Nomenklatur von Gasthöfen spielen, wissen wir bereits. Zahlreicher verbreitet sind andere Namen. Die Krone kommt vor allem in Süddeutschland vor, der Krug dominiert(e) im weniger monarchieverbundenen Norden. Je nach Quelle und Erhebungszeitraum am häufigsten verbreitet sind Linde oder Post.

Nachvollziehbar, ein Lindenbaum kennzeichnete oft den Gerichts- und Marktplatz des Ortes. Hier am Mittelpunkt des Geschehens fand ein Gasthaus den meisten Kundenzulauf. Hin und wieder stand eine Linde auch am Brunnen vor dem Tore.

Für Post als Spitzenreiter spricht das Netz aus Posthaltereien, das das Land überzog. Hier wurden Briefsendungen überbracht und abgeholt, Personen mitgenommen oder abgesetzt, Achsen geschmiert und Pferde und Kutscher ausgewechselt und versorgt.

Wer auf Platz eins der Gasthaus-Namenshitparade steht, scheint Murrays Route nach Stuttgart zu beantworten.

In Tettnang warnt er vor dem Hotel Post: *erbärmlich und völlig überzogene Preise*[153]. Für Ravensburg empfiehlt er das Hotel Post. In Waldsee auch. Und in Biberach, Münsingen und Urach.

Der einzige Ort auf der Strecke, für den es keine Post-Empfehlung gab, war Ehingen. Da wäre der *Kronprinz* zu bevorzugen. Den fand ich nicht. Ich fand jedoch heraus, dass dort einstmals die örtliche Posthalterei betrieben wurde. Ansonsten gab's wenig Bemerkenswertes. Für mich. Wäre ich Biertrinker, wäre das anders gewesen. Ehingen gewann den »Touristischen Ideenwettbewerb Genießerland Baden-Württemberg« und schmückt sich seitdem mit dem Titel Bierkulturstadt. Einige der gut 50 ortsansässigen Brauereien können auf geführten Touren besucht werden.

Was es außerdem in Ehingen gibt, sind etwas über 25 000 Einwohner, eine Verzehnfachung seit Murrays Zeiten, und ein Werk des Fahrzeug- und Kranherstellers Liebherr. Nach einer großen Radelrunde blieb der Eindruck eines Städtchens, in dem Altes und Neues lieblos zusammengewürfelt wurden. Der bei Murray nicht erwähnte Gasthof Sonne liegt übrigens im Schatten.

»Wo kommsch her?«

Ich hatte noch nicht mal die seitliche Schiebetür geschlossen, da nahm mich ein Einwohner Münsingens ins Kreuzverhör.

Obwohl unvereidigt, antwortete ich ehrlich.

»Ouh«, machte der Weißhaarige anerkennend. »Wo willsch hin?«

Ich skizzierte meine Reiseroute.

»So muss man des machen! Isch ideal bei dem Wettr.«

Dem konnte ich nicht unbedingt zustimmen. Wie heiß es wieder war, unterstrich der Schweißfleck, der die Rückseite seines T-Shirts verdunkelte.

»Also … Gute Reise!«, wünschte der Münsinger Mann.

Ich dankte und schlenderte eine Runde durch die tiefer gelegene Altstadt. Alles wirkte überaus adrett. Nicht alles war historisch. Das Wiederaufgebaute, wie die Stadtmauer, fügte sich harmonisch ein. Neues ebenso. Einzig das Gasthaus »Zur Krone« war schäbig. Bis auf die goldene Krone, die blank poliert in der Sonne glänzte. Mit wurde mit einem Mal bewusst, ich entwickelte allmählich einen Gasthausfetisch. Ich schaute an mir hinab. Nein, noch zeigte ich keine körperlichen Reaktionen. Lag vielleicht nur an meinem Hunger.

Praktischerweise hatte ich Liesel direkt vor einer Bäckerei geparkt. Durchs Schaufenster sah ich die dralle Verkäuferin bereits die vom Tage übrig gebliebenen Backwaren zählen. Es war schließlich schon fünf vor halb sechs. Kurz vor Feierabend. Vor der Tür wurde auf einem Aufsteller die Sommertüte für 2,65 € anpriesen. Was mochte das sein, eine Sommertüte? Hitze in Papier?

Mein Sommertüten-Wunsch entsetzte die Verkäuferin, denn er drohte, ihre ganze Inventur durcheinanderzubringen. Dennoch sagte sie, welche Sorten Brötchen die Sommertüte beinhaltete: einfache Weggle. Leider wären die ausverkauft. Deshalb gäbe es keine Sommertüte mehr.

Wenn ich will, kann ich wie ein Golden-Retriever-Welpe gucken. Ihre Miene bekam etwas Mütterliches. »Abr wisset Sie, 's wär' doch schad, wenn mir die andre wegschmeißa müssta.«

Und so durfte ich mir anstelle der einfachen Brötchen kompliziertere aussuchen. Zum Dank kaufte ich zusätzlich eine Vanilletasche und behielt Münsingen in allerbester Erinnerung.

*Die Straßen in Württemberg sind zwar im Allgemeinen gut ausgebaut, aber meistens sehr hügelig und daher mühsam, besonders in Schwaben.*[116] Mich begeisterte die Strecke Richtung Stuttgart mit ihren Kurven und Steigungen. Allerdings hatte ich 140 Pferdchen unter der Haube.

Die zeitraubenden Nebenstraßen nahmen außer mir nur Menschen, die in jene geschäftigen Städtchen am Wegesrand wollten, die fast immer auf -ingen endeten. Dazwischen lagen einsame Abschnitte mit schroffen Felswänden und dichtem dunklen Wald. Ich stellte mir vor, wie es gewesen sein musste, hier vor 200 Jahren bei einbrechender Dunkelheit in einer Kutsche entlangzuschaukeln. Noch immer sah es aus, als würden jeden Moment Räuber aus dem Dickicht springen. Zur Sicherheit setzte ich ein grimmiges Gesicht auf.

Allmählich begannen Weinberge die Landschaft zu prägen. Und Weinstuben die Dörfer. Ich hatte das Untere Remstal erreicht, ein paar Kilometer östlich von Stuttgart. Tagesziel war die Weinstadt Weinstadt. Die gibt es erst seit 1976. Da wurden mehrere Dörfer unter dem nahe liegenden Namen zusammengeschlossen. Es wäre ebenso der Name Nudelstadt denkbar gewesen, denn in einem der Dörfer, in Endersbach, gründete Stephan Birkel im Jahr 1900 die Teigwarenfirma, die seinen Namen trägt. Nach knapp 100 Jahren schloss der Produktionsstandort. Wein wird weiter produziert. Insbesondere in Weinstadt-Strümpfelbach, wo ich auf einem Weingut nächtigen wollte.

»Na, wer bist du denn?«, rief ich dem Begrüßungskommando zu, das Schrittchen für Schrittchen näher kam, stehen blieb, den Kopf auf die Seite legte und ein weiteres Schrittchen wagte.

Ich hatte gleich am Weingut vorbei zur Scheune fahren und hinterm Bully abbiegen sollen. Die Fläche sei noch etwas provisorisch, aber eben, und Strom bekäme ich gleich, hatte mir mein Stellplatzsteller am Telefon gesagt.

Ich hatte Liesel exakt mittig auf ein frisch gemähtes Rechteck gefahren. Beim Aussteigen durch die Schiebetür bekam ich ziemlichen Schwung drauf. Liesel stand rechts deutlich tiefer als links. Das verstanden Weingutbesitzer also unter ebener Fläche. Man kann nur immer wieder vor den Folgen des Alkoholgenusses warnen, hatte ich gerade gedacht, da näherte sich das Begrüßungskommando und ich fragte: »Na, wer seid ihr denn?«

Jetzt waren sie schon zu zweit.

Ich ging in die Hocke, hielt die Hand hin. Sie blieben auf Abstand. Was bei Hunden eigentlich immer funktionierte, klappte nicht bei Hühnern.

Weinstadt-Strümpfelbach:
Gefährliche Hühner

»Boooooog-bogbogbog«, probierte ich eine neue Strategie. »Booooog-bogbogbogbog!«

»Guten Abend!«

Ich schnellte hoch. »Äh … ’n Abend!«

»Die kommen net ran. Neugierig, aber Schisser.« Er lachte. Schmal, kahlköpfig, mindestens zehn Jahre jünger als ich. Marcel Idler, Inhaber des gleichnamigen Weinguts. »Strom krieget Sie dort vorn neben der Tür. Brauchen Sie Wasser?«

Brauchte ich nicht. Wir verabredeten uns für den nächsten Morgen um sieben. Zu einer Führung.

Er stieg in den Bulli, wendete schwungvoll und brauste davon. Im Heck schaukelten Kisten. VW Busse, in denen niemand wohnte, erschienen mir seltsam.

Aufmerksam beäugt von vier braunen Hühnern und einem sehr eitlen schwarzen Hahn packte ich auf einem rustikalen Holztisch meine Sommertüte aus. Ob ich die Körner, die in der Tüte abgefallen waren, dem Federvieh geben konnte? Oder bekamen sie spezielle Hühnerkörner und fielen von Kürbiskernen tot um?

Ich verzichtete auf ein Experiment und bestrich sorgfältig meine Münsinger Weggle mit Butter und Leberwurst.

Rundherum stiegen Weinberge an. Die Reben in Reih und Glied, die Hänge wie gekämmt. Grauer Himmel hing über dem gleichmäßigen Grün.

Der Hahn stolzierte auf Liesel zu und einmal um sie herum. Blieb vor einem der Vorderräder stehen. Ruckte wie ein Roboter das Köpfchen her und hin und stieß plötzlich vor. »Tock.«

Wütend riss er den Kopf zurück und warf ihn wieder vor. »Tock«, rammte er seinen Schnabel erneut gegen Liesels Felge.

»Hey!«, verteidigte ich meine treue Gefährtin. »Ksch … ksch … hau ab!« Weit ausschreitend gockelte er davon.

Gleich darauf wurde ich vertrieben. Von Regentropfen.

Lauter als der Kühlschrank brummte, trommelte der Regen auf das Blech meiner Behausung. Ich zog meine Bettdecke über die Ohren und schlummerte irgendwann ein.

Mitten in der Nacht schreckte ich hoch. Es polterte. Im Hühnerstall nebenan. Eine ganze Weile. Ich mag Hühner nicht.

Distanz: 221 km

# STUTTGART – NÜRNBERG

## WEINBAU, FACHWERK, HASENWIESE

Pünktlich um sieben trafen wir uns vor einer Lagerhalle
zur Führung über das Weingut. Ich hatte mein festestes
Schuhwerk angezogen und eine Hose, die schon in der
Schmutzwäsche lag, da es in Weinkellern ja staubig ist.

»Kann losgehen!« Hoffentlich hingen nicht so viele Spinnennetze
zwischen den Fässern. Ich habe keine Angst vor Spinnen. Ich mag es
nicht, ihre Fäden im Gesicht zu haben.

»Na, dann …« Er schob das Tor der Halle auf, tastete nach dem
Lichtschalter. Neonröhren flackerten auf.

Statt Gewölbebögen stützten Säulen aus Sichtbeton die hohe Decke.
Auf dem glatten Betonboden Europaletten voller Pappkartons. Geträn-
kekisten stapelten sich. An einer Hallenseite stand ein deckenhohes
Regal. Darin weitere Pappkartons mit Weinflaschen.

»Müssten die Flaschen nicht liegen?« Ich trinke zwar keinen Wein,
aber das weiß ja jeder.

Marcel Idler schmunzelte. »Die da hinten liegen ja. Und die stehen.
Das is' auch alles egal. Der Großteil ist mit Schraubverschluss verschlossen, da spielt das überhaupt keine Rolle.«

»Ach so.«

»Die Flaschen lagen früher nur, damit der Kork nicht austrocknet.
Und wurden dann regelmäßig gedreht. Inzwischen ist man der Mei-
nung, dass Drehen net nötig ist, weil der Kork durch die Verdampfung
Feuchtigkeit bekommt.«

Offenbar sah er mir meine Enttäuschung an. »Wenn ich Flaschen
länger in den Keller tu, leg ich sie schon auch.«

Aha, es gab hier also doch noch einen Weinkeller.

»Und Sie stammen aus einer richtigen Weinbauernfamilie?«

»Meine Großeltern haben früher Weinbau betrieben. Aber sie hatten kein Weingut, sondern haben nur die Trauben produziert und dann an Winzer verkauft.«

Was und wie er es sagte, klang nüchtern. Passte zur Halle.

»Warum sind Sie nicht Buchhalter geworden?«

Er lachte. »Des wär mir zu langweilig. Die Prägung war ja schon da. Durch die Großeltern, durch die Region. Da liegt's nahe, dass man hier kein Hopfenbauer wird.« Er lachte wieder. Nicht laut. Selbstsicher. Schon als Kind wollte Idler Weinbauer werden. Arbeitete zu Schulzeiten in Weinbaubetrieben. »Und dann hab ich studiert.«

»Was denn?«

»Weinbau.«

»Ja, klar.« Ich lachte. Unsicher.

»Während des Studiums habe ich entschieden, dass ich mich selbstständig machen will.« Entschieden. Nicht »davon geträumt«. Im Jahr des Abschlusses keltert er seinen ersten Jahrgang. Gründet das Weingut. Pachtet Parzellen in den Weinbergen. Vierzig sind es inzwischen, zusammen achteinhalb Hektar. Viele ortsansässige Besitzer sind zu alt geworden, um selbst zu bewirtschaften.

Ich deutete auf die Flaschen »Und wo … mhmm … zapfen Sie den Wein?« Das hieß mit Sicherheit nicht zapfen.

»Da kommt ein externer Anbieter. Der hat eine Abfüllanlage auf seinem LKW. Das spart mir Platz und ich kann genau kalkulieren, was mich die Abfüllung pro Flasche kostet. Ich muss nur die Weine auf den Termin hin richten.«

Hin richten – ein schwäbischer Ausdruck. Ansonsten färbte der Dialekt seine Sprache nur leicht. Blieb das Schwäbische dezent, trat seine Leidenschaft für den Weinbau immer deutlicher hervor. »Ich denk immer, wenn wir nix machen, dann geht's vielleicht bald rückwärts.« Also arbeitete er sieben Tage die Woche. Zwei Saisonkräfte unterstützten ihn momentan, dazu kam eine Bürokraft. Und die Eltern. Bei der Weinlese im Herbst helfen ein gutes Dutzend Freunde und Bekannte. Wie vor 100 Jahren. »Da kann man auch net jeden nehmen. Da braucht es Gespür und Erfahrung.« Die hier über Generationen vererbt werden.

Wir gingen in den Weinkeller. Eine Tür weiter.

Silbern glänzende Bottiche blitzten. Zum Keltern der Trauben. An einer Wand standen wie zum Appell angetreten sechs an die Badeöfen

Weingut Idler: Winzer-Romantik

meiner Kindheit erinnernde Edelstahltanks. Zur Weißweinlagerung. Die andere Hälfte des Raumes nahmen Fässer aus hellem Holz ein, allenfalls ein Kleinkind könnte sich darin verstecken. Auf den Deckeln in weißer Kreideschrift Jahrgang, Sorte, Anstichmonat.

»Beeindruckend«, höre ich mich sagen.

»Ich war lange Zeit in einem alten Gewölbekeller. Das sauber zu halten ist ein Riesenaufwand. Hier hab' ich alles auf einer Ebene. Nächstes Jahr will ich die Halle klimatisieren. Das ist besser fürs Weineinlagern.« Vor allem, wenn das Lager kein kühles Gewölbe ist.

»Wie lässt sich die Klimaanlage mit dem Öko-Anspruch vereinbaren?« Das Weingut hat seit einigen Jahren das Bioland-Siegel. Die Ferienwohnung oben auf der Halle wird als Bio-Apartment vermarktet.

»Wir haben Solarstrom auf dem Dach, den erweitern wir noch.«

»Verstehe.« Seine Leidenschaft für den Beruf paarte sich mit dem Willen, aus der elitären Ecke herauszukommen, in der viele das Weintrinken noch sehen. Die Zukunft sind junge, gut informierte, qualitätsbewusste Käufer. Nicht nur aus Deutschland. Das Weingut verkauft seine Flaschen über einen Webshop in alle Welt.

Idler wischte ein Stäubchen von einem der glänzenden Bottiche.

»Die Romantik des Winzers, der ab und zu mal im Keller die Flaschen dreht und a bissle durch den Weinberg geht, die gibt's halt net.«

Fürs Foto stellte er sich dann aber doch vor den urigen Fässern auf.

*Stuttgart ist so umgeben von Hügeln, dass man es erst kurz bevor man es erreicht, sieht. Es liegt hübsch in dem kleinen Tale des Nesenbaches, umgeben von nicht allzu hohen Hügeln, die an ihren Hängen ganz mit Weinbergen bedeckt sind und sich so nahe der Stadt erheben, dass sie darüber ragen. Der folgende Vers illustriert das treffend:* »*Wenn wir in Stuttgart keine Trauben ernten, würde die Stadt im Wein ertrinken.*«

*Die Nähe [der Hügel] ist zweifellos schädlich für die Gesundheit der Stadt, verhindert sie doch eine freie Luftzirkulation und lässt die Ausdünstungen des Tals nicht entweichen, was zu bestimmten Jahreszeiten eine Art Malaria erzeugt.*[117]

Es versteht sich wohl von selbst, dass ich das Tal mied.

Was Murray über Schorndorf schreibt, ist kurz: *Schorndorf.* Schorndorf verdient mehr als ein Wort. Mindestens die nun folgenden 174. Zunächst einmal steht hier das Geburtshaus eines Menschen, der zu Murrays Zeiten zwar gerade den Windeln entwuchs, aber mit dafür verantwortlich ist, dass Kutschen keine Pferde mehr brauchen und die Erderwärmung steigt.

Ich entdeckte sein Geburtshaus, weil ich bei der Durchquerung Schorndorfs das Wort Schloss las und beschloss anzuhalten.

Das Burgschloss ist ein trutziger Renaissancebau aus dem 16. Jahrhundert mit runden Ecktürmen, errichtet von Herzog Ullrich von Württemberg. Die von außen überaus massiv wirkende Anlage überrascht im Innenhof mit filigranen Fachwerkfassaden. Die waren nur

Schorndorf: Fachwerkorgie

ein Vorgeschmack auf das, was mich in Schorndorfs kleiner Innenstadt bezauberte.

Fachwerkhaus an Fachwerkhaus. Das einheitliche Erscheinungsbild verdankt seine Existenz mal keiner Kriegszerstörung. Es gab ja jahrhundertelang eine zweite Ursache für städtebauliche Neugestaltung: den »roten Hahn« – Feuer. Die für Schorndorfs Schnuckligkeit verantwortliche Feuersbrunst wütete 1743. Wer Zeit hat, macht sich vor Ort schlau über den Rebellenbund »Armer Konrad« und die »Weiber von Schorndorf«. Und besucht das Fachwerkhaus, in dem Gottlieb Daimler 1834 das Licht der Welt erblickte, die er mit der Entwicklung des leicht laufenden Benzinmotors zu verändern half.

Von den von Murray versprochenen schönen Ausblicken auf die Rems war nichts zu sehen. Zwar fuhr ich mehrere Male über Brücken, vor denen die Überquerung der Rems angekündigt wurde, ein dichter Streifen grünen Buschwerks ließ ahnen, wo der Fluss verlief.

Von Schwäbisch Gmünd und Aalen sah ich kaum mehr. Was in Aalen daran liegt, dass man dort lange durch einen Tunnel fährt.

In Ellwangen stoppte ich. Hätte ich gewusst, dass es auf einen Rollentausch hinausläuft, wäre ich vielleicht weitergefahren.

*Die Burg des Priorats ist noch vorhanden.*[118] Bis heute. Sie liegt auf einem über 500 Meter hohen Berg. Dort wurde zunächst ein Benediktinerkloster gegründet, das zu Sitz und Festung des Abts ausgebaut wurde. Nach der Zerstörung der Festung bauten die nachfolgenden Fürstbischöfe ein Schloss im Stil der Renaissance, das ergibt ja meist schwungvolle Gemäuer. Und in der Tat erhob sich da auf dem Berg ein dunkelgelbes Schloss voller Schwünge, Bögen und Ausbuchtungen.

Im ersten von Eselchens sieben Gängen strampelte ich auf einer Asphaltstraße den Schlossberg hinauf. Pustete und prustete. Musste absteigen. Die Straße schien sich endlos hinzuziehen. Das Schloss selbst lag links von mir auf einem grünen Hügel. Apfelbäume wuchsen am Hang und dazwischen entdeckte ich Treppen.

Ich habe schon einiges über Liesel erzählt. Aber fast nichts übers Eselchen. Es wurde vor nunmehr zehn Jahren in einem Pappkarton vor meiner Tür abgestellt. Weil ich es im Internet bestellt hatte. Sein Lenker lässt sich herunterklappen und die Pedale ab und in der Mitte hat es ein Scharnier, so dass es trotz seiner 24er-Räder sehr kompakt zusammengefaltet werden kann. Es begleitete mich schon durch Italien, die Schweiz und Österreich. Die jährlich empfohlene Inspektion des Faltmechanismus führen selbst Fachhändler, die die Marke mal verkauften, nur unter Vorbehalt aus, sofern sie sich nicht von vornherein weigern. Die Fertigungsqualität des chinesischen Herstellers lässt wohl zu wünschen übrig.

Ich mag das Fahrrad trotzdem. Es ist leicht, wendig und an der Ampel sind wir immer die Schnellsten beim Losfahren. Dass uns später die großen überholen, macht uns nichts.

Bockt man das Eselchen auf seiner Ständergabel auf, dreht es mangels Bodenkontakt kokett Lenker und Vorderrad nach innen. Deshalb sieht es auf den meisten Fotos missgebildet aus. In Ellwangen nahm ich das Eselchen huckepack und trug es die Treppen hinauf bis zum Schloss. Niemand wird zurückgelassen.

Ellwangen: Rollentausch

Was mich in Dinkelsbühl halten ließ, war Murrays Gasthausempfehlung: *Drei Mohren.* Ob es das noch ...? Ob es umbenannt ...? Parken, aussteigen, Eselchen.

Zunächst mal: Dinkelsbühl ist Schorndorf auf Koks. Die Stadttore sind größer, das Fachwerk kleinteiliger, die verputzten Giebel bunter und der Anblick der Gassen erzeugt Hufgeklapper im Ohr. Würde man Autos und Verkehrsschilder entfernen, fühlte man sich 600 Jahre zurückversetzt oder zumindest in die Zeit von Murray. Den Erhalt seiner Stadtbefestigung mit Toren und Türmen und damit letztlich dem Gesamtbild der Innenstadt verdankt Dinkelsbühl dem schon erwähnten bayerischen König Ludwig I., der den Abriss verhinderte und damit zum Vorreiter in Sachen Denkmalschutz wurde.

Blieb auch das »Drei Mohren« erhalten?

»Metzgerei Wießmeier« steht in Frakturschrift am gelben Giebel des alten Gasthauses. Der ursprüngliche Name ist getilgt. Dort. An der Tür preist ein Plakat Drei-Mohren-Feinkost vom hauseigenen Drei-Mohren-Lieferdienst. Betrieben werden der Laden und der dazugehörige Mittagsimbiss in vierter Generation von Familie Mack. Am 4. November 1797 – das steht auch am Giebel – aß dort auf seiner Reise von Zürich über Tübingen nach Nürnberg Goethe zu Mittag.

Dinkelsbühl: Schorndorf auf Koks

Allmählich wurde es Abend. Anders als Goethe wollte ich nicht nach Nürnberg. Da war ich ja schon. Heute schlief ich im Wald von Wolframs-Eschenbach. Fünfzig Kilometer links unten vor Nürnberg.

Nach langer Zeit folgte ich einer direkt von Menschen vorgegebenen Wegbeschreibung. Fast wie in der navilosen Vergangenheit, als man am Telefon Angaben bekam wie: »An der Tankstelle nicht links abbiegen« oder »Wenn du die Post siehst, bist du zu weit.«

Weisungsgemäß bog ich gegenüber von dem Bauernhof, auf dem meine Stellplatzstellerin mit ihren Eltern wohnte, ab, ratterte über eine kleine Brücke und ließ mich – ebenfalls weisungsgemäß – nicht davon irritieren, dass der Asphalt endete. Ich folgte den Fahrspuren aus gelochten Platten, die sich bergauf in den Wald wanden. Im Wissen, dass ich es schaffte, Liesel durch jede Engstelle zu manövrieren, und Liesel schaffte sowieso alles.

Wie versprochen, tat sich hinterm Wald eine unendliche Wiesenlandschaft auf. Die Platten waren nun auch zu Ende und ich schaukelte durch tiefe Furchen parallel zum Wald entlang, schwenkte auf die Wiese und hielt.

Stille. Einsamkeit. Wildnis.

Ein Campertraum. Und legal. Noch traumhafter.

Ich rutschte vom Fahrersitz und stieg aus. Blieb stehen. Inhalierte Waldluft. Ein Schatten huschte durchs hohe Gras. Nach der langen Fahrt halluzinierte ich wahrscheinlich. Wolkentürme kündigten Regen an. Kühler Wind rauschte durch die Baumwipfel. Im Gras wieder Bewegung. Und ein weißes Schwänzchen.

Hinter mir brachen Zweige, knirschte Sand. Ein Blechungetüm wankte den Waldweg entlang. Kein Motorgeräusch war zu hören. Es hielt. Ein Mann stieg aus. »Ich habe Sie unten vorbeifahren sehen. Alles in Ordnung soweit?«

Ich nickte. »Alles gut. Sehr schön hier.«

Mehr wollte er nicht wissen. Der Bauer unten vom Hof. Er stieg ein und glitt geräuschlos davon in seinem weißen Tesla.

Weil es draußen zunehmend unwirtlicher wurde, nahm ich mein Abendbrot auf dem Beifahrersitz ein. Pumpernickel mit Käse und Blick auf Grün und Braun in allen Schattierungen. Aus dem hohen Gras tauchte ein Ohrenpaar auf. Und ein weiteres. Köpfchen wurden gereckt. Aus schwarzen Kulleraugen schauten mir Hasen beim Mümmeln zu.

Distanz: 188 km

# NÜRNBERG – DRESDEN I

### BEGASUNG, ANKER, ASCHEFLEISCH

**Am nächsten Morgen stellte ich fest, zu Wolframs-Eschenbach gehört außer elektrisch mobilen Bauern und einer großen Feldhasenpopulation eine dieser erstaunlich gut erhaltenen und gut gepflegten Altstädte, die das Deutschlandbild vieler US-Bürger, Chinesen und Japaner prägen und die sie gelegentlich glauben lassen, was sie sehen, sei Filmkulisse.**

Was im Fall von Wolframs-Eschenbach nicht ganz falsch ist, war die Stadt – sogar namentlich – Schauplatz des ersten Films über den Räuber Hotzenplotz. Gert Fröbe spielte 1974 die Hauptrolle und viele Eschenbacher machten als Statisten mit.

Eine gewisse Räuber-Grimmigkeit zeigten die Einwohner tatsächlich mir gegenüber. Ich wertete inzwischen jedes Fotomotiv durch das Eselchen im Anschnitt, Vorder- oder Hintergrund auf. Womöglich nervt es in schmalen Straßen, wenn ein Mitvierziger im Weg steht, der sein kleines Fahrrad fotografiert.

»Betreten verboten! Es wird eine Begasung durchgeführt!«

Neben der Abbildung eines grimmigen Totenkopfes stand, womit hier begast wurde: »Mit Sulfurydiflorid.« All diese Informationen helfen natürlich nicht, wenn man nicht lesen kann. So wie die Holzwürmer, die deshalb gerade im Eschenbacher Liebfrauenmünster starben. Ein kantiger Kirchenbau. Das unterste Turmgeschoss stammt aus dem 11. Jahrhundert, die weiteren Geschosse und das Langhaus wurden bis Ende des 13. fertiggestellt. Bemerkenswert ist die Turmhaube aus bunten Ziegeln.

Außer dem einen oder anderen Holzwurm starb in Wolframs-Eschenbach gut 1000 Jahre früher einer der bekanntesten Dichter und Minnesänger des Mittelalters. Höchstwahrscheinlich. Sicher ist, aus seiner Feder stammt der Versroman »Parzifal«. Und anderes. Wolfram aus dem Geschlecht der Eschenbachs liegt im Liebfrauenmünster begraben. Wo da genau, weiß keiner mehr. Ihm zu Ehren wurde 1917 aus Obereschenbach der heutige Name des liebreizenden Städtchens.

Mit Erreichen von Ansbach kehrte ich zurück auf Route 151. Liebreiz zeichnet die Stadt an der Rezat nicht aus, vielmehr das Bestreben, Größe auszustrahlen. Grund dafür: Ansbach war *ehemals Hauptstadt der gleichnamigen Markgrafschaft.*[119]

Wolframs-Eschenbach: Echte Kulisse

Aufs Schärfste muss Murray darin widersprochen werden, das Ansbach *zur Zeit eine leblose Stadt ist ... die für einen Reisenden wenig Interessantes besitzt.*[159] Der Parkplatz Hofwiese gegenüber der Orangerie ist aufgrund seiner Größe für Wohnmobile wahnsinnig interessant. Nachdem ich es schaffte, auf die andere Seite der B14 zu gelangen, Stau und Baustellenabsperrungen erzwangen einen nervenraubenden Slalom, stand ich mit dem Eselchen vor dem zweitinteressantesten Gebäude von Ansbach: dem Schloss, *erbaut 1713 als Residenz der Markgrafen von Ansbach, die aus einem jüngeren Zweig der Hohenzollern stammten.*[119]

Wer die Residenz – heute Museum – fotografieren will, benutze unbedingt ein Weitwinkelobjektiv. Sie passt sonst nicht ins Bild. Außerdem empfiehlt es sich, nur die Front abzulichten, die Seiten sind noch nicht renoviert. Die den Haupteingang flankierenden Figuren standen unter notdürftig zusammengezimmerten Verschlägen und waren, damit sie die Besucher nicht erschlagen, mit Kabelbindern gesichert. Einige saßen sehr ungünstig und erweckten den Eindruck, die Figuren wären geknebelt.

Mich fesselte, dass auf allen Straßen, Plätzen und Gehwegen Kopfsteinpflaster verlegt war. Was Radeln zu einer unerquicklichen Angelegenheit werden lässt. Außer man ist zum Kaffeekränzchen eingeladen. Dann wäre mitgeführte Sahne bis zur Ankunft steif geschlagen. Aus Sorge, das Eselchen könnte zerbrechen, schob ich es durch die Stadt.

*Die Kirche St. Gumbert, mit drei Türmen, ursprünglich im gotischen Stil erbaut, hat geschmacklose italienische Ergänzungen erhalten.*[159] Das stimmt. St. Gumbert sieht aus, als hätte man durch Heckflügel, Seitenschweller und Radkastenverbreiterungen einen Opel Kadett in einen Ferrari verwandeln wollen. Und gerade deshalb ist die Kirche das Drittinteressanteste in Ansbach.

Das Allerinteressanteste liegt einen Häuserblock hinter St. Gumbert. *Im Johanniskirchhof befindet sich das Grab von Gasper Hauser mit der Inschrift »œuigma sui temporis: ignota nativitas, occulta mors, 1833«*[159] – vor *aeuigma* steht auf dem Grabstein noch:»Hic jacet Casparus Hauser.« Alles zusammen bedeutet:»Hier liegt Kaspar Hauser – Rätsel seiner Zeit, unbekannt die Herkunft, geheimnisvoll der Tod 1833.« Das 1828 in Nürnberg aufgetauchte Findelkind sorgte für Furore. Angeblich nach der Geburt gegen ein sterbendes Kind ausgetauscht und 12,13 Jahre in einen Kerker gesperrt, soll es sich um den badischen Erbprinzen gehandelt haben, der entweder herrschsüchtigen Mitgliedern der Badener Großherzogsfamilie oder den Ansprüchen Bayerns auf die zu Baden gehörende Pfalz im Wege stand. 1833 erlitt er im Hofgarten von Ansbach tödliche Stichverletzungen. Ob er sich die selber beibrachte oder ein anderer, liegt im Dunkeln. Eine vom SPIEGEL 1996 in Auftrag gegebene DNA-Vergleichsanalyse ergab keine genetische Verwandtschaft mit dem Haus Baden.

In Ansbach können auch ganz gewöhnliche Reisende schnell zu Tode kommen. Insbesondere die auf kleinen grauen Fahrrädern. Damit stehen sie nämlich den Ansprüchen von US-Soldaten auf die Straße im Wege, die in überbreiten Humvees durch Ansbach dröhnen. Sie lächeln jedoch sehr freundlich dabei, was das Überfahrenwerden entspannter macht.

Woher die Soldaten stammten, klärte sich auf meinem weiteren Weg. Aus Katterbach. Da stellten sich auf meinen Unterarmen die Härchen auf. Schnurgerade verlief die B14 durch den Ort. Beiderseits gesäumt von einem durchgehenden Zaun mit Stacheldraht in Y-Bespannung obenauf. Dahinter identisch aussehende Häuser. Rote Satteldächer. Dreieckige Giebel. In Reih und Glied zur Straße ausgerichtet. Alle Kanten scharf wie Bügelfalten. Ursprünglich für die Wehrmacht gebaut, nutzt Gebäude und den dazugehörigen Flugplatz heute die US-Army als Hubschrauberbasis.

Die gebrauchten Ami-Schlitten der Soldaten können beim Autohändler gleich nebenan erworben werden. Die Military Police fährt aber Toyota-Jeeps statt amerikanischer und droht »Du-Du-Du!« mit dem Zeigfinger, wenn man Fotos macht.

Da ich Datenvolumen nachgekauft hatte, durfte Googeline mal wieder sagen, wo's lang geht. Souverän führte sie uns an Nürnberg vorbei, durch Eschenau, Leupoldstein, Pegnitz, Creußen – immer die B2 entlang.

Zu all den Orten schreibt Murray nur den Namen und nichts animierte zum Anhalten. Einmal musste ich schmunzeln. Über den Hinweis auf Kotzmannsreuth.

Erst bei *Baireuth* schreibt Murray mehr. Man möge zu Bayreuth im Süddeutschland-Band, Route 170, nachlesen. Wenigstens ein Hotel empfiehlt er im Norddeutschland-Band. Den *Anker*. Hier hatte ich schon mal übernachtet.

Seit fast dreißig Jahren reiste ich auf Murrays Spuren, wurde mir in Bayreuth schlagartig vor dem »Goldenen Anker« bewusst. Es grenzt direkt ans Markgräfliche Opernhaus.

Alljährlich hatten meine Mutter und ich in den »heute«-Nachrichten die Berichte über die Eröffnung der Wagner-Festspiele gesehen. Mit dem Defilee der Politiker und Prominenten auf dem Weg ins Opernhaus, das immer nur im Anschnitt gezeigt wurde. Nachdem es keine Mauer mehr verhinderte, fuhren wir in alle Gegenden, die wir aus dem Westfernsehen kannten. In die Lüneburger Heide, an die Nordsee, in den Schwarzwald. Auf dem Weg zu eben jenem machten wir eine Nacht in Bayreuth halt. Internet gab es damals nicht, nur Telefonbücher. Die Anzeige des Goldenen Ankers wies auf seine Nähe zum Opernhaus hin und das beste Hotel am Platze sollte es sowieso sein.

Mitte Februar waren wir die einzigen Gäste, durch kalte, schummerige Gänge gelangten wir zum Zimmer. Zumindest das war mollig warm. Am Morgen servierte ein schwerfälliger älterer Mann das Frühstück. Setzte sich zu uns an den Tisch und rühmte die Tradition des Hauses, sich regelmäßig durch nervöse Ticks unterbrechend. Sein Nasenschniefen und Lippenschnalzen gehörte jahrelang zu meinem Repertoire von Imitationen merkwürdiger Menschen.

Noch merkwürdiger war, dass das Opernhaus neben dem Hotel ganz anders aussah als im Fernsehen. Viel zu wenig Grün, viel zu viel Stadt drumherum.

Wissen heute denn alle, dass Bayreuth zwei Opernhäuser hat?

Das neben dem Hotel ist das Markgräfliche Opernhaus. Es wurde gebaut, weil Wilhelmine der Vorgängerbau missfiel. Wilhelmine war eine Schwester Friedrichs des Großen und Gattin von Markgraf Friedrich III., Herrscher über das Fürstentum Bayreuth. Er erfüllte den Wunsch seiner Frau und 1748 wurde zur Hochzeit der gemeinsamen Tochter das neue Opernhaus eröffnet, wenngleich ohne fertige Fassade, dafür mit dem damals größten freitragenden Dach von 25 Metern Spannweite. Zwei Jahre später war auch außen alles fertig.

Das neue Opernhaus wollte Wilhelmine aus beruflichen Gründen. Die Markgräfin komponierte vortrefflich und schrieb Libretti für Opern und Singspiele. Schon seit zehn Jahren hatte sie die Bayreuther Oper geleitet, zehn weitere im neuen moderneren Haus waren ihr noch vergönnt. Als wenige Jahre später auch der Gatte starb, hatte das Haus kein festes Ensemble mehr. Es kamen Gastspieltruppen. Teilweise in Begleitung dressierter Affen. Auch mit dem Fürstentum Bayreuth ging es bergab. Napoleon verkaufte es 1810 an Bayern.

Bayreuth muss bei Murrays Besuch keinen schönen Anblick geboten haben. *Es hat einen trostlosen und verlassenen Charakter, da es nicht mehr die Residenz des Hofes ist, von dem es einst abhängig war.* [120]

Und dann kam Richard Wagner. Der las in einem Konversationslexikon von der damals größten deutschen Opernbühne, befand jedoch nach persönlicher Ansicht den Zuschauerraum für zu klein. Bayreuth behagte ihm dennoch und er baute Mitte der 1870er-Jahre sein eigenes – aufgepasst – Festspiel(!)haus auf dem berühmten Grünen Hügel. Wobei er ursprünglich ganz woanders in Bayreuth bauen wollte. Gattin

Cosima musste ihn erst überzeugen. Bayreuths Opernspielstätten hätten wohl nie ihre Weltbedeutung erlangt ohne den Einfluss von Frauen. Das Markgräfliche Opernhaus ist allgemein unbekannter. Schade, denn es ist das besterhaltene barocke Hoftheater und gehört deshalb seit 2012 zum UNESCO-Weltkulturerbe.

Für mich war klar, ich würde im »Goldenen Anker« bayrisch essen. Persönlicher Bezug, Murray-Bezug und unmittelbare Nachbarschaft zu einem kulturellen Welterbe. Perfekt. Zudem war es meine letzte Chance, in Bayern zu speisen, denn der Tag würde im sächsischen Vogtland enden.

Tische standen vor dem *Anker*. Nur saß keiner da. Man öffnete erst 17:30 Uhr. In einer halben Stunde. Ich las schon mal die Speisekarte im Aushang. »Gute hausgemachte Küche aus frischen Zutaten«, das klang verlockend. Und weiter hieß es: »Pochierter Lachsschmetterling«, »Käse vom Elsässer Affineur Jean-Francoises Antony aus Vieux-Ferrette«, »Buttergebratenes Bachforellenfilet mit Bärlauchpesto«. Bayerisch war das nicht. Mist.

Ich stieg in den Sattel. Mäanderte durch die Innenstadt. Manchmal muss man sich treiben lassen, um zum Erfolg zu kommen. Ich kam zu Schinners Braustuben. Seit 1860 Stammhaus der gleichnamigen Brauerei. Doppeltreffer.

*Charakteristisch für den Bayern ist seine überbordende Liebe zum Bier, der er noch verfallener scheint als die Einheimischen aus anderen Teilen Deutschlands. … Ständig unterhalten sich die Leute über die Menge und die Qualität des jährlichen Brauens. Es ist ein ebenso wichtiges Thema wie die Weinlese oder die Ernte in anderen Ländern oder der Stand der Warenvorräte in Paris oder Frankfurt. Das Brauen ist das florierendste Gewerbe in Bayern; es beschäftigt mehr als 5600 Betriebe und es werden jährlich fast 96 Millionen Gallonen [ca. 44,4 Mio. Hektoliter] hergestellt.*[121]

Vielleicht unterhalten sich die Bayern heutzutage weniger über Biermenge und Qualität. Bierland ist Bayern nach wie vor. Von den heute 1500 deutschen Braustätten steht fast jede zweite in Bayern, wo mit rund 24 Millionen Hektoliter, (das sind 4,8 Milliarden Halbliter-flaschen) etwa die Hälfte der Menge produziert wird wie zu Murrays Zeiten. [122]

Zwei klitzekleine Problemileinchen gab es bei meinem bayeri-schen Abend. Innerbayerisch betrachtet, befand ich mich nicht in Bayern, sondern in Franken. Das machte auch die Speisekarte klar: »Unser Restaurant bietet Ihnen täglich eine großartige Auswahl an fränkischen Spezialitäten.«

Und: Ich trinke nicht nur keinen Wein, ich trinke auch kein Bier. Eigentlich trinke ich überhaupt keinen Alkohol. Habe ich noch nie.

Aber! Erstens wurde Bayreuth an Bayern verkauft und zweitens ge-hört Franken nun mal zum Bundesland Bayern.

Und: Ja, ich trinke keinen Alkohol. Nur, essen tu ich ihn schon. Zum Beispiel mit Schokolade drumherum. Oder in Saucen.

In praller Sonne bekam ich einen Platz auf der Terrasse, was egal war. Ich wollte jetzt bayerisch speisen. Warum? Die bayerische Küche prägt international das Bild von deutschem Essen. Schweinshaxe, Knödel, Sauerkraut. Deutschland.

Außerdem galt es mal wieder Murray zu überprüfen. Denn einen Zuträger zitierend warnt er vor bayerischen Mahlzeiten: *Die Zuberei-tung von Fleisch ist im Allgemeinen sehr schlecht.*[123]

»Wutzbraten in Majoran, Schinners Braunbier und Senf dunkel marinierte Stücke vom saftigen heimischen Schweinekamm langsam gegart, mit Bratkartoffeln hgm. Krautsalat und fränkischem Kren«, of-ferierte die Karte.

Bayerisch-fränkisches Schwein in Bier mariniert.

Geht's besser?

Als Getränk bestellte ich eine Limonade aus gegrillten, karamelli-sierten Zitronen mit Minze und Eiswürfeln. Kein bayerischer Klassiker. Spezialität des Hauses.

Auf eine weitere Hauspezialität wies mich die freundliche Kellnerin beim Wutzbraten hin. Ich solle mir aber keine Sorgen machen, es wäre vollkommen unschädlich.

Die Limonade war das Beste, was ich je getrunken habe in Schinners Braustuben. Dann kam das Essen.

Goldbraune Bratkartoffeln, eine Schüssel Krautsalat, ein Klecks Kren … und ein schwarzer Klumpen.

Was nicht auf der Karte stand und die Kellnerin ankündigte: Das Fleisch war in Asche gewälzt.

Bayreuth: Lecker!

Im Wesentlichen ein optischer Effekt. Etwas Einfluss aufs Mundgefühl. Ansonsten geschmacks- und geruchlos. Was die Frage nach dem Sinn aufwirft. Davon abgesehen: Der Wutzbraten war das Beste, was ich je gegessen habe.

Oder sagen wir, er gehört zu den Top 3.

Saftig, würzig, auf der Zunge schmelzend.

Mr. Murray, die Bayern können sehr wohl Fleisch zubereiten!

Ich fragte die Kellnerin nach dem Rezept. Das wusste sie nicht genau und holte jemanden, der es wusste.

Vom Oberkellner erfuhr ich, dass das Fleisch 67 Stunden in einer speziellen Grilltruhe vor sich hin schmore, die mit zwei Tage zuvor geschlagenem Birkenholz geheizt wird.

Außerdem sei der Wutzbraten eigentlich ein Mutzbraten. Ein traditionelles Gericht aus dem thüringisch-sächsischen Raum. Aber die Asche, die sei die Idee des Kochs.

Wenn die Bayern auf Rezepte aus dem Osten zurückgreifen müssen, hatte Murray vielleicht doch recht.

Kurz nach sechs ging es weiter und es wurde deprimierend. Denn ich fuhr gen Osten. Erreiche Bad Berneck. *Ein Dorf in einem Tal, das*

Bad Berneck: Kaum Platz für zwei Häuserreihen

*so eng ist, dass es kaum Platz für zwei Häuserreihen bietet.*[124] In den bayerisch-fränkischen Ausläufern des Fichtelgebirges gelegen, also noch im ehemaligen Westdeutschland, hat es die Ausstrahlung einer alten Puppe, der ein Auge herausgefallen ist. Villen, alte Hotelkästen und ein paar Fachwerkfassaden künden von besseren Zeiten. Die lagen zwischen den 1950er- und 1980er-Jahren, da kurten hier sogar arabische Scheichs. Symptomatisch für die düstere Gegenwart steht das von Murray empfohlene Gasthaus. Seine orange-braune Fassadenverkleidung ist ein originaler Gruß aus den Achtzigern.

Alle großen Klinikbetreiber haben das schattige Tal längst verlassen. In den Restaurants sah ich kaum Gäste, ausgenommen in den beiden, deren Terrassen etwas Sonnenlicht abbekamen.

Ein Dach über dem Kopf, ein Bett, eine Kochmöglichkeit und idealerweise Wasservorräte und eine Toilette zu haben, das erfüllt unsere Grundbedürfnisse. Können wir die an jedem Ort der Welt erfüllen, sind wir wohnmobil. Und träumen davon, frei zu sein von allen Zwängen. Von Chefs, Terminen, Behörden und Straßen.

Die Wegbeschreibung zum Naturhof Vogtland begann mit den Worten: »Unabhängig davon, was Ihnen Ihr Navigationssystem über das erreichte Ziel sagt …«

Unabhängig sein – das Urversprechen von Wohnmobilen.

Der letzte Satz lautete: »Nehmen Sie den ersten Feldweg rechts nach dem Pilz.« Womit ein Aussichtspunkt gemeint war, nichts zu essen.

Nach zwei Wendemanövern fand ich einen Feldweg, der am besten zur Beschreibung passte. Seine Furchen waren so tief, dass ich fürchtete, in der Mitte aufzusetzen.

Es dämmerte. Regen setzte ein. Im Licht von Liesels Scheinwerfern neigten sich Halme in den Weg, die bis zu den Seitenscheiben reichten. Die Außenspiegel versetzten ihnen Schläge.

Klappernd und scheppernd schaukelten wir dahin. Kamen wir ans Ziel. Den Naturhof hatten wegen seiner abgeschiedenen Lage auch fünf andere Camper ausgewählt.

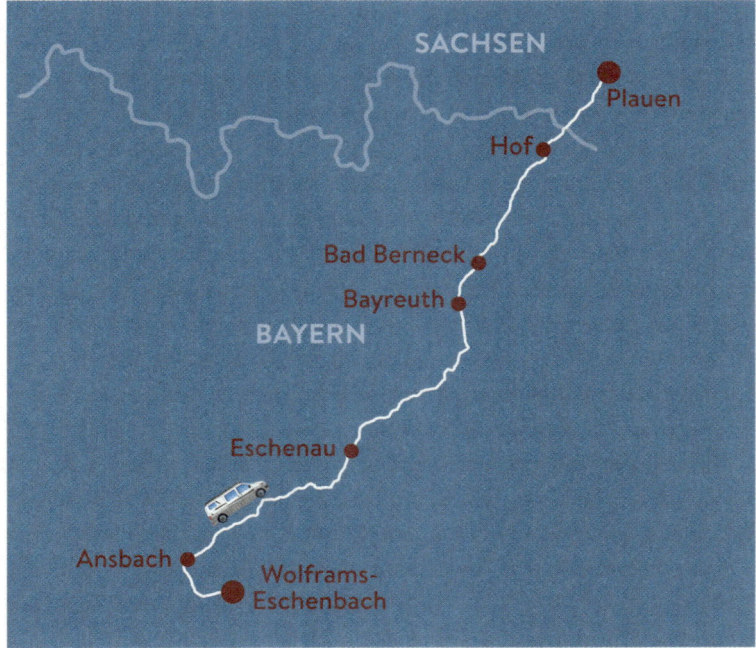

Distanz: 249 km

# NÜRNBERG – DRESDEN II

## FREIHEIT, STRÜMPFE, QUIETSCHALARM

Am Morgen wurden die Regentropfen seltener. Spät wie
nie frühstückte ich. Die anderen Camper waren längst
unterwegs, da schlenderte ich hinüber zum Hof. Ein
Wohnhaus. Ein Stall. Ein paar Gewächshäuser. Auf einer
Koppel grasten zwei Kaltblüter. Gänse schnatterten in
einem Gehege. Schafe weideten unter den Obstbäumen.
Auf einem kleinen Feld wuchs Kohl in langen Reihen.

Im Hofladen traf ich auf einen groß gewachsenen Mann Ende 60,
einen braunen Hut auf dem Kopf. Ob ich gut hergefunden hätte … Ich
schwindelte ein bisschen.

Er sprach alle weichen »ch« als »sch« aus. Die Vokale a und o waren
kaum zu unterscheiden. Statt »sagen« sagte er »saren«.

Seit 20 Jahren gab es den Hof. »Wir sind hier zwei Familien, die das
machen … Nehmse doch Platz! … Wir komm'n ursprünglich aus der
Textilindustrie. Aber das wurd' ja alles nach der Wende zerschlagen im
Vogtland. Und für uns kam jetz' die Frage: Wie geht's weiter? So waren
wir gezwungen, um nicht auf der Tasche des Staates zu liegen, irgendwas zu machen.«

Während er sprach, kam eine Frau herein. Lange graue Haare. Skep-
tischer Blick. »Das is' meine Frau Kölbel«, stellte er sie vor. Sie nickte
und setzte sich zu uns an den Tisch.

»So, und nu' waren wir beide mit Landwirtschaft vorbelastet. Durch
Eltern und Großeltern. Die hatten Flächen. Die hab' ich gleich aus der
damaligen LPG herausgenommen. Und hab' versucht, hobbymäßig
was zu machen.« Dann lernte er Frau Kölbel kennen. »Ich hatte die
Fläche, sie hatte die Ideen.« Und die Geduld, sich mit Anträgen und
Genehmigungen auseinanderzusetzen.

Der Naturhof war zunächst nur ein berufliches Standbein. Neben

Journalismus. Was man so macht, wenn man dem Staat nicht auf der Tasche liegen will. Beide schrieben für Tages- und Fachzeitschriften. Schwerpunkt »grüne Themen«.

»Und dann haben wir eine Ausbildung gemacht.« Frau Kölbels erster vollständiger Satz.

Er nimmt den Ball auf. »Um auch nach außen hin, fachlich kompetent zu sein, haben wir uns auf die Schulbank gesetzt und unsern Landwirt gemacht.« Da war er Mitte 40, sie Anfang 30.

Eine zweite Frau kam herein. Typ Omi. Skeptisch. »Das is' meine Frau.« Sie nickte, blieb stehen, lehnte sich rücklings an den Verkaufstresen.

Er redete weiter, erzählte, wie er freitags und samstags ihre Produkte auf dem Markt in Chemnitz verkaufte. Heute beliefern sie vor allem Stammkunden. Seit fünf Jahren kommen Camper und kaufen hier auch ein.

»Wir wollten jetzt nicht nur Obst und Gemüse verkaufen, sondern ein rundes System haben. Dass alles, was unverkäuflich ist, weiterverwertet werden kann.« Sie schafften Tiere an. Haustierrassen, die vom Aussterben bedroht sind, wie das Rhönschaf.

»Und dann waren wir«, warf Frau Kölbel ein, »der erste Archehof.«

»Ja«, setzte er fort, »der erste Archehof Sachsens.«

»Und waren der Erste, der auch wieder aufgehört hat«, ergänzte Frau Kölbel und lachte.

Er wischte es mit »ganz anderes Thema« vom Tisch. Das Rhönschaf blieb aber. Sie führen sogar das Zuchtbuch in Sachsen. Früher in der DDR war das Rhönschaf staatlicherseits verpönt, weil Röhn Westen war. Sie schafften Pferde an für die Arbeit auf den Feldern. Die Kaltblüter sind zwar schwer, aber verdichten nicht den Boden, wie die immer größer werdenden Landmaschinen.

Wieder kommt jemand herein.

»Das is' die Paula.«

Paula beschnüffelte mich, leckte meine Hand und stellte sich in Kraulposition.

Ihre Besitzer begannen bald nach Biomaßstäben zu produzieren. Stiegen in einen dreijährigen Zertifizierungsprozess ein. Regelmäßig kamen Kontrolleure, die die Kontrollierten bezahlen mussten. »Nu war es so, dass einer der hundert Hektar bewirtschaftete, das Gleiche bezahlen musste wie einer mit acht. Das war für mich nicht nachvollziehbar.« Zumal nach der Wende nicht klar war, wer im zertifizierenden

Vogtland: Frei und unabhängig

Verband das Sagen hat. »Noch die alten roten Socken oder die neuen Schwarzen?«

Sie stiegen aus. Auch die EU-Ausgleichszahlungen an Landwirte nehmen sie nicht mehr in Anspruch.

»So werden wir nicht mehr kontrolliert. Wir hatten den Eindruck, gerade die Kleinstbetriebe bekommen mehr Kontrollen als die großen. Und meine Arbeit während der Kontrollzeit bleibt liegen.« Zwar müssten sie alle Gesetze erfüllen, Kontrollbücher führen. »Aber wir leben jetzt ruhiger und sind frei.«

Das geht also auch ohne Wohnmobil.

Zurück an meinem widmete ich mich der Suche nach den verschwundenen Dingen. Die gefallenen Temperaturen machten es nötig, mein zweites halbes Bein zu finden. Systematisch mein Zuhause durchsuchend fand ich es im Geheimfach unter der ZeugdasnichtinderGegendrumfliegensoll-Kiste. Ich hatte darin meine Kamera eingewickelt, weil ihre Tasche verschwunden war und später wohl nur die Kamera aus dem Versteck geholt.

Den vermissten Teller entdeckte ich hinter den Schubladen im Küchenschrank. Zum Glück habe ich keine dicken Arme. Einzig den verschwundenen Socken fand ich nicht.

*Die Marienkirche zeichnet sich durch ihren hohen Turm aus, den Luther wegen der schönen Aussicht oft bestieg. Innerhalb der Kirche sind mehrere sehr feine Gemälde des alten deutschen Meisters Wohlgemuth.*[125], schrieb Murray über den Dom von Zwickau. Meister Wohlgemuths Werke anzuschauen war mir nicht vergönnt. Der Dom war zu. Außen hoben sich frisch renovierte Heiligenfiguren in ihrem hellen Stein deutlich vom Schwarzbraun der Kirchenfassade ab. Es schien, als stünden sie Schlange am Laden gegenüber: »Pferdespezialitäten – Genuß ohne Reue«. Da konnten sie ewig warten. Das Fleischfachgeschäft wirkte nicht, als hätte es in dieser Woche aufgehabt. Oder in der davor.

Die oft breiten und lichtdurchfluteten Straßen fallen in Zwickau auf, in der Innenstadt gesäumt von sanierten Wohnhäusern des 19. Jahrhunderts mit dem zeittypischen Fassadenschmuck. Hier haben EU- und Bundesmittel Wirkung gezeigt. Moderne Neubauten füllen Baulücken und am Stadtrand stehen die aus DDR-Zeiten. Die Wohnblocks

Schlange stehen in Zwickau

weckten Heimatgefühle. Ich wuchs in Berlin-Marzahn auf.

Verbreiten Menschen, die Sachsen, Brandenburg und die übrigen jüngeren Bundesländer vor allem vom Hörensagen kennen, Pauschalurteile über den Osten, fauche ich meist wie eine Löwin, deren Junge bedroht werden.

Die meisten jungen Zwickauer, die mir an diesem Nachmittag begegneten, trugen schwarze Klamotten, die T-Shirts bedruckt mit Totenköpfen oder Zungen. Tätowierte Waden waren beliebt. Jung und Alt mochten es, die Haare an mindestens einer Kopfseite raspelkurz zu tragen. Überhaupt schätzte man asymmetrische Schnitte. Und Haarfarben, die wahrscheinlich im Dunkeln leuchten. Jedes zweite Graffiti an den Häuserfassaden hatte eine politische Botschaft, mal von den einen, mal gegen die anderen. Hunde mit breiten Köpfen sind verbreitet, genau wie getönte Scheiben bei Kleinwagen, in denen zu dumpfen Bässen Sänger schreien.

Zum Glück sah das nur ich, sodass die Klischees keine neue Nahrung erhalten.

Zwickau war der letzte Ort, in dem ich anhalten wollte. Jetzt freute ich mich auf mein Nachtquartier. Ein Parkplatz in Klaffenbach, südlichster Stadtteil von Chemnitz. Ein Tipp aus einem Camper-Forum. Es gab dort keinen Strom, kein Wasser. Nur die Möglichkeit, legal zu nächtigen. Und ein Schloss.

Jeden Morgen in den zurückliegenden zweieinhalb Wochen startete ich im Wissen, im Laufe des Tages überrascht zu werden. Das konnte der Vergleich von gestern und heute sein. Manches, was Murray schön und bedeutend empfand, hatte in 200 Jahren an Schönheit und Bedeutung verloren, anderes war architektonisch oder atmosphärisch erstaunlich unverändert. Oder ich begegnete Schönem, Bedeutendem oder Kuriosem, das vor 200 Jahren noch gar nicht existierte, einfach nur, weil ich Murrays Routen folgte. Das machte den besonderen Reiz dieser Art zu reisen aus.

Für die letzten Kilometer bis Klaffenbach erwartete ich nichts mehr. Der Ort kommt bei Murray nicht vor, da er ein paar Kilometer abseits der Route Nürnberg-Dresden liegt. In der Routenbeschreibung trennte das hinter mir liegende Zwickau vom folgenden Chemnitz ein einziger Ort. Ein einziges Wort: Lungwitz.

Es heißt inzwischen Oberlungwitz. Die B173 trug hier den Namen Hofer Straße und durchzog den Ort mittig wie eine Wirbelsäule, gleich daneben floss der Lungwitzbach, so dass alle, die zu den Häuschen auf der rechten Seite wollen, über kleine Brücken müssen.

»Apotheke am Hirsch«, »KFZ-Bedarf Storch«, »Blumen Mimi«, Netto … Überraschung.

Ich fuhr erstmal auf den Netto-Parkplatz, kaufte Schokorosinen und Bananenmilch. Manche Tiere machen Ähnliches. Wenn sie nicht wissen, ob sie angreifen oder weglaufen sollen, beginnen sie zu grasen oder sich zu putzen. Meine Übersprungshandlung war, Süßes zu kaufen.

Zurück aus dem Supermarkt umkreiste ich das Zielobjekt. Schlich mich vom Parkplatz aus an, fuhr, weil ich da nicht nah genug herankam, auf die Rückseite und näherte mich über die Parallelstraße von hinten. Was ich durch einen Zaun sah, steigerte nur meine Neugier. Ich fuhr zurück in die Hofer Straße und parkte gegenüber.

Mitten im Dorf – eine Kleinstadt eigentlich, die bis hierhin nach Dorf ausgesehen hatte – erhob sich ein Gebäudegebirge. Die äußeren Bauten in rotem Klinker ausgeführt. Die mittleren, älteren, sandfarben verputzt. Lange Reihen hoher Sprossenfenster ließen in allen Gebäudeteilen viel Licht in jedes Stockwerk. Die sandfarbene Hälfte des Ensembles stammte dem Baustil nach aus der Zeit um 1900, in den klaren Linien der 50 Meter langen Klinkerbauten klang Bauhaus an. Ein Turmbau ragte – den Fenstern zufolge – 18 Etagen hoch in den Himmel. Womöglich waren es je Etage zwei Fenster übereinander, selbst das reichte, um alle anderen Häuser zu verzwergen. Den Turm krönte ein senkrechter Reklamequader: »Rogo Strümpfe«, las ich.

Eine der Brückenzufahrten über den Lungwitzbach flankierten steinerne Skulpturen. Auf der linken Ecke der Brüstungsmauer saß eine junge Frau. Konzentriert schaute sie auf den Strumpf in ihren Händen. Auf der rechten Ecke, halb von Buschwerk überwuchert, kauerte ein Mann, Anzug, Buch im Schoss und einen Strumpf in der Hand. So viel stand fest. Das hier hatte mit Strümpfen zu tun.

Über der Pförtnerloge zeigte eine quadratische Uhr fünf nach halb acht. Tatsächlich war es kurz vor halb sieben.

Auf dem Pförtnerschreibtisch zwei graue DDR-Telefone mit Wählscheibe, daneben schreibmaschinengeschrieben eine Durchwahlliste. »Saal I/3 – Frau Nagel -331«, »Trafostation Geb. II -270«… Schlosserei, Schweißerei, Tischlerei …

Ein verblasster UHU-Stick und ein gelber Textmarker zeigten, der Betrieb war vor kürzerer Zeit eingestellt worden, als die Telefone vermuten ließen.

Ich drang tiefer aufs Gelände vor. Meine Schritte hallten in den Durchfahrten. Durch die maroden Decken schimmerte die Stahlarmierung. Von irgendwoher hallte hell tropfendes Wasser. Hohe Quergebäude verdunkelten die Höfe. In dem Komplex mussten Hunderte, Tausende Menschen gearbeitet haben. Wo die Gebäudeschatten nicht mehr hinreichten, stand ein lang gestrecktes Fachwerkhaus, drei Stockwerke hoch, dunkles Krüppelwalmdach, über der verwitterten Tür die Zahl 1790. Eine blaue Denkmalschutzplakette unterstrich seine Bedeutung.

Murray hatte über all das in seinen Anmerkungen zur nächstgrößeren Ortschaft geschrieben: *Chemnitz ist die wichtigste Produktionsstadt in Sachsen. Die Baumwollwaren, namentlich Strümpfe, für die es in der Hauptsache gerühmt wird und denen es seinen gegenwärtigen Wohlstand verdankt, sollen sogar mit den englischen mithalten können.*[126]

1731 schaffte der Lungwitzer Kirchenorganist Samuel Uhling einen Strumpfwirkerstuhl an. Sein Enkel übte die Nebentätigkeit des Großvaters schließlich im Hauptberuf aus, der Wohlstand, den er durch die Strumpfherstellung erlangte, erlaubte ihm, 1790 das Fachwerkhaus zu bauen.

Mitte des 19. Jahrhunderts arbeiteten immer mehr Lungwitzer als Strumpfwirker und brachten ihre Waren, anfangs auch Handschuhe und Schals, nach Chemnitz, wo die Auftraggeber saßen und den Vertrieb organisierten. Oder die Strumpfwirker verkauften selbst auf der Messe in Leipzig. Bald wurden die Hauswirkereien zu klein, Strumpffabriken entstanden.

Ich spazierte zwischen den Werkgebäuden der beiden größten Unternehmen im Ort umher, gegründet 1886. Eine Hälfte gehörte dem Unternehmer Friedrich Tauscher, die andere Robert Götze, die ersten Silben seines Vor- und Zunamens ergaben die Markenbezeichnung ROGO.

Im Jahr 1924 stammten drei Viertel aller maschinell gefertigten Strumpfwaren auf der Welt aus Oberlungwitz.

Nach dem Zweiten Weltkrieg verstaatlichte die DDR alle Strumpfwerke. Das in der Hofer Straße wurde zum »VEB Feinstrumpfwerke Oberlungwitz«, 1972 angliedert an das Kombinat »ESDA Thalheim«[XXI]. Zusammen versorgte man den gesamten Ostblock. Ab 1983 begann unter dem Markennamen Turmalin im Nachbarort Hohenstein-Ernstthal die Produktion von Herren- und Damensocken für das westliche Ausland und die teuren Exquisit-Läden der DDR. Mit der deutschen Einheit kamen die Betriebe des Kombinats ESDA unter Aufsicht der Treuhandanstalt. Von den 2000 Beschäftigen in Oberlungwitz wurden

Oberlungwitz: Von den Socken!

1700 entlassen. 1992 erfolgte der Rückkauf durch die Erben der Familie Robert Götze und weitere Gesellschafter. Die Feinstrumpfwerke Oberlungwitz und die Turmalin Strumpfwaren wurden zur Firma ROGO Strumpfwerke GmbH Oberlungwitz zusammengeschlossen und 2006 vom Daun-Konzern übernommen. Ein Jahr später endete die Ära der Strumpfwarenproduktion in Oberlungwitz. Heute produziert man den größten Teil der Marken ROGO und ESDA in Serbien. Einen kleinen Teil im nahe gelegenen St. Egidien. In den alten Werksgebäuden in Oberlungwitz hält ein kleiner Strumpfladen die Stellung. Um seine vier Fenster ist der bröselnde Putz frisch gestrichen.

Auf der Fahrt zu meinem Nachtlager hielt ich für einen Selfie-Stop am Ortsschild von Ursprung. »Wo alles begann«, hatten sicher schon andere gepostet.

Schließlich erreichte ich das Wasserschloss Klaffenbach.

Auf dem leeren Parkplatz positionierte ich Liesel neben dichtem Gebüsch, schob die Seitentür auf und zog den Insektenschutz zu. Zur Feier des Tages hängte ich die Tischplatte für die Sitzecke ein und deckte fürs Abendessen.

»Wie komme ich denn zu der Ehre?«, fragte er. Dabei war es gar keine Ehre, ich rufe Olaf regelmäßig an.

»Och, einfach so.« Ich schmatzte etwas beim Sprechen, weil ich aß. Das kannte Olaf.

»Reise zu Ende?«

»Ja. … Nein! Ich …« Ein Pumpernickelkrümel hatte den falschen Eingang genommen. Ich hustete. »Die Reise geht morgen weiter. Aber zu zweit!«

»Toll …« Ein Wort, das sich so oder so betonen lässt.

Von draußen drang Amselgesang herein. Und ein Geräusch.

»War's denn schön bisher?« Olaf neigt üblicherweise zu einer kritischen Betrachtung von Welt und Leben.

»Du bist heute so positiv. Wie kommt's?«, fragte ich deshalb.

»Bin zur zweiten Bewerbungsrunde eingeladen und ich habe gerade ein neues Lied fertig geschrieben.« Olaf zeichnete, textete, komponierte, spielte mehrere Instrumente, hatte sich in seine kleine Wohnung eine Gesangskabine eingebaut, wusste alles über Internet-Marketing und produzierte 3-D-Animationen. Es fehlte nur der Job, in dem das alles gebraucht wurde. »Und warum bist du missgestimmt?«

»Ach, es war eigentlich ein toller Tag. Wieder. Nur eben der letzte allein. Was heißt allein? Ich hatte ja das Eselchen, Liesel, Frau Navi und Googeline.« Ich merkte selbst, wie sich das anhörte. »Ist vielleicht ganz gut, dass ich ab morgen nicht mehr allein bin.«

Draußen verklang das dünne Geräusch. Ein Quietschen. Ein pulsierendes Quietschen.

Ich erzählte von Oberlungwitz. Olaf verglich dessen wirtschaftlichen Niedergang mit dem des Ruhrgebiets.

»Und gestern Abend war ich essen in Bayreuth. Bayerisch.«

»Fränkisch wohl eher ...«

»Napoleon hat Bayreuth an Bayern verkauft ... Is' auch wurscht. Jedenfalls ... Essen war lecker, nur nicht bayerisch.«

Ich erklärte es. Auch das mit der Asche. Olaf lachte. »Hat der Westen die verbrannte Erde drübergestreut, die er im Osten hinterlassen hat.«

»Eben nicht. Oder doch. Es ist verwirrend. Ich fahr' gestern Abend weiter Richtung Osten. Bin aber noch im Westen. In Bad Berneck, Hof. Und vor allem dazwischen ... Alles grau, verlassen, übrig geblieben. Wer einen Film über die DDR in den Achtzigern drehen will, fährt am besten nach Oberfranken.«

»War früher Zonenrandgebiet. Wollte keiner hin. Dann hamse denen Zucker in den Arsch geblasen, Steuererleichterung, Fördergelder ... So 'ne Art Aufbau Ost.«

»Ja, siehste ... Das ist das Stichwort.«

»Was quietscht denn da?«

»Ach, hörst du es auch?!«

Ich stand auf, blieb an der Tischplatte hängen, mein leeres Melaminglas hüpfte. »Wo war ich?«

»Im Westen. Beim Aufbau Ost!«

»Ach ja, genau ...« Ich stellte das Glas aus Plastik wieder hin. Eigentlich war es ja ein Becher. »Ich fahre also durch diese wahnsinnig deprimierende Gegend. Bei grauem Wetter, es wurde kälter. Das hat's vielleicht noch verstärkt.« Ich schob den Insektenschutz beiseite und stieg aus. »Dann komme ich an die ehemalige Grenze ...« Die nächste Quietschwelle rollte heran. »Da steht dieses typische braune Schild:

Hier war Deutschland bis zum soundsovielten November 1989, soundsoviel Uhr geteilt. Und kurz dahinter …« Ich folgte dem Quietschen bis zu einer Lücke im Buschwerk. »Bunte Gewerbegebiete. Einkaufszentren. Straßen glatt. Fassaden gemacht, Laternen neu. Ich dachte, ich wäre im Westen.«

»Weil sie inzwischen euch alles in den Arsch geblasen haben.«

Euch und ihr. Wir sind über 40.

»Ich weiß jetzt, was quietscht!«

»Da bin ich aber gespannt.«

»Ein weißer Suzuki Vitara.«

»Was ist das?«

»Ein kleiner Geländewagen.«

»Und der quietscht?«

»Weil er eine Apparatur vor sich herschiebt.«

Ich schwieg. Der Vitara nicht.

»Muss ich fragen?«

»Bitte.«

»Warum schiebt der denn eine Apparatur vor sich her?«

»Er sammelt Golfbälle ein!«

Bis es dunkel wurde, quietschte das kleine Auto in enger werdenden Kreisen übers kurz gemähte Grün des Golfplatzes.

Distanz: 92 km

# NÜRNBERG – DRESDEN III

---

**FETISCH, FREIBERG, FRAU AN BORD**

Es war ein feines Schloss, neben dem ich da geschlummert hatte. Ein weißer Bau im Renaissancestil, weitere solche mit einem Wassergraben drumherum gibt's in Sachsen nicht.

Adlige wohnten in dem Wasserschloss nie, Bauherr war der Münzmeister des Herzogs Moritz von Sachsen. Der 1548 in Augsburg zum Kurfürsten von Sachsen ernannt wurde. Das Schloss kam 1926 in den Besitz der Gemeinde Klaffenbach. Von 1947–1989 war es ein Jugendwerkhof für Mädchen. Hier erzog die DDR Teenager zu »sozialistischen Persönlichkeiten« heran. Inhaftierungsgrund waren vermeintliche Renitenz gegenüber dem Staat, Diebstahl, Körperverletzung oder sogenannte »sexuelle Verwahrlosung«. Als Erzieher arbeiteten überwiegend ehemalige Armeeangehörige, die Haftbedingungen waren grausam und die Hygienestandards oft auch unter DDR-Norm.

Heute kann man hier heiraten, essen und Ausstellungen besuchen.

Ich besuchte Chemnitz. Die zwischenzeitliche Karl-Marx-Stadt. Manche Chemnitzer erinnerten an Zwickauer, die meisten nicht. Der Innenstadt

Klaffenbach: Helles Gemäuer, dunkle Vergangenheit

Chemnitz: Fit for Fun

fehlt nach verheerenden Luftangriffen auf die Industriestadt – wann, ist wohl klar – fast jede historische Bausubstanz. Die DDR baute neu. Daher die vielen geraden Linien und Kanten. Aus jüngerer Zeit stammen die Versuche, das Ganze durch Einkaufstempel aus Glas, Stahl und hellem Stein aufzulockern.

Ich war in den Stadthallenpark geraten. Einer Grünanlage zwischen Stadthalle, Rotem Turm und dem »Nischel«. Ein sächsischer Ausdruck für Kopf und in Chemnitz speziell für die zweitgrößte[XXII] Porträtbüste der Welt: die von Karl Marx. Gesichtshöhe: 7,10 Meter, Gewichtshöhe: 40 Tonnen.

Mit mir ging mal wieder mein Fahrrad-Fotografier-Fetisch durch, neben meiner Gasthausphilie der zweite Tick, den ich auf der Reise entwickelt hatte. Den dunklen Marx und das graue Eselchen bei trübem Morgenlicht befriedigend in Szene zu setzen, gelang mir nicht. Eine Alternative musste her.

Und so kamen die drei Obdachlosen im Stadthallenpark zu einem Unterhaltungsprogramm, das sie um diese Zeit wohl nicht erwartet hatten.

Einer nach dem anderen richtete sich von seiner harten Schlafstätte auf. Gebannt schauten sie zu, wie ich auf den umlaufenden Mauern der Kaskaden vor der Chemnitzer Stadthalle herumturnte, um in der Spiegelung des Wassers mein Fahrrad und den Roten Turm zu knipsen. Der ist das älteste Bauwerk in Chemnitz, seine baulichen Ursprünge liegen im 12. Jahrhundert. Und: Er sieht aus wie die Flaschen des Geschirrspülmittels Fit. Aus gutem Grund. Der Turm wurde 1968 zum Design-Vorbild für die Flasche.

Ich schleppte das Eselchen mal hierhin und mal dorthin. Besonders lustig fanden die drei wohnungslosen Männer, wenn ich dabei die Balance verlor und fast ins Wasser kippte. Doch ich fing mich jedes Mal im letzten Moment und bekam für die dritte dieser unfreiwilligen Einlagen sogar Applaus.

Ob die entstandenen Fotos den Einsatz wert waren, bin ich nicht sicher.

Obwohl Freiberg nicht groß ist, verwendet Murray anderthalb Seiten des Norddeutschland-Handbuchs darauf. Freibergs früherer Bedeutung angemessen, denn die Silber-, Kupfer- und Kobaltminen rund um die Stadt sorgten für Reichtum und entsprechende Bauwerke. Was davon übrig war, fehlte mir die Zeit herauszufinden.

In einer dreiviertel Stunde kam sie in Dresden an und ich hatte noch nicht geduscht. Ich fuhr auf einen Parkplatz, den sich Lidl und Rewe teilten, schloss alle Jalousien und zog mich aus. Draußen rasselten Einkaufswagen, Türen klappten und Motoren starteten, drinnen perlte Wasser über meinen Körper.

Ich hatte nicht gekocht, wo immer ich wollte, ich konnte nicht an jeder Stelle übernachten. Aber duschen, das ging überall.

Freiberg: Duschkabine

*Die sächsische Landeshauptstadt, Residenz ihres Landesherrn und Regierungssitz, liegt an der Elbe, die die Altstadt von der Neustadt trennt.*[127]

In eben diese Neustadt musste ich zum Bahnhof. Und fuhr von der B173 kommend aus der Altstadt über *die Elbbrücke, berühmt für ihre schöne Aussicht.*[170]

So gut es durchs Beifahrerfenster und den prasselnden Regen ging, genoss ich von der Marienbrücke aus diese Aussicht. Sie entsprach in etwa der wohl berühmtesten Stadtansicht von Dresden, gemalt 1748 vom venezianischen Künstler Bernardo Bellotto, der sich, nach seinem Onkel, Canaletto nannte. Die Bauwerke, die die Stadtsilhouette damals prägten, prägen sie bis heute. Die mächtige Augustusbrücke, früher aus statischen Gründen mit mehr Bögen, die alles überragende Kuppel der Frauenkirche und der Turm der katholischen Hofkirche. Als Canaletto sein Werk schuf, war der Turm erst zur Hälfte fertig. Der Maler vollendete ihn auf seinem Bild nach Plänen des Architekten. Und malte ein Baugerüst dazu, als Zeichen, dass die Kirche noch im Werden war.

Fünfzehn Seiten widmet Murray Dresden, sein Verhältnis zur sächsischen Metropole ist dennoch zwiespältig.

*Die Stadt selbst ist aus der Ferne eher gefällig als auffallend, denn im Detail betrachtet hat sie im Innern eine etwas düstere Ausstrahlung, hat weder sehr schöne Gassen noch imposante öffentliche Gebäude. Aber ihre Lage und Umgebung sind reizend.*[128]

Dresden besuchte ich zum ersten Mal 1981 und seit ich erwachsen bin, fahre ich regelmäßig beruflich und privat in die Stadt. Ich mag sie. Auch die Menschen, denn sie *zeichnen sich im Allgemeinen durch eine urbane Lebensart aus*[172].

Wie würde ihr Dresden gefallen? Von Deutschland kannte sie bisher das Ruhrgebiet, Düsseldorf, Lübeck und Berlin.

Im Halbdunkel der Bahnhofsunterführung leuchtete ihr Lachen. Kaum gebändigt durch eine ins Haar gesteckte Sonnenbrille, wippten ihre dunklen Locken beim Gehen. Tagelang hatte sie mir Fotos von Kleidungsstücken geschickt, deren Eignung für Camping ich mit Sternchen von Null bis Fünf bewertete. Das Resultat überzeugte im Wesentlichen: Oversized-Sonnenbrille, himmelblaue, windabweisende

Sportjacke, schwarze Leggings und auf die Jacke farblich abgestimmte Sneakers. Nur das himbeerfarbene Köfferchen, das sie ratternd hinter sich herzog, fiel etwas aus dem Rahmen, wenngleich es für Camping ja keine offiziellen Gepäckvorschriften gibt.

Die Heftigkeit unserer Begrüßung entsprach der Zeit unserer Trennung und mündete in dem in mein Ohr gehauchten Satz: »Ich muss mal!«

Wir rannten durch den Regen.

Die Führung durch mein rollendes Königreich fiel entsprechend kurz aus. Ich erklärte, wo die Spülung gedrückt und der Schieber gezogen werden musste.

»Und wie sitzt man da drauf?«, wies sie auf die halb zur Wand gerichtete Toilettenschüssel.

»Also ich mit offener Tür, aber deine Beine sind kürzer.«

Sie legte einen Zeigefinger ans Kinn und betrachtete den verdrehten Thron. Dann griff sie beherzt mit beiden Händen zu.

»Nicht!«, konnte ich noch rufen.

Schweigend rumpelten wir durchs verregnete Dresden. Der Campingplatz lag am Stadtrand. Ich wollte uns erst mal den Stellplatz sichern.

Sie sah herüber. »Und du hast in den ganzen drei Wochen nie daran gedacht, sie einfach zu drehen?«

Kaum angekommen, hörte der Regen auf und die Sonne schien, als wäre nichts gewesen. *Das Klima ist im Allgemeinen mild und angenehm; Verpflegung und Unterkunft sind günstig.*[172]

Ich bezahlte 28 Euro für Wohnmobil, zwei Personen, Strom und vier Duschmarken. Feuchte Schwaden stiegen aus der Campingwiese auf. Von den Bäumen fielen letzte Tropfen und die Hecken zwischen den Stellplätzen glitzerten. Nach einer Runde über den Platz einigten wir uns auf ein Fleckchen Erde. Von zwei Seiten blickdicht, an einer Seite mit Blick. Der Boden war nicht ganz eben. Das ließ sich notfalls ausgleichen.

Ich leierte die Markise heraus. Wir stellten die Möbel auf.

Während ich Pasta mit Pesto zubereitete, wollte sie auspacken, was nicht ging, weil ich Pasta mit Pesto zubereitete. Liesel war kleiner geworden.

»Geh' am besten so lange raus.«

»Aber ich muss Sachen aufhängen.«

»Ich muss kochen. Außerdem gibt's hier gar nichts zum Aufhängen.« Sie ging hinaus.

Wenige Minuten später trug ich zwei volle Teller nach draußen. Stutzte. Die Möbel standen anders.

»Der Tisch muss immer mit der kurzen Seite zum Wohnmobil …«

»Aber wenn er so steht«, unterbrach sie, »kann einer in dem Stuhl sitzen und der andere auf diesem …«

»… Höckerchen.«

»… und kann sich am Auto anlehnen. Wir haben beide eine Lehne und gucken beide auf die schönen Borken.«

»Birken!«

Wir standen einen Moment stumm herum.

Ich setzte die Teller ab und packte den Tisch. »Er muss aber so stehen!«, stellte ich ihn quer zum Wohnmobil.

Sie blickte mich verständnislos an.

Wie würde es erst werden, wenn wir nachher die Vorderräder auf die gelben Keile fuhren?

Der Mittagsschlaf hob die Stimmung und wir nahmen den Bus in die Stadt. Nach einer Viertelstunde waren wir am Hauptbahnhof von Dresden.

»Prager Straße, Altmarkt und dann Frauenkirche und Fürstenzug. Auf geht's!« Ich schoss im Gehen ein paar Fotos vom Bahnhofsgebäude und von den Geschäftshäusern am Wiener Platz, in deren Glasfassaden die Sonne blitzte.

»Wann müssen wir da sein?« Sie setzte ihre Sonnenbrille auf.

»Wir haben keinen Termin.«

»Wieso rennst du dann so?«

»Ich gehe ganz normal.«

»Das ist Alleintempo.« Sie nahm meine Hand. Im Zu-zweit-Tempo schlenderten wir die Prager Straße hinunter.

»Dein erstes Mal in Dresden!«, rief ich.

Dresden: Sächsisches Disneyland

»Ja … Es sieht hier aus wie in Düsseldorf.«

Glas, Stahl, SpieleMax, TK Maxx, Vapiano, Starbucks. Es sah nicht aus wie in Düsseldorf. Es sah aus wie überall, wo es so aussieht.

»Warte ab, gleich kommen wir in die Altstadt.«

»Das sieht aber nicht sehr alt aus«, sagte sie. Wir standen in der Mitte des Altmarkts, den eine auf Symmetrie bedachte Randbebauung mit bis zu sieben Geschossen einfasste. Sozialistischer Klassizismus und Elemente des Barocks wie geschwungene Gauben oder Fensterbögen.

»Das ist aus DDR-Zeiten.«

»Die Kirche nicht«, deutete sie auf die Kreuzkirche.

»Hm, eigentlich schon.« Ich weihte sie in das Geheimnis der Umgestaltung deutscher Städte in der ersten Hälfte der 1940er-Jahre ein.

Wovon ich erzählte, kannte ich vom Hörensagen, aus Büchern und aus Dokumentationen. Sie hatte als kleines Mädchen in den Achtzigerjahren Nächte in Luftschutzkellern verbracht.

Schließlich erreichten wir den Neumarkt mit der Frauenkirche. Um den hohen Bau aus hellem Sandstein gruppierten sich pastellfarbene Gebäudegruppen, ihre gleichförmigen Fensterreihen setzten sich in roten Ziegeldächern fort. Obgleich Bürgerhäuser, verströmten sie diese

Mischung aus Hochnäsigkeit und Katzbuckeln von Lakaien, die ihre Königin umringen.

»Die Kirche war ja bis Mitte der Neunziger Ruine. Nur das, was da dunkel ist, stand noch, beziehungsweise lag auf einem Trümmerberg. Als Mahnmal für den Krieg.«

*Dresden nannte Herder »das deutsche Florenz«, wegen seiner erfreulichen Lage, der Zahl und Vortrefflichkeit seiner Sammlungen. Insbesondere wegen seiner reich bestückten Gemäldegalerie, verdient es – in respektvollem Abstand – mit dem Florenz Italiens verglichen zu werden. Nur wenige europäische Hauptstädte enthalten eine größere Anzahl von Objekten, die darauf ausgelegt sind, die Neugier eines intelligenten Reisenden zu befriedigen.*[129]

»Zu DDR-Zeiten wurden erst der Zwinger, den sehen wir gleich noch, dann die Hofkirche, die Semperoper und das Residenzschloss rekonstruiert und …«, mein Zeigefinger kreiste, »die ganzen scheinbar alten Häuser hier am Platz entstanden erst vor ein paar Jahren.«

»Warum?«

»Die Dresdner wollten ihr Elbflorenz wiederhaben und, guck, die vielen Touristen sind auch deswegen hier.«

»Aber warum wurde hier nichts Modernes gebaut?«

»Wurde doch. Am Altmarkt, Prager Straße …«

»Dafür kommen keine Touristen.«

»Eben. Und deswegen haben sie das Alte wieder aufgebaut …«

Distanz: 95 km

# DRESDEN – BERLIN I

## SPRACHE, STERBEN, STORCHENNEST

**Liesels Strahl ging in ein Tröpfeln über und versiegte.
Ich drehte den Grauwasserablass zu und tuckerte
bis vor die Schranke des Campingplatzes. Um acht
wurde aufgeschlossen.**

Gestern hatten wir alle Sehenswürdigkeiten Dresdens fotografiert, allein und mit uns davor, darin oder darunter. Wir hatten uns fotografieren lassen und am Ende alle Fotos beisammen, die alle anderen auch gemacht hatten.

Zurück im Wohnmobil hörte ich sie abends im Bad laut »Oh!« rufen.

Ich steckte den Kopf durch die Tür und sah die Bescherung. Das Innere von Toilettenbecken und Deckel war grünbraun gesprenkelt. Es roch nach Waldfrische.

»Tja, es wäre gut, wenn du beim nächsten Mal den Schieber hinterher wieder zumachst«, hatte ich gesagt und an unsere zehn Kilometer lange Fahrt vom Bahnhof zum Campingplatz über Dresdens Rumpelstraßen gedacht.

Von unseren vier hatten wir nur zwei Duschmarken verbraucht. Weshalb sie vorhin ins Anmeldebüro gegangen war. Nun kehrte sie mit einem Ausdruck der Unzufriedenheit im Gesicht zurück.

Ich drückte die Beifahrertür auf. »Hat's nicht geklappt?«

Sie streckte mir die Hand hin. Zwei Duschmarken.

»Es tut mir leid«, presste sie hervor, kletterte auf den Sitz und nahm, da sie nun auf Murrays Platz saß, die beiden Handbücher in den Schoß.

»Es muss dir nicht leid tun. Jetzt haben wir beim nächsten Dresden-Besuch selbst ohne Hotel oder Wohnmobil eine Möglichkeit zu duschen.«

Das stimmte sie wenig froh.

»Was war denn los?«

Sie zog eine Schnute. Zuckte die Schultern. »Ich hab ihn nicht verstanden.«

»Hä? Wieso das denn?« Sprechen Deutsche zu schnell oder nuscheln, passiert ihr das schon mal. Aber in Dresden?

Ich blätterte im Norddeutschland-Murray und tippte auf die betreffende Stelle: *Die deutsche Sprache wird hier mit erträglicher Reinheit gesprochen, so dass [Dresden] ein idealer Ort ist für alle, die sie lernen wollen.*[130]

*Großenhayn … Etwas links liegt das vom Kurfürsten erbaute Schloss Moritzburg inmitten eines Sees, mit angrenzendem Park und Gärten. Es war Residenz und Jagdsitz mehrerer sächsischer Fürsten.*[131]

Fast so groß wie der See, in dem die Schlossanlage auf einer künstlichen Insel thront, ist der Besucherparkplatz. Ganz hinten hat er Stellplätze für Wohnmobile.

Kaum ausgestiegen, kam vom Fahrer des Vollintegrierten neben uns: »Schweinerei is dit!«

Wir sahen uns an, unschlüssig, ob wir reagieren sollten. Und wie. Da stapfte er schon auf uns zu, ein schnauzbärtiger Mittsechziger, dessen Bauch sein T-Shirt bedrohlich dehnte: »Zwölf Euro woll'n die hier! Und koofste keens, kriechste 'n Knöllchen.« Er schwenkte ein Zettelchen. »Dabei war'n wir nur 'ne halbe Stunde kieken.«

Ich kondolierte meinem Landsmann und ging zum Parkscheinautomaten. Dort ließen sich nur Tagestickets lösen. Kurzzeitbesuche waren für Wohnmobile nicht vorgesehen.

Weil die Kontrolleure eben erst da gewesen sein mussten, kommandierte ich: »Wir haben fünfzehn Minuten! Ab… jetzt!«

Wir marschierten los.

Vier dicke runde Ecktürme verleihen Schloss Moritzburg etwas Feistes, worin sich jener Sachsenkönig widerspiegelt, der dem Schloss um 1730 die heutige Gestalt geben ließ: August der Starke, berüchtigt für seinen Hang zu Prunk und Völlerei.

Wir sausten einmal ums Schloss. Hatten Spaß an den über die Schlosswiesen watschelnden Wildgänsen und kamen gerade rechtzeitig zu Liesel zurück, als ein dunkelblauer Dacia der Gemeinde Moritzburg vorfuhr. Bevor seine weiß-blauen Insassen ausgestiegen waren, waren wir eingestiegen.

»Ist das Schloss nach dem Krieg auch neu gebaut worden?«

Moritzburg: Obacht vorm Ordnungsamt

»Nein, das war original alt.«

»Hat mir gefallen. Zum Angucken. Nicht zum Wohnen.«

»Wir haben ja unser fahrendes Schloss.«

Wir lachten und Liesel klapperte lustig.

Über Nebensträßchen führte Googeline durchs hübsche Großenhain und auf die B101. Wie von Murray angekündigt, überquerten wir kurz vor Elsterwerda die Grenze nach Brandenburg. In Bad Liebenwerda wollten wir im »Weißen Ross« zu Mittag essen, laut Murray war es *sehr gut und ein ausgezeichnetes Nachtquartier*[177].

Dass samstags um Eins ein Auto durch Bad Liebenwerda fahren würde, damit schien die Fußgängerin nicht gerechnet zu haben. Einen Rollator vor sich herschiebend, trat sie, ohne nach links und rechts zu schauen, auf die Fahrbahn.

Ich trat das Bremspedal bis zum Bodenblech. Wir ruckten beide in Richtung Windschutzscheibe, hinter uns polterten Gegenstände herunter.

»Woi! Ist die blind?«

»Oder taub«, sagte ich.

Von nun an achtete ich mehr auf die Bürgersteige als auf die Straße. Viel zu sehen gab es nicht.

»Wohnt hier niemand?«

»Also, in den Häusern hängen Gardinen. Und da«, ich nickte nach links, »da geht jemand.« Ein übergewichtiger Mann an Krücken. Auch die beiden anderen Passanten, denen wir begegneten, brauchten Gehhilfen.

»Liegt wohl an der orthopädischen Reha-Klinik hier.«

»Trotzdem«, sagte sie, »ich habe noch nie einen so gestorbenen Ort gesehen.«

»Hotel zum weissen Ross« stand in Frakturschrift am Giebel von »Restaurant & Café Exil«. Mittagessen wurde nur sonntags angeboten.

Bad Liebenwerda: Gestorbener Ort

An den übrigen Tagen öffnete das Lokal abends. Dem Anschein nach konnte hier keiner mehr schlafen, weder ausgezeichnet noch schlecht. Dass es sich um Murrays Empfehlung handelte, verriet eine Plakette: »Zum weissen Ross – Historische Beherbergungsstätte an der Poststraße von Berlin nach Dresden. … Im Gasthaus logierten Mitglieder der königlichen Familie von Friedrich Wilhelm III. von Preußen … sowie Reichspräsident Paul von Hindenburg.«

Die Gasse neben dem »Weißen Ross« führte zu einem modernen Einkaufszentrum: Sparkasse, Bäckerei, AWG Modecenter, Aldi und Edeka. Vom Einkaufszentrum aus gut zu lesen war ein Schild neben der Gasse zum Markt. »Besuchen Sie auch unsere Geschäfte in der Innenstadt!«, flehte es.

Bad Liebenwerda hat durchaus gesellige Ecken. Eine große Gruppe gut gekleideter Menschen, die einem kleinen Blasorchester lauschte, entdeckten wir auf dem Friedhof.

Natürlich hätten wir kochen können. Nur hatten wir das gestern zweimal getan und uns für heute vorgenommen,»schön essen zu gehen«, was uns zudem ersparte, abzuwaschen.

In der Hoffnung, aufgrund seiner Größe dort ein Restaurant zu finden, wichen wir vom direkten Weg zum nächsten Ort von der Route ab und scherten aus zur »Eisenbahnerstadt Falkenberg«. Was keine dem Stadtmarketing entstammende Bezeichnung ist. Sie kennzeichnet einen Ort, der aufgrund wichtiger Eisenbahninfrastruktur wie Kreuzungs- oder Grenzbahnhöfen eine Einwohnerzahl und Wirtschaftskraft erlangt hatte, zu der er ohne Eisenbahn nicht gekommen wäre. Anders gesagt: der von der Eisenbahn abhängig ist.

Aus sieben Richtungen führen Gleise in den Ort an der Elster – ein Fluss, kein Vogel. Personenzüge halten in einem Turmbahnhof auf zwei sich kreuzenden Ebenen. Güterzügen dient ein kilometerlanges Gewirr aus Haupt- und Nebengleisen.

Zum Eisenbahnknoten wurde Falkenberg nur, weil Mitte des 19. Jahrhunderts die Nachbarstädte Herzberg und Liebenwerda keinen Gleisanschluss wollten. So führte man die Nord-Süd-Verbindung Berlin–Köthen über Falkenberg. Bald kamen Gleise Richtung Cottbus im Osten hinzu und etwas später welche nach Westen. Falkenberg wuchs. Ab 1890 wurden Werkstätten und Rangierbahnhöfe massiv erweitert. 1939 betrug die Gesamtlänge aller Haupt- und Nebengleise in Falkenberg über 100 Kilometer, 324 Weichen inklusive. Logisch, dass dieser kriegswichtige Kreuzungspunkt in den 1940ern schwer bombardiert wurde. Die DDR baute die Bahnanlagen wieder auf und aus. Ab den 1970er-Jahren wurden in und durch Falkenberg täglich 5000 Wagen befördert.

Was mit einer Eisenbahnerstadt passiert, wenn die Eisenbahn an Bedeutung verliert?

Dann sprießen gelbe Blümchen zwischen den Schienenschwellen, lassen zwei Eisenbahnmuseen die Vergangenheit hochleben, sitzt in einer von zwei Gaststätten niemand und in der anderen das Personal am Tisch und an den Schaufenstern eines leeren Ladengeschäfts klebt

Falkenberg: Samstagmittag

die Beschriftung der längst untergegangenen Drogeriekette SCHLECKER.

»Prego!«, überreichte er die Speisekarten. Das schwarze Haar sorgfältig nach hinten gegelt, der Bart getrimmt, überm weißen Hemd eine knielange blaue Schürze.

»Das war eine gute Idee«, flüsterte sie, nachdem er gegangen war. Wir saßen unter einem großen Sonnenschirm vorm Restaurant im Rathaus von Herzberg. »*Hier treffen sich vier Straßen von Berlin, Leipsig, Dresden und Frankfort an der Oder.*[177]

Nicht allein das, hier trafen sich sogar Menschen. An drei von dreißig Tischen saßen welche, was für hiesige Verhältnisse und zu dieser Zeit – es war halb zwei durch – als gut besucht gelten konnte.

Ebenso wenig mangelte es an Personal. Drei blau Beschürzte wuselten umher, sich einander Scherzworte oder Befehle zurufend. Es war schwer zu entschlüsseln. Nur eines war sicher: »Die sprechen doch nicht Italienisch, oder?«

Sie schüttelte den Kopf.

Unser Kellner brachte das Essen. »Tagliatelle con pollo« für sie und für mich Rigatoni mit Rucola und Rindfleisch.

»Sagen Sie, eine Frage. Was war das gerade für eine Sprache.«

Er lachte zahnweiß. »Das war Albanisch.«

»Interessant! Hätte man hier gar nicht erwartet.«

Es war ihm nicht peinlich. »Wir sind Albaner aus Mazedonien. Mein Papa hat in Berlin viele, viele Jahre in italienischen Restaurants gekocht. Da ergab es sich durch einen Geschäftspartner, dass er dieses Restaurant übernehmen konnte.«

Von der anderen Tischseite empfing ich vielsagende Blicke.

»Wie lange sind Sie schon hier?«

»Vor sechs Jahren ist der Papa mit meinen Brüdern und unserem

Onkel hierhergekommen. Es war schwer am Anfang. Sehr schwer. Der Vorgänger hatte schlecht gewirtschaftet und die Leute hier hatten kein Vertrauen zu uns.«

»Jetzt scheint es aber zu laufen …« Ich meinte das nicht ironisch. Während wir aufs Essen warteten, reservierte jemand einen Sechser-Tisch für den Abend, und zwar »in der Ecke wie neulich«. Zwei Vorbeikommende grüßten die Kellner.

»Wir haben Geduld gehabt und immer gut gekocht, alles frisch, alles sauber. Sie können Catering bestellen oder bei uns Ihre Hochzeit feiern.« Er lachte.

»Wir werden daran denken, wenn es so weit ist.«

Die Nudelgerichte entfalteten zwar nicht ein solches Geschmacksfeuerwerk wie der Bayreuther Wutzbraten, besaßen aber eine besondere Note, die die Liebe zum Beruf verriet. Später auf dem Weg zum Händewaschen trafen wir auf Papa, Söhne und Onkel, die vereint an einem Tisch Nudeln schmausten.

Herzberg: Ratskeller in Familienhand

Außer mazedonischen Albanern, die in einer Brandenburger Stadt, die historisch eigentlich zu Sachsen-Anhalt gehört, italienisch kochen, bietet Herzberg die wegen ihrer Deckenmalerei sehenswerte St. Marien-Kirche aus dem 14. Jahrhundert.

Im 17. Jahrhundert wurde die Stadt als eine der wenigen in Deutschland während des Dreißigjährigen Kriegs von niemandem erobert, was sie einem die Stadt umgebenden, schützenden System aus Flüssen und Gräben verdankte.

Herausragend außerdem: Zwischen 1939–1945 stand in Herzberg das nach dem Empire State Building damals zweithöchste Bauwerk der Welt: der Deutschlandsender III. Nach dem Krieg wurde der bombenbeschädigte Mast von der Roten Armee demontiert. Die Fundamente und die Wohnsiedlung »Am Sender« erinnern bis heute daran.

»Schlafen unterm Storchennest« hatte der Name unseres Stellplatzes in einem privaten Garten versprochen. Das Nest konnten wir so eben noch in der Ferne erkennen. Zu hören war das Klappern der Storchenschnäbel deutlich, wenn die Frösche im Teich neben uns Pause machten und gerade kein Auto über die Dorfstraße hinter uns bretterte.

Schön zu wissen: In der Region gibt es noch sehr lebendige Orte.

Distanz: 91 km

# DRESDEN – BERLIN II

## TÜRME, POOLS, ABSCHIED NEHMEN

**Ein Hahn krähte. Ich schlug die Augen auf. Blickte wie
jeden Morgen auf die Klappen der Kleiderfächer. Guckte
nach, ob ich die Jalousie eingetreten hatte. Hörte den
Kühlschrank brummen.**

Der war gestern Nachmittag plötzlich aus gewesen. Ich hatte den
Dreh-Drück-Bedienungsknopf über der Tür gedreht und gedrückt.
Ohne Erfolg. Schnaufend wühlte ich mich durch die Bedienungsanleitungen. Kämpfte mich zu den Sicherungen im linken Radkastenstau-
fach durch. Und hatte eine Weile ratlos auf die bunten Steckplätze und
schwarzen Hebelchen geschaut. Keiner davon tanzte aus der Reihe.

»Du kriegst das bestimmt wieder hin«, hatte sie gesagt.

Und es dann selbst hinbekommen, weil ihr einfiel, was ihr in der Küche ihrer Eltern regelmäßig passierte. Dasselbe, was ihr gestern passiert
war: Sie hatte sich an den Kühlschrank gelehnt und ihn mit dem Hintern ausgeschaltet. Sie drückte den Bedienknopf mehrere Sekunden,
der Kühlschrank sprang wieder an.

Neben mir raschelte die Bettdecke. »Guten Morgen!« Jede Silbe
Fröhlichkeit.

»Guten Morgen.« Jede Silbe Trübsal.

*Der schnellste Weg, sich eine gute Vorstellung von einem Ort zu ma-
chen, besteht darin, die erstbeste Gelegenheit zu nutzen, einen Turm oder
eine Anhöhe zu besteigen von der aus man eine beeindruckende Aussicht
hat.*[132]

Dafür war keine Stadt besser geeignet als Jüterbog, die Stadt der
Türme. Und die Stadt mit dem ältesten Rathaus Brandenburgs. Dem
gotischen Backsteinbau gegenüber kehrten wir zum Mittagessen ein.
Ein paar Häuser neben der »Mohren-Apotheke«. Im »Schmied zu
Jüterbog«.

»Als Kind hat mir das geschmeckt«, sagte ich und ließ Worcester-

Sauce auf das Würzfleisch tropfen, unter dem ein Schweineschnitzel erstickt war. »Aber hier fehlt irgendwie der Pfiff.«

»Die Eisenteller sind schön.« Egal wie übel die Lage war, sie fand das Gute darin.

»Es brennt, es brennt!« – »Wie schön, jetzt ist dir nicht mehr kalt.« Oder in diesem Fall eben die »Eisenteller sind schön«, schmiedeeiserne Pfannen, passend zum Gasthausnamen.

»Ich mag das!«, sagte ich.

»Das Essen?«

»Diese Art zu reisen.«

»Zu zweit ist es ganz schön eng im Wohnmobil.«

»Nur, wenn jemand einen Po hat, der den Kühlschrank ausschaltet.«

Sie stieß mich in die Seite. Ich quiekte. Von den Nachbartischen sah man herüber.

Wieder ernst sagte ich: »Morgen muss ich Liesel abgeben.«

»Du kannst ja auch ohne Wohnmobil mit Murray reisen.«

»Kommst du mit?«

Ehe sie antworten konnte, räumte die Kellnerin die Teller ab und fügte den Abräum-Phrasen »War alles in Ordnung?« und »Hat's geschmeckt?« eine neue hinzu: »War lecka?«

Wehe, wenn nicht! Dann gab's bestimmt was mit dem Schmiedehammer auf die Finger.

Einer Schmiede- und Tuchmacherfamilie entstammte Hans Kohlhase, Kaufmann mit Bürgerrecht in Cölln, Nachbarort des mittelalterlichen Berlins. 1532 wurde Kohlhase in Sachsen des Pferdediebstahls bezichtigt. Bedienstete des Junkers von Zaschwitz nahmen ihm seine Pferde ab, bei der anschließenden Verhandlung vor dem örtlichen Richter wird Kohlhase handgreiflich. Heißt es. Kohlhase dagegen sah sich zu Unrecht des Diebstahls und der Gewaltanwendung beschuldigt.

Ein Rechtsstreit beginnt, in den die Kurfürsten von Brandenburg und Sachsen hineingezogen werden. Schließlich richtet Kohlhase einen Fehdebrief an den Junker von Zaschwitz und ganz Sachsen. Eine Art Herausforderung, den Streit ohne Gericht und notfalls mit Gewalt zu lösen. Das wiederum bedeutet einen Bruch des Landfriedens. Kohlhase wird zur Fahndung ausgeschrieben und beschuldigt, mehrere Brände gelegt zu haben. Es kommt zu Verhandlungen.

In der Gerichtslaube des Jüterboger Rathauses, einem durch Bogengänge überdachten offenen Gerichtsplatz, die noch heute kühlen Schatten spenden, wird Kohlhase 1534 für die falschen Beschuldigungen und Ehrverletzung eine Entschädigung von 600 Gulden zugesprochen.

Ein Urteil, das der Kurfürst wenig später aufhebt. Nun reicht's Kohlhase. Er schart Mannen um sich und – obwohl Martin Luther bittet, davon abzusehen – zieht er Untaten be-

Jüterbog: Stadt der Türme

gehend durchs Land. Sollte man nicht machen. Sonst wird man – wie Kohlhase 1540 – auf dem heutigen Strausberger Platz in Berlin hingerichtet. Heinrich von Kleist nahm diese Ereignisse zum Vorbild für seine Novelle »Michael Kohlhaas«, in der diskutiert wird, was Gerechtigkeit ist und was Gerichte leisten können.

Den Aufstieg auf die Türme der St. Nikolai-Kirche kann sich jeder leisten, der zwei Euro übrig hat. Schwer atmend stieß ich die Tür zur Plattform auf. »Guck mal, wie schön!« Murray hatte recht.

»Hase, es ist mir zu hoch. Ich gehe wieder hinein.«

»Oh…«

»Ist nicht schlimm. Lass dir Zeit …«

Vom Turm mit dem achteckigen Aufsatz und der Haube darauf ging

Jüterbog: Deutschland zu Füßen

ich über eine Bogenbrücke hinüber zum Turm mit der gemauerten Spitze. Die Türme waren verschieden wie die beiden Teile meiner Reise. Im ersten Teil zunächst auf Daten, Fakten, Historie fixiert, fand ich nach und nach meinen Rhythmus. Fand Zeit zum Genießen. Nahm mir Zeit für Menschen. Und reiste im zweiten Teil mit einem Menschen. Zur Perspektive des Briten Murray und meiner kam ein dritter Blick auf Deutschland hinzu. Das da unten repräsentativ vor mir lag. Grüne Weiten. Dunkle Wälder. Windräder auf den Anhöhen. Schornsteine. Häuser mit roten Satteldächern. Und direkt unter mir ein spätmittelalterlicher Stadtkern. Gässchen, Fachwerk, Backstein. Kirchtürme, Stadttortürme, Wassertürme. Zehn Türme zählte ich. Und genauso viele Swimmingpools in den Höfen und Gärten. Vermutete man unten gar nicht hinter den alten Häusern. Was mochte es noch zu entdecken geben?

Am Turm gegenüber ging die Tür auf.

»Wollen wir nicht langsam nach Hause?«

Ob sie von da drüben mein Kopfschütteln sah?

»Sindse ja janz schön rumjekommen«, notierte sie den Kilometer-

stand und warf einen ihrer dünnen Zöpfe über die Schulter. »So …
Aufjetankt isser, hamse sein Grauwasser jeleert?«

»Es ist eine Sie!«, wollte ich rufen. Sagte aber nur: »Ja, ist leer.«

»Okee. So… Jetzt noch Bad.« Sie klappte den Toilettendeckel hoch.
Die Toilettenbrille …

»Wat iss'n ditte?!« Hatte sie die neue Ausrichtung der Schüssel
bemerkt?

»Was?

»Na, da!« Ihr grün lackierter Fingernagel zeigte auf ein dunkles
Pünktchen unter der Toilettenbrille. Nach der Fahrt mit offenem Schieber durch Dresden hatten wir eigentlich alles geputzt.

»Sorry, da muss ick eine Spezialreinigung berechnen.«

Ehe ich etwas entgegnen konnte, brüllte sie schon über den Platz:
»Minh! Du musst hier 'n Klo spezialreinigen. Fängste gleich an. Der
geht heute wieder raus!«

»Bei welche Auto?«

»ME 600! Lass uns vorher noch den Fünf-sechzig ankieken!«

Die Frauen gingen zum nächsten Wohnmobil.

Allein blieb ich bei meinem zurück. Legte eine Hand auf die Motorhaube. »Li-la-Lieselchen, mach's gut mein kleines Dieselchen …«

Distanz: 172 km

# BERLIN – HAMBURG I

## FRISÄK, ROLAND, LOLA

*Spandau ... Das Zuchthaus, einst Schloss der Kurfürsten*
*von Brandenburg, ist vorbildlich geführt und bietet Platz*
*für 500 Gefangene.*[133]
**Murray weiß, was Reisende wissen wollen. Was ich will,**
**weiß ich auch. Wusste ich schon auf dem spitzen Turm**
**in Jüterbog.**

Aus Spandau heraus geht es auf der B5 Richtung Nauen. Diesmal absichtlich. Damals, als Liesel noch keinen Namen hatte, war es der falsche Weg.

Da bekanntlich 1830 der größte Teil von Nauen bei einem Feuer zerstört wurde, diesele ich wie damals an Nauen vorbei. Über 200 Kilometer B5 liegen vor uns.

Das Telefon klingelt.

»Rate, was ich habe!« Olaf. Überbordend gut gelaunt.

»Einen Job.«

»Du hättest wenigstens zweimal falsch raten können.«

»Nächstes Mal.«

»Klingt, als wärst du im Auto.«

»Ich hab doch gesagt, dass ...«

»Ach, das ist jetzt schon. Ja, dann schöne Grüße an ...«

»Ist nicht dabei.«

»Wolltet ihr nicht zu zweit?«

»Erzähl mal von deinem Job.«

Das tut er, ohne dass ich wesentlich zu Wort komme, von Pessin bis Friesack. So habe ich Zeit, darüber nachzudenken, warum der Ort bei Murray *Friesach* heißt. Entweder ein Schreib- oder ein Druckfehler oder er hat es hyperkorrekt notiert, im Glauben, die englische Aussprache des Ortsnamens würde eigentlich Frie-*sach* meinen. Ähnlich wie bei Storch/Storck in Lindau, nur umgekehrt.

»Frisäk«, murmele ich und Olaf fragt: »Was is' los?«

Bis Wusterhausen diskutieren wir das Friesack/Friesach-Phänomen. Olaf hängt der Druckfehler-Theorie an.

»Jetzt aber zum Wichtigen. Wieso fährst du allein?«

»Erstens fahre ich nicht allein und zweitens müssen wir jetzt aussteigen. Ich erzähl's später.«

»Ich bin gespannt. Bis später ...«

Was ich sagte, stimmt nur zu Hälfte. Auszusteigen war erst in einer halben Stunde vorgesehen. Ziemlich genau in der Mitte zwischen Berlin und Hamburg.

16:16 zeigt die Auto-Uhr, als ich in einer Parallelstraße der Perleberger Fußgängerzone einparke. Den Fachleuten des Stadtmarketings war es wohl zu billig, Perleberg als »Perle der Prignitz« anzupreisen. Zwar finden sich viele Webseiten, auf denen die 20 000-Einwohner-Stadt diesen Beinamen trägt. Tatsächlich hat sie offiziell einen anderen Zusatz. Einen, den Murray voraussah.

Umflossen von zwei Armen der Stepnitz liegt die Perleberger Altstadt auf einer Insel. Ihre Gassen und Gässchen sind wenig wohnmobiltauglich. Zum Glück fahre ich keines.

Hauptkirche und Rathaus sind in für die Region typischem roten Backstein errichtet. Überraschend scheint – für Brandenburg – die große Anzahl von Fachwerkhäusern in Perleberg. Dabei besteht das Tragwerk vieler alter Gebäude in Norddeutschland aus Holzbalken, nur wurden die Fassaden öfter verputzt als im Süden.

Nach wenigen Minuten bin ich da, wo ich Murrays wegen hin will. *Auf dem Marktplatz steht eine Roland-Säule, eine rohe Statue eines Mannes in Rüstung.* [134]

Dem finsteren Recken aus Sandstein haben im Laufe der Jahrhunderte Wind und Wetter zugesetzt. Und betrunkene Rekruten, die der gut fünf Meter hohen Figur 1871 die Nase abschlugen. Sie wurde bald wieder vervollständigt. Der Roland steht hier etwa seit Ende des 16. Jahrhunderts, ganz genau weiß man's nicht.

*Er wird von manchen mit dem Romanhelden Roland dem Tapferen gleichgesetzt.* [182] Da bezieht Murray sich auf einen Soldaten Karls des Großen namens Hroudlandus, der im Jahr 778 in den spanischen Pyrenäen mit zwölf Kameraden in einen Hinterhalt gerät. Der Legende

Perleberg: Perle der Prignitz

nach in einen von Arabern, gelegentlich Sarazenen genannt, in Wirklichkeit waren die Hinterhältigen wohl rachsüchtige Basken. Statt ins Horn zu blasen, um Hilfe heranzuholen, setzt Hroudlandus auf Gottvertrauen. Ging natürlich schief und seine zwölf Mitstreiter werden niedergemetzelt. Allein und umzingelt trötet Hroudlandus doch noch und während Karl mit seinen Mannen heranstürmt, kämpft Recke Roland bis zum letzten Atemzuge. Karl kommt zu spät. Seitdem wird Roland unangemessen verehrt, zum Beispiel im Rolandslied. Und durch Rolandstatuen, die in vielen Städten Nord- und Mitteldeutschlands eine besondere Bedeutung hatten. Welche, erzählt – etwas verkürzt – Murray: *[Der Roland] wurde wohl aufgestellt als Symbol der örtlichen Gerichtsbarkeit, die die Stadt besaß oder des (im Mittelalter begehrten) Privilegs, ihre eigenen Verbrecher aufzuhängen.*[134]

Dieses Privileg nimmt Perleberg zum Glück nicht mehr in Anspruch. Gleichwohl ahndet die »Rolandstadt Perleberg« kleinste Vergehen streng. Ich hatte bei meiner Ankunft um 16:16 Uhr vergessen, in der Drei-Stunden-Parkzone eine blaue Parkscheibe hinter die Windschutzscheibe zu legen. Bei meiner Rückkehr erwartet mich ein Strafzettel über zehn Euro. Ausgestellt um 16:17 Uhr!

Wir fahren weiter. Das Eselchen, Googeline, Frau Navi und … Nein, nicht Frau Navi. Nicht *diese* Frau Navi. Irgendeine. Die in meinem Auto hat keinen Namen. Ebenso wenig wie das Auto, das ich schon viele Jahre fahre. Und obwohl es dasselbe Handy ist, hat sich meine emotionale Beziehung zu der Stimme, die die Richtung ansagt, abgekühlt.

Beziehungen zu Menschen sind befriedigender. Meistens. Allein das Eselchen hat den Platz in meinem Herzen behalten und liegt zusammengefaltet im Kofferraum. Ich reise nicht allein.

Für ein romantisches Dinner zu zweit, dafür eignet sich ganz wunderbar Boizenburg, *eine kleine Stadt an der Elbe.*[135] Beinahe wäre ich ins falsche gefahren, denn Murray schreibt es *Boitzenburg,* wie das über 200 Kilometer weiter östlich gelegene, Verwaltungssitz der Gemeinde Boitzenburger Land.

Murrays Erwähnung der Elbe lässt mich ins richtige reisen. Was ich davon zunächst sehe, wirkt unentschieden. Nichts, was einen »Wie hübsch!« ausrufen oder gar anhalten lässt. Viel Backstein, zu viel Rauputz. Das bessert sich, wie meistens in alten erhaltenen Städten, je weiter man zu ihrem Kern vorstößt. In Boizenburg ragt hier vor allem das freistehende barocke Rathaus heraus. Doch diesmal möchte ich kein Lied auf die Altstadt anstimmen, mal ist das ja Lobgesang, mal Trauerchoral, diesmal schmettere ich ein Shanty.

Schiffsbau hat in Boizenburg eine bis ins 18. Jahrhundert reichende Tradition. Boote und Elbkähne entstanden hier, ab 1933 waren es U-Boot- und Flugzeugteile und zu DDR-Zeiten vor allem Küstenmotorschiffe und stattliche Flusskreuzer für die UdSSR. 1997 endete die Boizenburger Schiffsbautradition durch Insolvenz der Werft. Boizenburgs Hafenkräne und Werfthallen haben seitdem eine neue Funktion: Zauber entfalten.

Und zwar bei abendlichem Gegenlicht im Stadthafen. Dessen Becken ist eine rechteckige Sackgasse mit Öffnung nach Westen. Weshalb die Boizenburger Jugend – die Altstadt im Rücken – am geschlossenen Ende sitzt und bei Musik und Sonnenuntergang Kaltgetränke genießt.

An einer der langen Seiten des Hafenrechtecks haben die Tourismusverantwortlichen stromversorgte Wohnmobilstellplätze eingerichtet.

Dauercamper im Hafen der Ehe können im Boizenburger ihre Beziehungsparzelle aufhübschen, indem sie den Campingtisch nicht wie üblich vorm Wohnmobil aufstellen, sondern auf einem der kleinen Balkone, die aus der Kaimauer ragen. Im Licht der sinkenden Sonne kann man in der Vergangenheit schwelgen oder Zukunftspläne schmieden. Idealerweise gemeinsame.

»Wolltest du nicht noch mal anrufen und was erzählen?« Olafs Nachricht um 19:37 Uhr kommt denkbar ungünstig. Ich habe in Boizenburg zu viel Zeit vertrödelt. »Sorry, bin im Stress«, diktiere ich dem Handy, »muss bis acht in einem Lübecker Bordell sein.«

Da ich ohne Wohnmobil reise, kann ich meinen Murray-Gasthaus-Fetisch hemmungslos ausleben und in von ihm empfohlenen Herbergen schlafen. In Lübeck wäre das »Stadt Hamburg« meine erste Wahl gewesen. 1444 erwarb das Grundstück der Hamburger Rat, heute Senat. Die Hamburger Ratsherrn nutzten das dazugehörige Haus als Absteige. Aus der »Hamburger Herberge« entsteht das Hotel »Stadt Hamburg«. Hotelgast Thomas Mann macht Lübecks edelstes Hotel zum Schauplatz in seinen Romanen »Tonio Kröger« und »Buddenbrooks«. …

In der 300 Meter breiten Zerstörungsschneise, die britische Bomber im Februar 1942 in der Lübecker Altstadt hinterlassen haben, befanden sich ebenso die Murray-Tipps »Hotel du Nord«, Breite Straße 13, und »Fünf Türme«, Sandstraße 2.[136]

Eine Murray-Empfehlung überlebte. Der »Goldene Engel« in der Clemensstraße. Bleibt die Frage, warum empfiehlt Murray seinen Lesern einen Puff?

Mein Weg dorthin führt vorbei am Wahrzeichen der Stadt, Murray nennt es *Holsteiner Tor. Ein einzigartiges und interessantes Exemplar einer alten feudalen Befestigungsanlage in unverändertem Zustand. Die Wälle sind bepflanzt und in angenehme Spazierwege umgewandelt.*[137]

An dem Ende der Clemensstraße, das ich nehmen muss für die korrekte Einbahnrichtung, engen Torpfosten die ohnehin schmale Gasse zusätzlich ein. Das Tor fehlt, oben auf den Pfosten ragen wie skelettierte Hände verrostete Eisenspitzen auf. Überbleibsel aus der Zeit, als die Straße Sperrbezirk war. Die Hausfassaden zu beiden Seiten sind reich an Stuckwerk. Nicht alle sind renoviert. Alternativer Charme heißt so was.

Das Kollektiv, das meine Herberge betreibt, will »Raum geben für alle Menschen, egal welcher Herkunft, Religion, geschlechtlicher Identität oder sexueller Orientierung« und Platz bieten »für Alternativen, ob politisch oder künstlerisch«.[138]

Nun gut, nicht für alle Alle, denn »das Haus ist ein klar antifaschistischer, antisexistischer, antirassistischer und queer-feministischer Freiraum. Wir dulden hier keine Menschen, die dies nicht teilen.«

Was denen wohl passiert?

So viel dürfte klar geworden sein. Meine Herberge ist kein Bordell mehr.

Vor dem Haus genießen junge Antikapitalisten auf einem Sitzge-legenheitensammelsurium den warmen Abend. Mein Diesel lässt sie aufsehen. Unter ihren skeptischen Blicken steige ich aus. Es riecht nach holländischen Kräutern.

»Guten Abend ...«, flöte ich.

»Soll ich?«, fragt ein junger Mann in T-Shirt und kurzen Hosen einen anderen im gleichen Look. »Nee du, lass mich doch gern«, antwortet der. Über die Organisationsstruktur des Hauses »Keine*r ist Chef*in, alle können alles machen« mag manche*r spotten. Sie funktioniert. Heute.

Der Tresen der Café-Kneipe – von Wänden und Decke wurden die Spuren des Alters nur behutsam getilgt – dient als Rezeption.

»Du hattest das Doppelzimmer gebucht?«

»Ja, aber meine Freundin konnte nicht ...«

»Auch wegen Bahnstreik?«

Weil das plausibel klingt, nicke ich. Überall in Deutschland kommen Menschen wegen des Arbeitskampfes der Lokführer später oder gar nicht an. Ich fülle ein Formular aus und greife nach der Schlüsselkarte.

»Erst bezahlen«, verlangt der junge Anti-Kapitalist.

In den Hostelbereich geht es durch eine Tür, die nur mithilfe der Zimmerkarte geöffnet werden kann. Freundlich empfängt ein Plakat die Gäste mit dem Satz »Im Jahr 2018 wurden 118 Frauen in Deutschland von ihrem (ehemaligen) Partner ermordet«.

Zwei Schritte weiter hängt ein Ohrstöpsel-Spender.

Die Treppe knarzt. Ist aber frisch abgebeizt. In den Etagengängen zeugen von der früheren Nutzung Wandlämpchen mit roten Schirmen, die vielen Zimmer mit Tür zum Gang und der alte dunkelrote Anstrich, für den im neuen hellen unrenovierte Felder frei gelassen wurden.

»schickSAAL« heißt heute das Haus, ein Hostel mit Kneipe und Café. »Goldener Engel« hieß es zu seinen Bordellzeiten nie. Ich stieß auf die Clemensstraße bei meiner Recherche nach dem »Engel«. Der befand sich gegenüber dem Hostel in der Nummer 8. Thomas Mann, der wenige Hundert Meter entfernt aufwuchs, ging im »Goldenen En-gel« und in den benachbarten Bordellen bereits als Schüler aus und ein. Rein beruflich. Seine Milieustudien verarbeitete er in seinem Roman

Lübeck: Abends an der Trave

»Professor Unrath«. Darin wurde der Goldene zum »Blauen Engel«. Und Marlene Dietrich später zur feschen Lola.

Je nach Quelle entstanden die ersten Bordellbetriebe in der Clemensstraße zu Beginn oder ab Mitte des 19. Jahrhunderts. Im Jahre 1900 wurde die Straße Sperrbezirk, in dem Prostitution offiziell gestattet war, und bekam Tore. In den 1970er-Jahren schafften in mehr als einem Dutzend Bordellen bis zu 160 Prostituierte an. In den Folgejahren nahm ihre Zahl ab. Ende 2006 schloss das letzte Rotlicht-Etablissement.

Und was empfahl Murray? Bordell oder Gasthaus?

Unter dem Namen »Weißer Engel« war es nachweislich viele Jahre ein Gasthaus. Glaubt man den Quellen, die erst ab Mitte des 19. Jahrhunderts in der Clemensstraße Rotlicht leuchten sehen, könnte ein unschuldiger »Engel« beim Besuch von Murray in den 1830er-Jahren noch bestanden haben.

Allerdings gehen die Betreiber der heutigen Kulturbar »Blauer Engel« im selben Haus davon aus, dass es bereits ab 1800 der Prostitution diente. Denkbar ist, dass die Betten eine Zeitlang parallel für unterschiedliche Zwecke genutzt wurden. Das ist in einigen Hotels ja immer noch so.

Als ich mein Zimmer betrete, kommt mir ein Mann entgegen. Wir erschrecken uns. Dann stelle ich fest, gegenüber der Zimmertür hängt ein großer Spiegel. Wie sehr erschreckt der wohl Leute, die nicht nüchtern sind?

Die Zimmereinrichtung haben die Hostel-Betreibenden selbst gezimmert. Das Kopfende des Bettes geht in ein raumhohes Regal über, zwei Lämpchen darin spenden Leselicht, an der Rückseite hängt der Erschreckerspiegel. Ein Bad fehlt. Die Sanitäreinrichtungen auf dem Flur nutzen alle gemeinsam.

Ich kehre in ein nahe gelegenes Steakrestaurant ein, bummele an der Trave entlang. Gehe zum Holstentor. Mehr nicht.

Obwohl ich zum ersten Mal in Lübeck bin. Jene Stadt, die sie als eine der wenigen in Deutschland gut kennt, wo sie mich herumführen wollte. Damit sie das beim nächsten Besuch machen kann, gehe ich zurück ins Hotel.

Vor dem Schlafengehen suche ich die »all gender«-Toiletten auf. Man ermahnt mich schriftlich, damit es nicht eklig werde, mich hinzusetzen. Kein Freiraum für Stehpinkler.

Die Kühle in meinem Zimmer stört nicht. Mir stehen ja zwei Decken zur Verfügung, so dass ich meine eigene Bettdecke nicht auszupacken brauche.

Distanz: 321 km

# BERLIN – HAMBURG II

### BUMSEN, LATTE, LEON

**Am Morgen bin ich nicht der Einzige, der um fünf auf den Beinen ist. Ein Mann in den Fünfzigern putzt sich an einem Waschbecken im »all gender«-Duschraum die Zähne.**

Nach einem freundlichen »Morgen …« beginne ich dieselbe Tätigkeit. Wir spucken in derselben Sekunde aus und müssen schmunzeln. Bevor ich duschen gehe, schaue ich in alle drei der gemauerten Kammern. Bin unschlüssig.

»Nehmse die ganz außen. Da hamse am meisten Abstand zum Vorhang.«

»Sie sind wohl öfter hier …«

»Ja, is' billig.« Ab 19 Euro im 10-Bett-Zimmer. Meines, eines von zwei Doppelzimmern, kostete 63 Euro.

»Und ich kenn' die Straße noch von früher.«

»Als hier noch …« Ich hebe vielsagend die Augenbrauen.

»War zum Schluss ganz schön runtergekommen alles. Aber man konnte gut bumsen«, lacht er.

Ein Sexist! Ein Sexist!, denke ich und überlege, ob ich den Mann dem Leitungskollektiv melden muss. Gleichzeitig bin ich dankbar für eine weitere dieser Begegnungen, von denen man später erzählen kann.

»Der verbreitete Grundsatz ›Kunde ist König‹ gilt für uns nicht«, heißt es im Statut des Hostels, denn »… mehrere Jahrtausende Patriarchat sind mehr als genug!« Deswegen müssen die Gäste die Betten selbst abziehen. Beziehungsweise, »es wäre total toll, wenn …« Da ich Wertschätzung wertschätze, ziehe ich alles ab. Auch das Laken. Auf dem Weiß der Matratze drei lange schwarze Haare. Und dort, wo Gäste ihre Körpermitte lagern, viele Flecken, die aussehen wie getrockneter Latte macchiato.

Die Sonne schläft noch hinterm Horizont, da starte ich in der Straße »An der Untertrave« den Motor. Keine hundert Meter vom

»schickSAAL« entfernt, finden Autoreisende
dort Parkplätze. Wohnmobilisten nur, wenn ihr Wohnmobil kurz ist.

Um Murrays Routen zu folgen, ist kein Camper nötig. Man muss
es nur von A nach B schaffen und weiter nach C, … Hamburg. Jeden
Morgen erlebnishungrig aufbrechen. Jeden Abend erlebnissatt ein-
schlafen. *Wer reist, geht zur Schule.*[139]

Während ich noch überlege, wie viel Sinn die Umkehrung von Murrays Satz ergibt, ploppt das Handy. »Na, wie war's im Bordell?«

Da ich fahre, schreibe ich nicht zurück. Ich rufe Olaf an. Trotz der
frühen Morgenstunde. Wer schreibt, ist wach. Freisprechend berichte
ich, wie hübsch es sich abends an der Trave sitzt, erzähle vom Statut des
Hostel-Kollektivs.

»Hast du dich mit denen mal unterhalten?«

»Nur kurz. Sonst hätte es meine Vorurteile zerstört.«

»Oder bestätigt.«

»Das wollte ich erst recht nicht. Aber ich habe prima geschlafen, weil
ich nicht wusste, worauf.« Ich erzähle von den Flecken.

»Ist doch schön, wenn wenigstens eine Tradition fortgeführt wird.
Und schade, wenn andere enden. Wer hat Schluss gemacht?«

»Womit?« Der Themenwechsel kommt so abrupt, dass ich unnöti-
gerweise bremse.

»Du bist wieder allein …«

»Ich bin nicht allein.«

»Dein Murray ersetzt keine Partnerin.«

»Olaf, ich bin nur allein unterwegs. Wir haben uns nicht getrennt, wie kommst du denn auf die Idee?«

»Na, weil du … ich dachte … Das hat nie lange …«, stottert er.

»Ich habe ein paar Tage frei. Sie kann ja nur am Wochenende.« Wer zur Schule geht, kann nicht reisen. »Freitag kommt sie nach.«

Olaf wirkt erleichtert, weil er keine Aufarbeitungsgespräche führen muss. Im Anschluss sorgt er für Erleichterung bei mir.

Die Frage, die ich ihm stelle, haben andere genauso beantwortet.

Murrays fast 200 Jahre alten Empfehlungen zu folgen bedeutet zwangsläufig, sich auf die Vergangenheit zu fokussieren. Seine Routen sind Zeitreisen. In die alten Stadtkerne. Zu Burgen, Schlössern, Klöstern, Kirchen. Heute haben Touristen schnellere und bessere Verkehrs-, Kommunikations- und Informationsmittel als vor 200 Jahren und besuchen … alte Stadtkerne, Burgen, Schlösser, Klöster, Kirchen.

Wenn ich, Murrays Nord- oder Süddeutschland-Band unterm Arm, durch Dinkelsbühl, Corvey oder Augsburg marschierte, war ich dort ja nicht allein. Alle wollen Altes sehen.

Nichts Neues. In der zweiten Hälfte des 19. Jahrhunderts trat die wachsende Zahl von touristischen Reisezielen zunehmend in Konkurrenz zueinander. Jeder wollte vom Tourismuskuchen naschen, selbst Orte, wo weder Natur noch Architektur außergewöhnlich waren.

Also wurden Burgenmauern rekonstruiert, Häuser mit Fachwerk ohne statische Funktion aufgehübscht, es wurde Brauchtum konserviert oder wenn keins da war, neu erfunden. In alten Stadtkernen erließ man ein Werbeplakatverbot, baute Fabriken zurück oder forstete im Umland auf für das Erlebnis deutscher Wald[140]. Nicht zu vergessen die vielen Türme und Plattformen für »die schöne Aussicht«. Neben der Erzeugung von Schauwert befriedigte die Bewahrung und Wiederherstellung des Alten ein weiteres Bedürfnis. In einer Welt – wir sind im 19. Jahrhundert –, die erschüttert wurde von zunehmendem Tempo und wachsender Mobilität, von Technisierung und der Entkopplung von Mensch und Produkt durch Industrialisierung, stillte das Reisen zum Alten die Sehnsucht nach Echtem, Schönem und Überschaubarem. Das Alte als dinglich erlebbare Vergangenheit half, sich seiner Herkunft zu vergewissern. Stärkte das Heimatgefühl. Für das Individuum von Bedeutung und praktisch für einen Staat, der Kriege führen will oder muss. Erweitert man die Liste der Dinge, die die Welt des 19. Jahrhunderts erschütterten, um Digitalisierung, ist denkbar, dass wir heute aus denselben Gründen wie gehabt Fachwerkstädtchen, Schlossanlagen und Klosterkirchen besuchen. Bietet uns das Alte einerseits das Gefühl von Übersichtlichkeit, überwältigt es uns andererseits nicht selten mit Ausmaßen und Ausführung. Die Steigerung von sehenswert ist spektakulär.

»Größe, Ästhetik, Kühnheit – Welches neue Bauwerk in Deutschland fällt dir ein, das man deswegen besuchen sollte?«, fragte ich Olaf. Und andere. Ihre Antworten führte mich in Deutschlands zweitgrößte Stadt.

*Hamburg ist … vor allem als Deutschlands führender Handelsseehafen bemerkenswert. Es wird von Kanälen durchzogen, die Fleete genannt werden und hat in dem altmodischen Aussehen seiner Häuser und in der Anzahl der Bäume, die in seinen Straßen wachsen, eine Ähnlichkeit mit den Städten Hollands. … Der Reisende darf hier keine schönen Gebäude … erwarten, Verzierung war nicht gerade das Leitprinzip beim Bau öffentlicher wie privater Gebäude.* [141]

Kalt ist Hamburg.

Acht Grad vermeldet die Außentemperaturanzeige. Auf den Straßen bis zur Speicherstadt herrscht kaum Verkehr. In der Speicherstadt sind ein Müllwagen und mein Auto die einzigen Objekte, die sich durch diese Orgie in Backstein bewegen, die Murray vermutlich nicht mehr kennenlernte. Der heute größte historische Lagerhauskomplex der Welt wurde 1883 begonnen zu bauen. Aus den bekannten Gründen ging 60 Jahre später die Hälfte verloren. Das meiste davon rekonstruierte man und ergänzte es durch moderne Interpretationen der alten Architektur. Seit 2015 ist die Speicherstadt UNESCO-Weltkulturerbe. Gibt es eigentlich Heftchen, in denen Besuche von Welterbestätten abgestempelt werden?

Ich erreiche eine Brücke, die keinen Namen hat. Die Straße, die darüber führt, heißt »Am Kaiserkai«. Durch die Windschutzscheibe sehe

ich erstmals das hohe Bauwerk, dessentwegen ich hier bin, und denke:
»Olaf und alle anderen haben sich geirrt.«

Ich parke den Wagen. Bis neun entgeltfrei. Heißt: 50 Cent je zehn
Minuten muss ich erst in knapp zwei Stunden bezahlen. Einer der
Vorteile meiner Gewohnheit, große Städte am frühen Morgen zu be-
suchen. Wofür ich jetzt schon gerne zahlen würde, ist ein Frühstück.

Ich ziehe eine warme Jacke an, hole das Eselchen aus dem Koffer-
raum. Entfalte es. Ein Speicherstädter in engen schwarzen Jeans, blauer
Barbour-Steppjacke und blauen Sportschuhen kommt des Wegs. Sein
Haar zwingt viel Gel in dieselbe Richtung. Die Brötchentüte in seiner
Hand weist ihn als den Mann aus, den ich suche. Er kennt sogar zwei
Bäckereien. Seine Beschreibung leitet mich zu »Dat Backhus« und der
gegenüberliegenden »Schanzen-Bäckerei«. Eene-meene-muh muss
entscheiden.

Das Mettbrötchen schmeckt, der Milchkaffee ist in Ordnung. Nur
die Rosinenschnecke wäre dem »Backhus« möglicherweise besser
gelungen.

Schnecke mampfend blicke ich auf ein Kanalbecken. Es erinnert an
den Stadthafen von Boizenburg. In beiden schwappt Elbe. Die Hamburger Möwen vermögen übers Wasser zu laufen. Beeindruckend! Es
dauert einige Augenblicke, bis mir klar wird, wegen Ebbe ist der Was-
serspiegel fast bis auf den Grund abgesunken.

Die Häuser auf der kurzen und einer langen Seite des Beckens sind
bewohnt, gegenüber wird gebaut. Hämmern, Bohren, Kranwindenjau-
len hallt von den Wänden der fertigen Häuser wider. Etagenstapel mit
Loggialöchern. Alle neu.

Der Schlick, den das schwindende Wasser nach und nach freilegt,
hat optische Schwächen. Erinnert mich an etwas. Ich rieche plötzlich
Waldfrische.

Ich radele los. Herum um zwei Herren in blauen Barbour-Stepp-
jacken, die jeweils einen Hund an der Leine führen. Einen wusche-
ligen Bobtail und einen dürren Whippet. Der Whippet trägt eine
Barbour-Steppweste.

Ich strebe dem hohen Bauwerk zu, dessentwegen ich hier bin. Aus
den Häusern treten immer mehr Herren in Barbour-Stepp. Auch einigen Damen. Niemand ist ohne Hund.

Hamburg: Neue Pracht

*Was die Aufmerksamkeit eines Fremden erregt, ist vornehmlich die*
*Bekleidung, die man auf den Straßen Hamburgs sieht, sie hat nicht das*
*geringste Unterscheidbare.*[190]

Unterhalb des hohen Bauwerkes, dessentwegen ich hier bin, macht
ein blau-gelbes Schiff fest. Da Ebbe herrscht, geht es zum Anleger steil
hinab. Vergessend, dass nur eine Bremse funktioniert, fallen das Eselchen und ich fast ins Wasser. Das Schiff ist eine Fähre. Für Eins achtzig
könnte ich zu den Landungsbrücken nach St. Pauli fahren. Für die Eins
zwanzig, die ich in meiner blauen Barbour-Steppjacke finde, nicht. Ich
radele über die Am-Kaiserkai-Brücke zum Auto. Geld holen.

Zurück auf der Brücke steht dort eine Gruppe bunter Zwerge. Alle
tragen Rucksäcke und lauschen ihrer Lehrerin:»110 Meter ist die Elphi
hoch. Sie hat 29 Fahrstühle. Das sind mehr als ihr alle.«

Einige machen:»Boaah!«

»Die Elbphilharmonie ... Leon, zuhören ...! Die Elbphilharmonie ist
das höchste Haus in Hamburg!«

Ihren Kopf in den Nacken gelegt starren die Kinder mit offenem
Mund zu dem weißen dreieckigen Baukörper, der an ein Segel erinnern soll. Der rote Backsteinquader darunter erinnert an die hiesige

Bautradition. Innen vollkommen entkernt ist der ehemalige Speicher nur Staffage. Ohne Altes kann das wohl Neue nicht.

»Was glaubt ihr, hat die Elphi gekostet?«, fragt die Lehrerin.

»Hunderttausend Euro!«

»Eine Million.«

»Fünfzig Millionen. Mindestens!«

Keiner kommt auf die Summe, die die Lehrerin nennt: »Es sind 866 Millionen. Fast eine Milliarde Euro!«

»Kein Scheiß?«

»Kein Scheiß, Leon.«

Alle stellen sich auf für ein Erinnerungsfoto.

Zehn Minuten später fahren das Eselchen und ich Fähre. Das Eselchen braucht nichts zu bezahlen und bekommt einen Platz in einem Fahrradständer. Ich gehe aufs Oberdeck.

Die Maschine dröhnt. Das Land weicht zurück. Wir gleiten durch strudelndes Silber. Die Sonne scheint durch graue Wolken, taucht alles in fahles Licht. Und mit einem Mal, vom Wasser aus, wirkt das Bauwerk, dessentwegen ich hier bin, spektakulär.

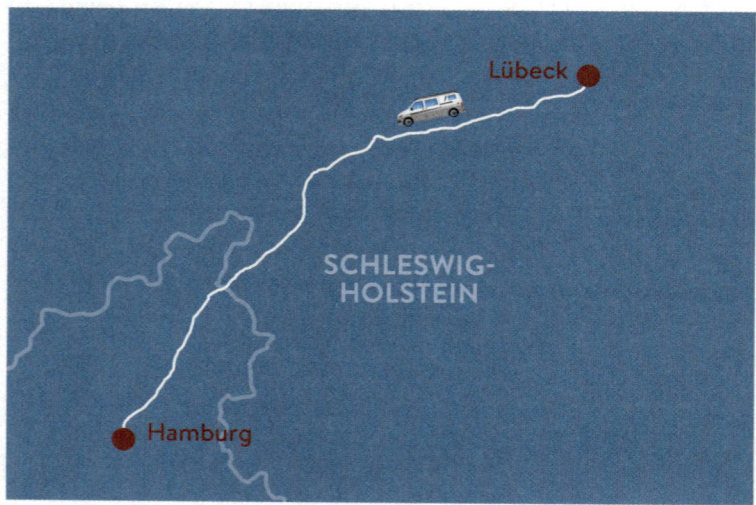

Distanz: 68 km

# HAMBURG – BAD DOBERAN

## GROSSHERZOG, BURGENKÖNIG, FINGERGEFAHR

*Die Straße hinter dem Ende des Hamburger Territoriums
bei Wandsbeck [sic!] ist eine der schlechtesten in Europa
und für jedes zivilisierte Land eine Schande. Sie ist nichts
anderes als ein von Rädern markierter Weg im tiefen Sand,
der hie und da von großen Geröllsteinen durchsetzt ist.*

*Keine Kutsche, selbst die stabilste, hält das aus. Ein Wagen benötigt
manchmal 11 Pferde. Die selbstsüchtige Politik des Königs von Dänemark
hält [die Straße] in ihrem gegenwärtigen abscheulichen Zustand, in der
Hoffnung, Reisende und Waren dazu zu zwingen, den Weg durch Sund
zu nehmen, wo sie ihm eine Maut zahlen müssen.*

*Obwohl die Entfernung nur 38 Meilen [rd. 70 km] beträgt, bedeutet
sie, einschließlich der Unterbrechungen, eine lange Tagesreise von 10 oder
12 Stunden, die zusätzlich erschwert wird, durch die Ödnis der Gegend.*[142]

Ich armer Teufel fahre die Strecke zweimal. Denn statt in Hamburg
endete meine Fahrt ja gestern in Lübeck. Auf der A1 sauste ich nach
Hamburg, auf der B75 tuckere ich murraykonform zurück nach Lübeck und dann weiter auf der 105. Die Qualität der Straße hat sich verbessert. Strapaziös machen die Fahrt Regen und starker Verkehr. Ewig
muss ich hinter einem alten Wohnmobil herschleichen. Der Aufbau
mit Alkoven erdrückt das VW-Fahrgestell fast. Der Fahrer hat offenbar
noch nie Pferde gesehen. Immer wieder streckt er einen Arm aus dem
Seitenfenster und fotografiert, was da auf den vielen Koppeln grast. Bisweilen sind es Kühe. Ob er die einen von den anderen unterscheiden
kann, bezweifle ich. Ich setze mehrmals vergeblich zum Überholen an.

Die Strecke macht mich mufflig. Gut, dass ich allein bin. Wer nicht
allein reist, kann in Dassow mufflige Mitreisende Tigern zum Fraß vor-
werfen. Außer dem Tigerpark wartet Dassow mit einer frühgotischen

Backsteinkirche aus dem 13. Jahrhundert auf, das dazugehörige Pfarrhaus verströmt Bullerbü-Charme.

Weniger charmant: Dassow war die nordwestlichste Stadt der DDR und lag im Sperrgebiet. Ohne Passierschein kam niemand raus oder rein. Ein Turm der Grenztruppen steht noch.

Überhaupt nicht charmant die Nachricht: »Hase, ich kann nicht kommen wahrscheinlich. Die Lokführer streiken immer noch.«

*Wismar liegt am Ende einer Bucht, die einen der besten Häfen der Ostsee bildet. Es heißt sogar, dass die Stadt anstelle von Lübeck zur Station für die Russland-Dampfer gemacht wird.*[143] Es liegt Verwunderung über Wismar in Murrays wenigen Worten. Was hätte er sich wohl gewundert, wäre ihm bewusst gewesen, dass die Hansestadt bis 1803 für 180 Jahre lang in schwedischem Besitz war, ausgenommen fünf Jahre, in denen Dänen Wismar besetzten. Wäre ich weniger mufflig gewesen, hätte ich mir in der spätgotischen Backsteinaltstadt einen weiteren Stempel für mein imaginäres UNESCO-Weltkulturerbe-Heftchen holen können.

*Das »Grosse Logirhaus« wird denjenigen, die hier übernachten, eine gute Unterkunft bieten.*[193] Es ist dieser Satz, der mir meine einzige gesponserte Nacht während meiner Reise auf Murrays Spuren beschert. Mit der Bitte um ein Gespräch zur Historie und Zukunft des Hauses schickte ich ihn ans Hotel »Friedrich-Franz-Palais« im Großherzoglichen Logierhaus Bad Doberan, einem *der meistbesuchten und mondänsten Badeorte Norddeutschlands*[193].

»Hüüüüü-hüüüüü-hütt«, hallt ein Pfiff durch Bad Doberan. Rhythmisches Stampfen und Zischen schwillt an und wie anderswo die Straßenbahn rumpelt ein Dampfzug mit zehn Wagen vor meiner Motorhaube vorbei. Dunkelgrauen Rauch ausstoßend hält die Schmalspurbahn in einer Geschäftsstraße. Über die Plattformen an den Wagenenden steigen Passagiere ein und aus.

Hatte ich am Morgen eine Bauleistung jüngster Zeit gewürdigt, die landes- und weltweit touristische Aufmerksamkeit bekommt wie sonst nur Bauten früherer Jahrhunderte, war ich jetzt in der gegenteiligen Welt gelandet.

»Sie sind der Gast von Dr. Beuter?«

Ich bestätige, nehme den Zimmerschlüssel, gehe hinauf. Durchs Logierhaus dröhnen Bohrhämmer. Die Fachwerkfassade, die man erst auf den zweiten Blick erkennt, weil die Balken auch weiß gestrichen sind, ist zur Hälfte eingerüstet. Mein Zimmer liegt im ruhigsten Teil des Friedrich-Franz-Palais.

Der Hotelname geht auf den Mann zurück, dem Deutschland das erste Seebad verdankt: Großherzog Friedrich Franz I. von Mecklenburg-Schwerin. Sein Leibarzt wies ihn auf die neueste medizinische Erkenntnis hin: Meerwasser stärke die Gesundheit. Alles, was der Stärkung seiner Gesundheit diente, war Friedrich Franz nur recht. Neben den acht Kindern, die er mit seiner Gattin zeugte, hatte er mit mindestens zehn anderen Frauen mindestens 15 weitere. Alle versorgte er gut.

1793 wurde auf Geheiß des Großherzogs, nach Vorbild der südenglischen Seebäder, das erste Badehaus am Heiligen Damm eröffnet, unweit Doberans. Badehaus bedeutet, die Badenden gingen nicht ins Meer, sondern das Meer wurde den Badenden in die Wanne gebracht. 1794 jedoch raffte der Großherzog seine Beinkleider und watete ein paar Schritte in die kalte Ostsee. Ungeheuerlich, aber der Startschuss zu Doberans Aufstieg. Wie es gut dreißig Jahre später dort zuging, weiß Murray: *Es ist üblich, morgens um 6 Uhr nach Heiligendamm aufzubrechen, um 10 Uhr zu baden und dann zurückzukehren.*[144]

Gebadet wird nach Geschlechtern getrennt und mithilfe von Badekarren. Umkleidekabinen, mit denen man sich ins Wasser fahren lässt, um von dort über eine Leiter tapfer in die Fluten einzutauchen. Die Kunst des Schwimmens beherrscht kaum jemand. Und natürlich vermieden Mann und Frau, nackte Haut zu entblößen. Den Rest des Tages verbringen die Gäste lustwandelnd in den Grünanlagen von Bad Doberan, darauf hoffend, beim Dinner Mitglieder der großherzoglichen Familie zu treffen.

*Für diejenigen, die lieber vor Ort wohnen, wurden Herbergen nahe der Badeanstalt gebaut und 1832 ein völlig neues Badehaus eröffnet. Es können Erfrischungen aller Art in den Bädern genossen werden.*[196]

Murray verschweigt die beliebteste Erfrischung in Heiligendamm. Auf der Terrasse des noch heute existierenden strahlend weißen Kurhauses, Gründungsbauwerk der Bäderarchitektur, schlürften unter dem großen Dreiecksgiebel die Damen und Herren der feinen Gesellschaft im Schatten weißer Säulen am liebsten Eierpunsch.

Mir bringt eine Bedienstete Kaffee. Ob ich ihn wollte, wurde nicht gefragt. Jetzt muss ich wollen. Ich sitze nicht auf der Terrasse des Kurhauses von Heiligendamm, sondern unter einem goldgerahmten Spiegel in einem Salon des Logierhauses in Bad Doberan. Mir gegenüber ein Mann in blauem Polo-Shirt. Vom Aussehen ein Ringer in Rente. Etwas Blond verblieb in seinem vollen, ansonsten weißen Haar von Heinz-Jürgen Beuter.

Damit die Tassen Platz haben, räumt er einen Stapel Glühlampen-Schächtelchen vom Tisch auf ein Loriot-Sofa. Beides echte Antiquitäten. Sowas ist dem ehemaligen Oberst im Generalstab der Bundeswehr wichtig. Das schafft Atmosphäre. Wichtig ist auch sein Doktor-Titel. In seiner Dissertation untersuchte er den Abrüstungsprozess von USA und UdSSR. Ins Baugewerbe stieg er spät ein. Zunächst wirbt ihn 1981 der Deutsche Sportbund von der Bundeswehr ab. »Sonst wäre ich jetzt Vier-Sterne-General.« Beuter wird Leiter der Sportbund-Führungsakademie. »Ich war der zweitbestbezahlte Mann im deutschen Sport.«

Nach sechs Jahren kauft man ihn wieder weg. Ins Bau- und Planungs-management. »So bin ich beim deutschen Burgenkönig gelandet. Herbert Hillebrand, kennen Sie den?«

Ich nicke. Burg Rheineck bei Bad Breisig. Der Kreis schließt sich.

»Rheineck habe ich ihm umgebaut. Und zwanzig, dreißig andere Schlösser. Der hat ja vierzehn Kinder von drei Frauen. Die bekamen alle ihr Schloss. Die Kinder.«

Der Großherzog kommt mir in den Sinn.

Beuter spricht über Hillebrand, wie zerstrittene Brüder übereinander sprechen. Er kennt alle Schwächen und die Stärken. Manche seiner Bemerkungen sind bissig, dennoch liegt über allem, was er über den ehemaligen Chef sagt, eine Bewunderung, die man in Bayern ausdrücken würde mit dem Satz: »A Hund is er scho!«

Eigentlich wollte Beuter nicht mehr bauen, wollte seinen Ruhestand in Berlin-Zehlendorf genießen und höchstens kleinen Beschäftigungen nachgehen, wie einer Dozentur an der Schota-Rustawelli-Universität im georgischen Batumi. »Ergab sich so, hatte da connections und gebe seit drei Jahren Blockseminare in Hotelmanagement. Was man noch so macht. Ich bin ja auch schon siebenundsiebzig.«

Wenn jemand ein derartiges Alter nennt, muss man staunen. Mein Staunen ist größtenteils echt, das Alter sieht man ihm nicht an.

2006 wurde Beuter »von jemandem, der hier was machen wollte«, gebeten, das Bad Doberaner Prinzenpalais, zuletzt Schule und Jugendhaus, zum Hotel umzubauen. »Das habe ich alles allein gemacht. Mit meinen Mitarbeitern. Zu extrem günstigen Kosten. Mit mir spart man den Architekten. Außen, innen, alles meine Entwürfe.«

Zwei Männer schleichen in den Salon.

»Dürfen wir kurz …«, sagt der ältere, eine Verbeugung in der Stimme.

»Meine beiden Hausmeister.« Es klingt nach »meine Hofbaumeister«. Beuter mag die Unterbrechung nicht, bleibt aber freundlich. »Wenn die stören, dann muss es was Wichtiges sein.« Es ist wichtig. Sie brauchen die Lampen-Schächtelchen vom Loriot-Sofa.

Ich sehe auf meinem Handy eine Nachricht aufblitzen: »Deutsche Bahn fährt definitiv nicht an Ostsee.«

Draußen pfeift der Dampfzug »Molli«. Eine private Bahn.

Die Hausmeister dackeln davon.

»Jedenfalls beim Prinzenpalais hab' ich den Dachstuhl erhöht, ins Haus dreißig Zimmer reingewürgt. An den Seiten Terrassen gebaut, die nie da waren. Sieht gut aus.«

Das stimmt. Trotzdem: »Und der Denkmalschutz?«

»Ich bin besser als der Denkmalschutz.«

Der Umbau des Prinzenpalais beeindruckt Investoren. Auch Rolf Elgeti, 44-jähriger Shootingstar der Investmentbranche, geborener Rostocker. Belegte in der Schule fünf Leistungskurse. Investierte Millionen in den Fußballclub Hansa Rostock. Die Wirtschaftspresse schwankt zwischen »Wunderkind« und »Skandalmanager«. Besprechungen mit Elgeti sollten nicht mehr als 15 Minuten dauern. »Bei mir ist er in sechs, sieben, acht Minuten durch«, sagt Beuter und noch einiges mehr. Es schwingt mit: »A Hund isser scho.«

Für den Umbau des Logierhauses ködert Beuter den Investor mit seiner Bauerfahrung und seiner Fähigkeit, die Einzigartigkeit eines Projekts zu suggerieren, obwohl er bei seinen Umbauten oft kopiert. Fürs Prinzenpalais übernahm er viel von Schloss Passow, eigentlich ein Gutshaus im Mecklenburgischen, das Beuter für seine Frau gekauft und umgebaut hat. Einzigartig ist Beuters Umgang mit Zahlen: »Ich hab dem Elgeti gesagt, das Logierhaus mach' ich Ihnen für drei, vier, fünf Millionen.« Er nennt häufig eine Spanne. Das Gegenüber hört vor allem die niedrige Zahl, Beuter kann sich später auf die höhere berufen.

Die Investitionen fürs Logierhaus belaufen sich inzwischen auf das Doppelte des ursprünglich Geplanten. Trotzdem kein schlechtes Geschäft. Da jede investierte Million mit einem bestimmten Prozentsatz vom Land gefördert wird, lässt sich für mehr Geld bauen, als man einsetzt. Der Wert des Projekts steigt. Ganz abgesehen von den Steuersparmöglichkeiten.

Minutenlang erzählt Beuter von seiner Suche nach passenden Scheuerleisten für die Salons, welche historische Wirkung er womit erzielen will, welche Wände er im Logierhaus versetzte, wo er Durchbrüche machen ließ, auch wenn es bautechnisch fast unmöglich war, wie beim Kamin in der Lobby. Da störte eine Betonwand, die zu DDR-Zeiten eingezogen wurde. »In all meinen Hotels

Bad Doberan, Logierhaus:
Keine Atmosphäre ohne Kamin

habe ich einen Kamin in die Eingangshalle gebaut. Also musste da auch einer hin.« Er bestimmt. Wie ein Großherzog.

Mein Handydisplay leuchtet: »Fernbusse alle ausgebucht.«

»Übrigens …« Er deutet nach draußen, wo der Molli wieder pfeift, »bald wird der Großherzog zum Abbaden fahren.«

»Der Großherzog?«

»Ich engagiere dafür immer einen Schauspieler. Mit Hofstaat. Alle in Kostümen. Der Chefarzt von der Moorbad-Klinik hier aus Bad Doberan spielt den Leibarzt. Und dann ziehen wir vom Logierhaus zum Molli und fahren nach Heiligendamm. Super Werbung.«

»Und wen spielen Sie?«

»Ich bin ehemaliger Oberst. Da gebe ich natürlich den Chef der Leibwache!«

Ich versuche ihn mir mit Kniebundhosen, Dreispitz und Säbel vorzustellen. Ja, er ist einer, der seinen Leuten sagt, wo es langgeht, der Schwierigkeiten aus dem Weg räumt, ein Macher, und doch Diener eines Herrn. Kein Großherzog.


»Mitfahrzentrale hat auch nicht geklappt. Es gibt noch einen Bus, der wäre etwa um zwei in Rostock. Nachts.«

»Nein, das lass mal. Das ist es nicht wert.«

»Doch. Ich will zu dir kommen.« Sie hat keinen Führerschein. »Ich kann dich holen.«

»Auf keinen Fall, das wird zu anstrengend! Ich schaffe es. Es gibt eine Verbindung nicht von Deutsche Bahn.«

Etwas kryptisch, aber ich verstehe es. Sie wartet seit einer Stunde in der Schlange vorm Bahnschalter im Berliner Ostbahnhof. Es sind nur noch zehn Verzweifelte vor ihr.

Das Motto »Niemals aufgeben« – noch etwas, das uns verbindet.

Während wir telefonieren, schaue ich der Fairness halber unter die Laken des Logierhausbettes. Begutachte die Matratze oben, unten und besonders in der Mitte. Fazit: Im Gegensatz zur Lübecker Herberge verzichten die Gäste des Logierhauses im Bett anscheinend auf Latte. Oder die Hygienestandards des Hotels bei der Reinigung sind höher.

Den Rest des Tages spaziere ich durch Bad Doberan, besuche das Münster, eine Kathedrale in rotem Backstein, sehe zweimal den Molli, manche sagen »die Molli«, durch die Stadt dampfen. Der Zug fährt erst seit 1886. Murray musste noch die Kutsche nach Heiligendamm nehmen.

Der Lokführerstreik wirft nicht nur unsere Urlaubspläne durcheinander. Er wirft uns in Murrays Zeiten zurück. Aus einer Drei-Stunden-Strecke wird plötzlich eine Drei-Tages-Reise. Die Zugalternativen Fernbus und Auto haben wir diskutiert. Pferd und Kutsche nicht. Lastenfahrräder sind die neuen Kutschen. Ob es wohl bald ein landesweites Netz von Rikscha-Verbindungen gibt? Bei dem an festen Stationen die Fahrer gewechselt und die Ketten geschmiert werden?

Im flirrenden Licht der Spätsommersonne steigen am Bahnhof Kröpelin zwei Menschen aus. Keiner mit dunklen Locken. Ein paar Schritte sind sie vom Zug weg, da kommt aus dem Halbdunkel des Wagens noch eine Gestalt geeilt. Mantel überm Arm, Handtasche in der Hand und ein himbeerfarbenes Köfferchen hinter sich herzerrend.

»Hui, ich dachte, es wäre nächste Station.«

Wir fallen uns in die Arme. Hinter ihr schließen die Zugtüren.

»Da bist du.«

»Da bin ich.« Sie schaut mich an, dann ihren Mantel, die Hände tasten ihn ab. Sie reißt die Handtasche auf.

»Mein Portemonnaie!«

In Berlin bekam sie einen der letzten Plätze in einem Zug der nicht vom Streik betroffenen Ostdeutschen Eisenbahn GmbH. Nach zweimal Umsteigen erwischte sie eine der wenigen Regionalbahnverbindungen, die die Deutsche Bahn an der Küste aufrechterhält. Eine Nacht später als geplant ist sie angekommen.

Der Zug steht noch. Ich gestikuliere am Fenster des Wagens. Gestikuliere. Drinnen springen Menschen auf, durch die Tönung nur schemenhaft zu erkennen. Früher ließen sich Zugfenster herunterschieben. Heute sind die Scheiben verklebt. Jemand reißt das einzige Klappfensterchen darin auf. Ein kleines dunkelblaues Viereck wird durch den Spalt gequetscht und plumpst in die Lücke zwischen Zug und Bahnsteinkante. Ich gehe in die Hocke. Im Flug aufgeklappt, liegt das Fach mit den Kreditkarten auf dem Gleis. Wenn der Zug losrollt … Kreditkarten sind wichtig. Finger nicht. Schon gar nicht für Autoren. Ich stecke den Arm unter die RB 11. Mein Kopf dreht sich dabei Richtung Triebwagen. Dessen Fenster lassen sich aufschieben. Da passen viel größere Dinge durch. Halbe Lokführer zum Beispiel. Deftige Worte schallen über den Bahnsteig von Kröpelin. Ich stehe schon wieder und gebe das Signal zur Abfahrt. Anstelle einer Plastikkelle mit dunkelblauem Leder.

Distanz: 172 km

# DIE INSEL RÜGEN

## SÜLZE, KUCHEN, KAP

*Sie kann als deutsche »Isle of Wight« bezeichnet werden und hat tat-*
*sächlich eine gewisse Ähnlichkeit mit der englischen Insel durch die Form*
*ihrer hohen Kreidefelsen, obgleich sie besser bewaldet ist und sich ferner*
*durch Buchten unterscheidet, die weit ins Landesinnere eindringen.*[145]

Weich schlägt Ostseewasser ans Ufer. Plätschert, zieht sich zurück,
schlägt an. Boote knarzen in ihren Leinen. Möwen kreisen über uns.

»Er passt da hin.« Sie nimmt meine Hand. »Glaube mir.«

Ich habe den Norddeutschland-Murray im Logierhaus liegen lassen.
Der Kommtsie-kommtsienicht-Stress hat Schuld. Sage ich. Sie meint,
es habe einen anderen Grund.

Bis Rostock folgten wir Murrays Route. Danach wurde es bis Stral-
sund unübersichtlich, auch weil ich mich verfahre. Was uns Bad Sülze
entdecken lässt.

Sie kennt Sülze nicht. Verstand nicht, weshalb ich beim Ortsschild
auflachte. Die Worte Aspik und gepökelt hätte ich erklären müssen. Ich
wich auf eine Analogie aus: »Stell dir vor, auf dem Schild hätte Popel-
hausen gestanden.« Jetzt verstand sie. Popel kennt sie aus ihrem beruflichen Alltag.

Distanz: 161 km

Bad Sülze hieß ursprünglich Sulta, dann Sulte, Sülte, Sülze, der Ort an den Salzquellen. Die Mönche des Klosters Bad Doberan siedeten hier schon im 13. Jahrhundert Salz. Lehrt das Salzmuseum. Den Schlüssel für die sehenswerte Kirche hütet gegenüber das Café mit dem sehenswerten Kuchen.

»Mund auf!«

»Ich kann nicht mehr«, schüttele ich den Kopf.

»Dann teilen wir«, sagt sie pädagogisch geschult.

Ich beiße die Hälfte ab, Schoko-Kirsch-Schmand. Sie nickt zufrieden.

Das Café in Bad Sülze verkauft nicht außer Haus. »Wir sind ja keine Bäckerei.« Der Café-Besitzer möchte, dass es bei ihm gemütlich bleibt. Also setzten wir uns an einen Tisch, bestellten Kuchen, bezahlten und transportierten ihn in Servietten nach Rügen.

»Da drüben«, deutete ich in die Richtung, in der die Sonne untergeht, »das ist Kap Arkona.« *Die nördlichste Landzunge der Insel, 173 Fuß über dem Meer, wird von einem Leuchtturm überragt … Der Blick von dort reicht über die Küste der Landzunge Jasmund, auf die Insel Hiddensee und auf die weiter entfernt liegende dänische Insel Moen.*[146]

Das Gegenlicht macht den Kreidefelsen zu einer schwarzen Stufe im Meer. »Da ist endgültig Schluss. Es gibt keine Anschlussroute.« Ich fuhr keine Route zweimal. Eine folgte auf die andere.

»Und wenn wir einfach geradeaus weiterfahren?«

»Dann fallen wir ins Wasser.«

Eine Möwe kreischt. Leinen knarzen.

»Wir brauchen ein Boot.«

Rügen: Es geht weiter …

# Nachbemerkung

*Dass ein solches Werk trotz aller Sorgfalt fehlerfrei sein kann, ist unmöglich, daher muss der Autor darauf setzen, dass seine Leser diese zweifellos zahlreichen Ungenauigkeiten entschuldigen. Vor allem in der ersten Auflage.*

*Er bittet alle, unterstützen Sie ihn, indem Sie Fehler und Fehlendes, das Sie entdecken, seinem Verleger mitteilen. Solche Mitteilungen werden im Falle einer Neuauflage sorgfältig berücksichtigt.*

*Der Autor entbietet seinen inständigen Dank den vielen Freunden, deren Namen er nicht nennen darf, die ihn bei der Erstellung dieses Buches mit Anmerkungen und Korrekturen unterstützten …*[147]

… schrieb John Murray 1836 im Vorwort der ersten Auflage des Norddeutschland-Handbuchs. Ich schließe mich an.

# rklärungen

Alle Schilderungen in diesem Buch basieren auf subjektiven Erinnerungen. Die Dialoge geben nicht wortwörtlich, sondern sinngemäß vergangene Gespräche wieder. Die meisten Namen und die Merkmale einzelner Personen wurden zum Schutz ihrer Privatsphäre geändert.

## Verwendete Werke von John Murray

A Handbook for Travellers on the Continent: being a Guide through Holland, Belgium, Russia, and Northern Germany and along the Rhine, from Poland to Switzerland
John Murray and Son
London 1838, 2. Auflage

A Handbook for Travellers in Southern Germany, being a Guide to Bavaria, Austria, Tyrol, Salzburg, Styria & the Austrian and Bavarian Alps and the Danube from Alm to the Black Sea
John Murray
London 1844, 3. Auflage

## Bezeichnungen

Route 77 = Die Routenbezeichnung bei Murray
NG/SG = Northern Germany/Southern Germany (der jeweilige Band für Nord- bzw. Süddeutschland)
Die Zahl dahinter gibt die jeweilige Seitenzahl an, für alle, die nachschlagen wollen.

# $\mathcal{K}$ommentare

| | |
|---|---|
| I | § 4 Abs. 5 Satz 1 Nr. 10 EstG |
| II | § 22 Nr. 3 EstG |
| III | § 37b EStG |
| IV | Marmorskulpturen und -fragmente, die der Earl of Elgin, ein Hobby-Archäologe, von Bauten der Akropolis in Athen entwendete und später an das Britische Museum in London verkaufte. Infolge einer Hautkrankheit fehlten dem Earl of Elgin weite Teile seiner Nase. |
| V | Grillhähnchen |
| VI | heute Koblenz |
| VII | Genaugenommen von der Rudolf-August-Oetker-Stiftung |
| VIII | Das e könnte ein sogenanntes westfälisches Dehnungs-E sein wie in Soest |
| IX | Aus rechtlichen Gründen weise ich darauf hin, das unschöne Geräusch entstand nicht durch Rammen des Generalvikariats, sondern durch Rappeln meiner Kochtöpfe infolge plötzlicher Reduzierung der Fahrgeschwindigkeit. Ein Geräusch, das jedes andere übertönt. |
| X | Alle Hinweise zu Stelpe bitte an den Verlag. |
| XI | Childe lautet die mittelalterliche Bezeichnung für Schildknappen, die bei einem Ritter dienten und das Waffenhandwerk erlernten. |
| XII | Im Original: On the banks of the majestic Rhine, <br> There Harold gazes on a work divine, <br> A blending of all beauties: streams and dells. <br> Fruit, foliage, crag, wood, cornfield, mountain, vine, <br> And chiefless, castles breathing stern farewells <br> From grey but leafy walls, where Ruin greenly dwells. |
| XIII | Franz Ries (1755–1846) |
| XIV | Christian Gottlob Neefe (1747–1798) |
| XV | Nikolaus Simrock (1751–1832) |
| XVI | Einige Tage nach diesem Abend wurde Bad Ems von der UNESCO in die Liste der »Great Spas of Europe« aufgenommen, als kulturelles Welterbe. |
| XVII | Hier hat Murray den Namen falsch übertragen, das Grafengeschlecht schreibt sich Katzenelnbogen und ist entweder abgeleitet vom lateinischen Cattimelibocus. Die Chatten gelten als Vorfahren der heutigen Hessen. Melibokus bezeichnete in der Antike einen Berg. Also: Berg der Chatten. Oder es bezieht sich auf den Ort der Herkunft der Grafen: Die Siedlung des Chazo an der Krümmung (=Ellenbogen) des Dörsbach im Ort Katzenelnbogen. |

XVIII Zwei Monate später bei der jährlichen Plotkonferenz, in der die Inhalte der nächsten Löwenzahn-Staffel festgelegt werden, erfuhr ich von einer ZDF-Redakteurin: Der erste Sendungsredakteur wohnte unweit vom ZDF-Hauptsitz Mainz im Schlangenbader Ortsteil Bärstadt. Das einerseits und weil andererseits in Berlin gedreht wurde, gab den Ausschlag dafür, den fiktiven Wohnort von Peter Lustig & Co Bärstadt zu nennen.
Hach, hätte ich nur gewendet …

XIX Heute mit einem s, bei Murray mit zwei.

XX Sammelname für die Länder des östlichen Mittelmeeres, speziell die Küstengebiete der Türkei, Griechenlands, Zypern, dem Libanon und des historischen Syrien.

XXI ESDA = Erzgebirgische Spezial-Damenstrümpfe Auerbach

XXII Eine Büste Lenins in Ulan Ude, Hauptstadt der russischen Teilrepublik Burjartien in Sibirien, ist 60 cm größer und wiegt zwei Tonnen mehr

# Zitatnachweis

1   Hand-Book for Travellers on the Continent: Being a Guide through Holland, Belgium, Prussia, And Northern Germany and along the Rhine, from Poland to Switzerland, John Murray and Son, London 1838. 2. Aufl., S.361, im Folgenden NG

2   ebd.

3   Vgl. NG 190

4   NG 361

5   NG 189

6   ebd.

7   NG XXV

8   NG XXVf.

9   Vgl. www.johnmurraypress.co.uk/imprint/john-murray/page/about-john-murray-press/

10  Murray IV, John: John Murray III, A Brief Memoir, John, Murray Verlag, London 1919, im Folgenden: JM3

11  Murray, John: Herkunft und Geschichte von Murrays Handbücher für Reisende, Murray's Magazin, Sept. 1887, IN: JM3

12  ebd. 40f.

13  Vgl. JM3 41

14  JM3 41f.

15  JM3 42

16    JM3 63f.

17    NG 303

18    NG 320

19    NG 303

20    NG XXI

21    NG XXIII

22    NG 336

23    NG 186

24    NG 331

25    JM3 43

26    NG 334

27    Vgl. landkreis-schoenebeck.de/lk/
gemeinden_htm/l5_8.htm

28    gem-boerdeland.de/eickendorf.htm

29    NG 334

30    NG 203

31    NG 334

32    web.archive.org/
web/20151127132313/
https://www.ndr.de/ndr1nieder
sachsen/programm/Ortsnamen-
Uebersicht-fuer-Buchstaben-
H,ortsnamenforscher115.html

33    NG 188

34    NG 334

35    JM3 39

36    JM3 38

37    Handbuch für Reisende durch
Deutschland und den Oesterreichi-
schen Kaiserstaat – Nach eigener
Anschauung und den besten
Hülfsquellen, Coblenz 1842, im
Folgenden: HBR

38    HBR III

39    The Law Journal Reports for 1853,
London 1853

40    JM3 40

41    Zedlitz, Leopold Freiherr von
Wegweiser durch den preussischen
Staat, in die angrenzenden Länder
und die Hauptstädte Europas:
ein geographisch-statistisches
Taschenbuch für Geschäftsmänner
und Reisende, Berlin 1831, S. V, im
Folgenden: WwP

42    WwP 604

43    WwP 394

44    WwP 200f.

45    WwP 201

46    NG 334

47    NG 332

48    NG 195

49    Vgl. WwP 603

50    Vgl. www.meine-online-
zeitung.de/wirtschaft/15267-
wie-geht-es-weiter-an-der-
eschersh%C3%A4user-gniesbreite
sowie Unternehmensseite DASAG

51    NG 330f.

52    Vgl. www.unesco.de/
kultur-und-natur/welterbe/
welterbe-werden#Kriterium3

53    www.unesco.de/kultur-und-natur/
welterbe/welterbe-deutschland/
karolingisches-westwerk-und-
civitas-corvey

54    NG 31

55    NG 331

56    WwP 485

57    NG 222

58    NG 234

59    NG 229

60    NG 230
61    NG 234
62    NG 235
63    Vgl. www.lesebonn.de/index.php/de/geschichte, Stand 03.08. 2021
64    NG 205
65    NG 240
66    immaculata.kommel.nl/wir-ber-uns#Index5d, Stand 05.08.2021
67    ebd.
68    NG 240
69    Vgl. www.burgerbe.de/2015/05/12/software-tueftler-kai-krause-rettet-burg-rheineck-26424/ und: www.kreis-ahrweiler.de/kvar/VT/hjb2004/hjb2004.23.htm, Stand: 06.08.2021
70    NG 249
71    NG 199
72    NG 199f.
73    NG 200
74    NG 435
75    NG 429f.
76    Vgl. Spode, Hasso: Wie die Deutschen »Reiseweltmeister« wurden – Eine Einführung in die Tourismusgeschichte, Landeszentrale für politische Bildung Thüringen, Erfurt, S. 28
77    NG 435
78    Smiles, Samuel, Memoir of John Murray 2 Vols, London: John Murray, 1891, S. 332
79    NG 433
80    NG 434
81    NG 433
82    Smiles 364
83    NG 435
84    NG 436
85    NG 439
86    NG 443
87    SG 25
88    NG 184
89    SG 25
90    SG 61
91    Vgl. Spode 60
92    Vgl. www.dw.com/de/flink-wie-windhunde-z%C3%A4h-wie-leder-hart-wie-kruppstahl/a-16373027, Stand 24.08.2021
93    SG 64
94    SG 68f.
95    SG 69
96    SG 68
97    SG 73
98    SG 74
99    SG 102
100   www.blg-logistics.com/standorte-deutschland/kelheim, Stand 30.8.21
101   NG XVI
102   NG XIV
103   SG 102
104   de.statista.com/statistik/daten/studie/2637/umfrage/anzahl-der-katholischen-gottesdienstbesucher-seit-1950/
105   SG 30
106   Vgl. Murray IV, John: John Murray III, 1808–1892, A Brief Memoir, London 1919
107   SG 32
108   SG 25
109   SG 25f.
110   SG 30
111   SG 32

| | |
|---|---|
| 112 | NG 186 |
| 113 | SG 16 |
| 114 | SG 102 |
| 115 | SG 16 |
| 116 | SG 3 |
| 117 | SG 5f. |
| 118 | SG 13 |
| 119 | SG 89 |
| 120 | SG 85 |
| 121 | SG 27 |
| 122 | Vgl. de.statista.com/statistik/ daten/studie/304054/umfrage/ absatz-von-bier-in-deutschland/ und: de.statista.com/themen/1490/ brauereien-in-deutschland/ |
| 123 | SG 26 |
| 124 | SG 87 |
| 125 | SG 15 |
| 126 | NG 419 |
| 127 | NG 391 |
| 128 | NG 392 |
| 129 | NG 391f. |
| 130 | NG 392 |
| 131 | NG 324 |
| 132 | NG XV |
| 133 | NG 303 |
| 134 | NG 302 |
| 135 | NG 301 |
| 136 | Vgl. Meyer, Hans: Bau- und Architekturgeschichte, Stadtentwicklung in Lübeck, 2012, S.2 und S.6 |
| 137 | NG 299 |
| 138 | wie alle weiteren Zitate: schicksaal. net/kollektiv/konzept, Stand 07.09.2021 |
| 139 | NG V |
| 140 | Vgl. Spode 35 |
| 141 | NG 294 |
| 142 | NG 296f. |
| 143 | NG 299 |
| 144 | NG 300 |
| 145 | NG 358 |
| 146 | NG 361 |
| 147 | NG VI |

# Bildnachweis

Coverfoto: Christian Eisert
Foto Innenklappe: Ralf Rühmeier
Illustrationen: © FAVORITBUERO, München
Alle Fotos Christian Eisert,
außer: S. 17 mauritius images: Alamy/The Natural History Museum

# Impressum

© 2021 GRÄFE UND UNZER VERLAG GmbH, Postfach 860366, 81630 München

**POLYGLOTT**

POLYGLOTT ist eine eingetragene Marke der GRÄFE UND UNZER VERLAG GmbH

ISBN 978-3-8464-0870-4

1. Auflage 2021

Autor: Christian Eisert
Übersetzungen: Christian Eisert
Redaktion und Projektmanagement: Silke Tauscher
Satz: Mediendesign Anne Tegler
Bildredaktion: Christian Eisert
Kartographie: © FAVORITBUERO, München
Schlusskorrektur: Christiane Schwabbaur, Ulla Thomsen
Umschlaggestaltung und Layout: Favoritbüro Gbr, Elke Krauß
Herstellung: Renate Hutt
Repro: Medienprinzen, München
Druck und Bindung: Livonia Print, Lettland

GRÄFE UND UNZER

*Ein Unternehmen der*
GANSKE VERLAGSGRUPPE

**Wichtiger Hinweis**
Die Daten und Fakten für dieses Werk wurden mit äußerster Sorgfalt recherchiert und geprüft. Wir weisen jedoch darauf hin, dass diese Angaben häufig Veränderungen unterworfen sind und inhaltliche Fehler oder Auslassungen nicht völlig auszuschließen sind, zumal zum Zeitpunkt der Drucklegung die Auswirkungen von Covid-19 auf das Hotel- und Gastgewerbe vor Ort noch nicht vollständig abzusehen waren. Für eventuelle Fehler oder Auslassungen können Gräfe und Unzer und die Autoren keinerlei Verpflichtung und Haftung übernehmen. Aus Gründen der besseren Lesbarkeit wird in diesem Buch bei Personenbezeichnungen das generische Maskulinum verwendet. Es gilt gleichermaßen für alle Geschlechter.

**Ansprechpartner für den Anzeigenverkauf:**
KV Kommunalverlag GmbH & Co. KG, MediaCenter München, Tel. 089/928 09 60

**Bei Interesse an maßgeschneiderten B2B-Produkten:** roswitha.riedel@ graefe-und-unzer.de

**Leserservice**
GRÄFE UND UNZER Verlag
Grillparzerstraße 12, 81675 München
www.graefe-und-unzer.de

**Umwelthinweis**
Nachhaltigkeit ist uns sehr wichtig. Der Rohstoff Papier ist in der Buchproduktion hierfür von entscheidender Bedeutung. Daher ist dieses Buch auf PEFC-zertifiziertem Papier gedruckt. PEFC garantiert, dass ökologische, soziale und ökonomische Aspekte in der Verarbeitungskette unabhängig überwacht werden und lückenlos nachvollziehbar sind.